# 헤겔 『논리의 학』 입문

*Hegels <Wissenschaft der Logik>*

by Hans Rademaker

# 헤겔『논리의 학』입문

한스 라데마커 | 이신철 옮김

도서출판 b

1. 이 책 『헤겔 『논리의 학』 입문』은 Hans Rademaker, *Hegels <Wissenschaft der Logik>*
   *—Eine darstellende und erläuternde Einführung. Zweite, neugefasste und erweiterte*
   *Ausgabe von Hegels <Objektive Logik>*, Franz Steiner Verlag GMBH · Wiesbaden, 1979를
   옮긴 것이다.
2. 라데마커는 헤겔 『논리의 학』으로부터의 인용 제시에서 우선은 라손 판에 따라(I부
   '존재'에 관한 학설Lehre vom 'Sein', II부 '본질'에 관한 학설Lehre vom 'Wesen'과 '개념'에
   관한 학설Lehre vom 'Begriff') 그 부와 쪽을 제시하고, 처음 사선 뒤에서는 '기념판
   Jubiläumsausgabe' 전집에 따라(4권 '존재'에 관한 학설과 '본질'에 관한 학설, 5권 '개념'에
   관한 학설) 그 권과 쪽을 제시하고 있다. 옮긴이는 그에 더하여 두 번째 사선 뒤에
   주어캄프 판 헤겔 전집의 5권 '존재'에 관한 학설과 6권 '본질'에 관한 학설 및 '개념'에
   관한 학설의 권과 쪽을 제시했다. 그래서 예를 들어 Log. I 67/4.88/5.83과 같은 『논리의
   학』의 참조 부분의 제시에서 맨 앞은 라손 판, 처음 사선 뒤는 '기념판', 두 번째 사선
   뒤는 주어캄프 판의 해당 부분을 가리킨다.
3. 『철학적 학문들의 엔치클로페디 강요Enzyklopädie der Philosophischen Wissenschaften im Grundrisse』(약
   호: Enz.)와 『철학적 예비학Philosophische Propädeutik』(약호: Prop.)은 그 절 번호(§§)에 따라
   인용된다.
4. 본문에서 [ ] 속에 놓여 있는 것은 괄호 앞에 있는 헤겔 철학 용어에 대한 다른 가능한
   번역어를 제시한 것이다.

논리학에서 존재는
순수한 개념 자체 자신으로서
그리고 순수한 개념은
참다운 존재로서 알려진다.
*Log.* I 42/4.60/5.57.

# | 차 례 |

## 제3부 주관적 논리학

## 제4부 헤겔의 삼단계 진행에 대하여

# 제5부 헤겔 『논리의 학』에서 개념들의 사용

# 머리말

    헤겔과 그의 저작 『논리의 학*Wissenschaft der Logik*』은 비상한 판단의 대상이
되어 왔다.

    리하르트 크로너[1]는 자신이 헤겔의 체계를 칸트로부터 발원하는 이성에
대한 조명의 정점으로 간주하며, 이 형이상학이 절대자의 인식을 둘러싼
서구의 모든 노력의 완결을 이룬다고 믿고 있다고 말한다.

    에르빈 메츠케[2]는 『논리의 학』을 헤겔의 가장 위대한 성취이자 "철학
일반의 근본 저작"이라고 부른다. 정신사를 되돌아보는 가운데 크로너[3]는
헤겔의 '논리학'에 대해 다음과 같이 생각한다. "헤겔의 논리학을 그것이
사유되고 있고 또 이해되고자 하는 정신 속에서 고찰하게 되면, 우리는
그것보다 더 위대한 것이 이전에는 결코 시도된 적이 없었다는 사실을
부인할 수 없게 된다. 우리는 헤겔이 유럽적 사유의 가장 심오한 형이상학적

  • •

1. Richard Kroner, *Von Kant bis Hegel*(『칸트에서 헤겔까지』), 2. Aufl., Tübingen, 1961,
   S. IX.
2. Erwin Metzke, *Handlexikon der Philosophie*(『철학 소사전』), Heidelberg, 1949, S. 385.
3. 앞의 책, Bd. 2, S. 457.

직관과 의도를 자신의 논리학에서 비할 바 없는 건축물로 축조해 냈다는 점을 인정해야만 한다. 그것에서는 그리스 철학의 가장 값진 것이 데카르트와 스피노자, 라이프니츠의 유산과 더불어 초월론적<sup>transzendentale</sup> 관념론의 이념을 통해 내적으로 영혼이 불어 넣어지고 조명된 하나의 전체로 결합되어 있다. 칸트와 피히테 그리고 셸링이 인식했던 것이 여기서 자기 자신으로부터 용솟음쳐 나오는 새로운 생명을 발견했다. 아무것도 상실되지 않지만 아무것도 단순히 받아들여지지 않고, 오히려 모든 것이 천재적인 정신을 통해 젊어지고 완성되었다." 게오르크 라손[4]은 헤겔의 『논리의 학』에 관해 그것이 칸트의 『순수 이성 비판』에 대해 맺는 관계는 많은 결실을 약속하는 싹에 대해 잘 익은 열매가 맺는 관계와 같다고 말한다. 네덜란드의 철학자 게르하르두스 볼란트<sup>Gerhardus Bolland</sup>는 헤겔의 "불멸의 논리학"[5]에 대해 말한다. 빌헬름 푸르푸스[6]는 헤겔의 『논리의 학』에서 '본질'로부터 '개념'에로의 이행을 철학의 정점으로 평가한다. 더 위대하고 더 심오한 것이 결코 쓰인 적이 없으며 또 결코 쓰일 수 없으리라는 것이다.

헤겔의 철학 체계를 거부한 사상가들조차 헤겔에게 최고의 찬사를 바쳤다. 헤겔의 위대한 적대자 쇠렌 키르케고르는 만약 헤겔이 자신의 '논리학'을 쓰고 그것을 사유 실험이라고 불렀더라면 아마도 그는 지금까지 살았던 가장 위대한 사상가일 것이라고 말한다.[7] 헤겔의 학설에 전반적으로 대립된

· ·
4. Georg Lasson, Einleitung zu Hegels 'Wissenschaft der Logik'(「헤겔 『논리의 학』에 대한 서론」), Aufl. 1923, S. XVII.
5. 앞의 라손의 글 S. LI에서 인용.
6. Wilhelm Purpus, *Zur Dialektik des Bewußtseins nach Hegel*(『헤겔에 따른 의식의 변증법에 대하여』), Berlin, 1908, S. 9.
7. 정확한 인용(Søren Kierkegaad, *Die Tagebücher*(『일기』), Erster Band 1834-1848, Innsbruck, 1923, S. 217, 218에서)은 다음과 같다. "헤겔이 자신의 논리학을 쓰고 거기에 그 논리학은 그 속에서 자기가 심지어 여러 곳에서 무언가를 회피했던 단지 하나의 사유 실험일 뿐이라는 서문을 붙였더라면 아마도 그는 지금까지 살았던 가장 위대한 사상가일 것이다. 따라서 그는 희극적이다." — 필자로서는 『인간이 세계를 바라보는 방식들과 과학적 이성의 시각에서 본 세계 또는 세계의 본성(*Die Weltsichtweisen des*

철학 체계를 옹호하는 막스 분트[8]는 헤겔을 "가장 위대한 정신사적 사상가"[9]라고 부른다. 프리드리히 엥겔스[10]는 헤겔에 대해 "모든 시대의 가장 박식한 두뇌"라고 말한다. 레닌[11]은 헤겔의 '논리학'에 대해 다음과 같이 말한다. "헤겔은 논리적 형식들과 법칙들이 빈껍데기가 아니라 객관적 세계의 반영이라는 것을 현실적으로 증명했다. 아니 증명했다기보다는 천재적으로 헤아려 알아냈다."

\*     \*

\*

따라서 헤겔의 『논리의 학』이 실제로는 거의 상세하게 알려져 있지 않고[12] 이 저작이 좀 더 커다란 영향력을 지니지 못한다는[13] 것은 놀라운

· ·

  *Menschen und die Welt in der Sicht der wissenschaftlichen Vernunft oder Die Natur der Welt)*』, Mainz, 1976, ISBN 3-416-01230-5에서 헤겔의 '논리학'이 그저 거창한 사유 실험이 아니라 근대 과학에 의해 확인된 실재성인 '세계'에 상응한다는 사실을 제시했다고 믿는다.

8. 특히 Max Wundt, *Ewigkeit und Endlichkeit*(『영원성과 유한성』), Stuttgart, 1937, S. 51 ff.를 참조.

9. Max Wundt, *Hegels Logik und die moderne Physik*(『헤겔의 논리학과 근대 물리학』), Köln und Opladen, 1949, S. 12.

10. Friedrich Engels, Über den Materialismus und die Dialektik bei Marx(「맑스에서 유물론과 변증법에 대하여」), London, 1859. 이 글이 부록으로 인쇄된 Friedrich Engels, *Ludwig Feuerbach und der Ausgang der deutschen klassischen Philosophie*(『루트비히 포이어바흐와 독일 고전 철학의 종언』), Wien und Berlin, 1927, S. 117.

11. W. I. Lenin, *Werke*(『저작집』), Bd. 38, *Philosophische Hefte*(『철학 노트』), Berlin, 1964, S. 170, 186, 187.

12. 헤겔의 '논리학'이 — 가장 위대한 정신사적 사상가의 가장 위대한 저작임에도 불구하고 — 얼마나 진지하게 읽히고 있지 않는지는 철학 교과서들과 철학 사전들이 입증한다. 이를테면 우리는 거기서 심지어 헤겔의 '논리학'에 따르면 현실적인 것은 정립–반정립–종합(These–Antithese–Synthese)의 삼단계로 앞으로 나아가는 생성이라고 하는 주장을 발견하기까지 하지만, 사실 헤겔은 라손도 강조하듯이 삼단계 진행에 관해서는 전혀

일이다.

이 점은 우선 헤겔의 『논리의 학』이 고도의 추상성에서 '순수한 본질성들'을 다루고, 일반적으로 독일 철학의 가장 난해한 저작이거나 그런 저작으로 간주된다는 사실에 기인한다.[14]

••     말하고 있지 않다(글로크너(Hermann Glockner)의 네 권으로 이루어진 『헤겔 사전』(*Hegellexikon*)에는 정립-반정립-종합의 개념 연관은 실려 있지 않다!).

13. 그것의 한 작은 부분, 이를테면 칼 맑스가 헤겔의 '논리학'에서 혁명의 자연 필연성에 관한 학설로서 끌어낸 '질량 비례[관계]들의 결절선'(양적 변화의 질적 변화로의 전환)에 관한 이론은 특별한 정치적 의미를 지녀 왔다. 레닌(Werke, Bd. 38, S. 170)은 헤겔의 '논리학'에 포괄적인 이념사적 역할을 부여한다. "우리는 헤겔의 논리학 전체를 철저히 연구하여 파악하지 못하고서는 맑스의 『자본』과 특별히 그것의 제1장을 완전히 이해할 수 없다. 따라서 반세기 전부터 어떤 맑스주의자도 맑스를 파악하지 못했다."

14. 헤겔은 일반적으로 이해하기가 아주 어렵다. 우리는 1962년 하이델베르크 헤겔 회의에서 가다머(Hans-Georg Gadamer)가 행한 기조연설(*Hegel-Studien*, Beiheft 1, S. 343)에 나타난 그의 솔직한 고백을 지적할 수 있을 것이다. "그럼에도 불구하고 이 헤겔 회의에 모인 우리 모두는 하나같이 이를테면 우리 가운데 어느 누구도 감히 자기가 헤겔을 이해하고 있다고 주장할 수 없다는 공통의 의식을 가지고 있습니다. 나는 헤겔이 자신을 이해하기를 사상의 개별적 발걸음이 그 필연성에서(또는 그것의 자칭 필연성에서라도) 통찰되거나 현실적으로 수행되고, 헤겔이 철학에 부여한다고 주장했던 학문적 진행의 전체 역시 우리 가운데 단 한 사람에 의해서라도 현실적으로 한 걸음 한 걸음씩 추적될 수 있을 것으로 여겼을 것이라 생각합니다." 아도르노(Theodor W. Adorno, *Drei Studien zu Hegel*(『헤겔에 대한 세 개의 연구』), Frankfurt, 1963, S. 107)는 성실한 자들에 대해 『논리의 학』을 파악하는 어려움에 직면하여 "비난받을까 두려워" 단순히 비켜 가는 사람들을 대립시킨다. 겸손한 자들과 두려워하는 자들 이외에 물론 헤겔 철학에 관해 작품을 쓰긴 하지만— 다음의 서술이 적절하다면— 그에 관해 아무것도 파악하지 못한 주제넘은 자들도 있다. 여기서는 또한 헤겔을 전혀 이해할 수 없는 말들로 '설명'하는 자들도 생각될 수 있다. 가령 헤겔 회의에 참석한 한 사람은 헤겔 철학의 해석에 관한 거의 함께 생각해 나갈 수 없는 논의를 듣고 나서는 헤겔 자신을 읽는 것이 차라리 해방적일 것이라 말했는데, 왜냐하면 거기서는 모든 것이 해석자에 의해 이루어진 것보다 훨씬 더 명확하게 서술되어 있기 때문이라는 것이다.

    『논리의 학』 독해의 난점에 관해 이야기하자면, 이 어려움은 우선 취급되는 소재 자체에 놓여 있다. 니콜라이 하르트만(Nicolai Hartmann, Hegel und das Problem der Realdialektik(『헤겔과 실재 변증법의 문제』), in *Blätter für Deutsche Philosophie*(『독일 철학지』), Bd. 9, Bonn, 1935, 1936, S. 15)은 헤겔의 『논리의 학』에 관해 다음과 같이 생각한다. "그 안으로 독해해 들어가기가 어렵다는 것은 잘 알려져 있다. 그러나 그 어려움은 결코 형식적인 불일치나 심지어 변증법적인 미묘함에 기인하는 것이 아니다. 그것은 단적으로 고도의 추상성, 직관으로부터의 거리, 손에 잡을 수 있는 소여성이나 내용성과의 연결을 발견하기가 불가능하다는 사실에 놓여 있다. 다시 말하면 그것은 현상들에서 멀리 떨어져 있다는 데 기인한다." 그럼에도 불구하고 우리는 — 앞에서(각주 7) 언급된 필자의 논고와 관련하여 — 우리가 헤겔에 밀착해 그의 저작을 주의 깊게 읽기만 한다면, 그 현상들에 대한 이러한 연결을 발견하기가 결코 불가능하지 않다고 믿는다.

이해하기 어려운 것은 부분적으로 헤겔의 『논리의 학』이 지금까지 저술된 최초의 사변적 논리학이라는 점에도 그 근거가 있다. 헤겔은 — 무엇보다도 우선 '객관적 논리학'(*Wissenschaft der Logik*(이하 *Log.*로 표기) II 211/5.3/6.245를 참조)을 위해 — 토대로 삼을 만한 예비 작업을 거의 가지지 못했던 까닭에 스스로 자기의 『논리의 학』의 마무리를 매우 불완전한 것으로 간주했다. 헤겔(*Log.* I 21, 22/4.34, 35/5.33, 34)은 자기 과제의 어려움을 고려하여 다음과 같이 말한다. 즉, 플라톤이 자기의 국가에 관한 저작을 일곱 번 고쳐 썼다고 한다면, 자신은 근대 세계에 속하는 것으로서 더 깊은 원리, 더 어려운 대상, 더 풍부한 범위의 자료를 다루는 자기의 저작을 일흔일곱 번이라도 여유를 가지고 철저히 고쳐 쓸 용의가 있어야만 하리라는 것이다.

물론 불완전하게 마무리된 곳은 아주 많으며, 그것들은 종종 잘못 이해하게 하고 전혀 파악할 수 없게 만든다(그래서 헤겔의 저작에 밀착해야 한다는 우리의 언명에 일정한 제한을 두지 않을 수 없다).

난해함과 오해는 곧바로 『논리의 학』의 시원, 곧 존재, 무, 생성에 관한 헤겔의 논의에서 시작된다. 이를테면 존재에서 실존을, 무에서 비실존을 그리고 생성에서 실존에로 들어섬(Inexistenztreten)을 생각하기는 아주 쉬운 일이다. 그럼에도 불구하고 이러한 것이 의도되고 있는 것은 아니다. 요컨대 헤겔은 여기서 『논리의 학』 제1편의 표제가 명확히 말해주고 있듯이 오직 '규정성(질)'만을 다루고 있는 것이다. 존재와 무에 관한 헤겔의 언명들, 가령 "따라서 순수 존재와 순수 무는 동일하다"(*Log.* I 67/4.88/5.83)라는 유명한 명제는 오직 규정성 내지 질만을 다룬다. 헤겔은 최초의 존재에 대해 말한다. "그것은 무규정적이기 때문에 질이 없는 존재다."(*Log.* I 66/4.87/5.82) 마찬가지 것이 생성에 대해서도 적용되는데, 그것은 오직 규정성 또는 질로의 생성이지 실존으로의 생성이 아니다.

더 나아가 헤겔이 '생성'(*Log.* I 67/4.88 ff./5.83)이라는 표제 하에 논의하고 있는 것에 대해서는 그가 여기서는 — 오로지 — 현존재(Dasein)가 가지는 것의 규정성의 생성을 다루고 있을 뿐이고, 헤겔이 『논리의 학』에서 생성을 다루는 곳이 결코 여기만은 아니라는 점이 지적될 수 있다. 그리하여 현존재로의 생성 다음에는 대자 존재로의 생성 등등이 이어진다(결국 『논리의 학』 전체는 생성, 다시 말하면 개념 즉 순수한 이념의 생성을 다룬다). — 사람들이 이 생성이라는 말에서 무엇보다도 먼저 생각하게 되는 생성, 즉 실존에로 들어섬을 헤겔은 정립된 개념에 관한 학설인 『논리의 학』

『논리의 학』을 파악하는 데 요구되는 커다란 노력을 사람들이 포기하는 까닭은 그들이 세계관적으로 다른 입장에 서 있기 때문이기도 하다. 헤겔

제2책에서야 비로소 '실존에로의 사태의 출현'(*Log.* II 97/4.592/6.119)이라는 표제 아래 다루고 있다.

『논리의 학』 제1책 처음에서 헤겔은 앞에서 말했듯이 제1편의 표제에 따라 '규정성(질)' 을 다룬다. 여기서도 헤겔『논리의 학』 마무리의 또 다른 불완전함이 지적될 수 있다. 요컨대 질을 다루는 제1책의 제1편이 규정성을 다룰 뿐만 아니라 뒤이어지는 '양'과 '질량'의 편들도 규정성을 다루는 것이다. 『논리의 학』의 제1책 전체가 규정성을 다룬다. 헤겔은 그에 상응하는 표제 대신 제1책에 대해 오도할 수도 있는 '존재에 관한 학설[존재 론](Lehre von Sein)'을 선택했는데, 그것이 오해를 일으킬 수 있는 까닭은『논리의 학』 전체가 존재에 관한 학설이기 때문이다.

그 다음으로『논리의 학』의 제2책은 본질에 관한 학설[본질론](Lehre von Wesen)에서 규정되어 있는 것, 즉 현상과 실체를 다룬다.

독자 입장에서 보면 헤겔『논리의 학』에 대한 현실적인 해설서가 없는 까닭에『논리의 학』을 자기 스스로 소화해야만 하는 어려움이 덧붙여진다. 헤겔『논리의 학』을 읽고자 하는 사람은 여기서 철학 사전을 참조하는 것이 대부분 헛수고일 뿐인 개념들에 부딪친다. 심지어 포괄적인 헤겔 사전도 독자를 거의 이끌어 주지 못하는데, 왜냐하면 그것이 그저 인용 모음에 지나지 않기 때문이다(그런 까닭에 이미 그것에는 헤겔 저작의 부분들을 그 연관으로부터 단절하여 제시한다는 불완전함이 달라붙어 있다). 헤겔 철학을 다루는 좀 더 큰 규모의 저작들에는 다소간에 헤겔『논리의 학』그 자체에 관한 포괄적인 언급들이 존재하지만, 그럼에도 불구하고 그 언급들은 참된 설명을 제시하지 못하는 한갓 발췌일 뿐이다. 라손이 헤겔『논리의 학』의 편집자로서 그에 써 붙인 서론도 형편은 마찬가지다(게다가 그 서론은 1923년 판에서는 더 이상 인쇄되어 있지 않다). — 이해에 도움을 줄 수 있는 것이 없다는 이러한 형편은 헤겔『논리의 학』의 개별 개념들과 관련해서뿐만 아니라 마찬가지로 그리고 무엇보다도 우선 헤겔의 개념 체계 전체에 해당된다. 이를테면 독자는 존재 개념들의 체계가 어떤 방식으로 객관성에 상응하는지를 묻게 된다. 독해해 나가는 가운데 '순수 존재'로부터 '현존재'에 도달하게 되면, 독자는 이제 현존재하는 대상들에 도달했기 때문에 확고한 토대 위에 서게 되었다고 생각한다. 그럼에도 불구하고 곧이어 '대자 존재'에 도달하게 된 독자는 여기서 비로소 '하나와 여럿' 또는 '반발과 견인'의 관계가 다루어지고 있음을 발견하고서는 동요하게 되고, 앞에서 자신이 잘못을 범했으며 이제야 비로소 자연적인 대상들에 도달했다고 믿는다. 본질에 관한 논의를 독해해 나갈 때에도 그에게는 마찬가지 일이 일어난다. 그는 '자기 안에서 가현하는 본질'로부터 '실존', '현상', '사물'에 도달하지만, 뒤따르는 편에서야 비로소 '현실성', '실체', '인과성'에 관한 논의에 부딪치게 되는 것이다. 도움을 얻기 위해 독자가 헤겔 철학에 관한 문헌에 손을 뻗는 것은 그저 헛된 일일 뿐이다.

철학에 따르면 논리적인 것das Logische은 세계 과정에 선행하고 그 근저에 놓여 있으며 또 그 목표인바, 바로 그 점에 또한 신에 대한 논리의 관계도 놓여 있다. 한편으로『논리의 학』의 내용은 자연과 유한한 정신의 창조 이전의 신의 본질에 대한 서술이며,[15] 다른 한편으로 신은 세계 과정의 끝에 이르러 스스로를 파악하는 순수한 개념으로서의 논리적 학문에서 자기 자신의 최상의 개념을 발견한다.[16] 헤겔『논리의 학』의 내용을 신의 본질에 대한 서술로 간주하거나 그 속에서 신이 자기를 파악한다고 가정하는 것은 — 전적으로 — 잘못이라는 견해를 가지는 사람이 도대체 무슨 까닭에『논리의 학』을 철저히 연구하는 특별한 수고를 해야 한단 말인가?

마지막으로 사람들은 헤겔 이후의 자연 과학의 발전이 보여주었다시피 헤겔 철학이 세계의 실재성과 일치하지 않으며 특히 그의 자연 철학이 자연과 일치하지 않는다는 이유로『논리의 학』을 특별히 헤겔의 시대에서 처럼 그렇게 활발하고 광범위하게 연구하지 않는다.

하지만 앞에서 든 이유들은 헤겔『논리의 학』에 대한 연구에 대립하는 것이 아니다.

우선 헤겔『논리의 학』은 뒤이어지는 해명이 입증해야 하듯이 파악하기가 극단적으로 어렵지 않다. 특히 우리가 몇몇 구절들을 이해하기 어려운 까닭이, 만약 헤겔이 더 오래 살았더라면 그 역시 아마도 그리 했을 것이듯이, 우리가 바로 잡아야만 하는 불완전한 마무리에 있다는 것을 발견한다면 이해하기가 더 쉬워진다.

또한 우리가 헤겔『논리의 학』이 헤겔 철학에 따라 지니는 의미를 인정할 수 없다고 해서『논리의 학』을 상세하게 연구하지 않을 이유도 없다. 이를테면 이와 같은 세계관적 의미와 심지어 헤겔에 따르면『논리의 학』에 귀속되어야 할 신학적 의미와는 언뜻 보아 대립되는 극히 놀랄만한 사실,

15. *Log.* I 34/4.46/5.44.
16. *Log.* II 506/5.353/6.573.

즉 헤겔의 『논리의 학』은 신과 관련한 논리적인 것의 의미에 대한 헤겔의 이러한 견해로부터 독립적이며 또 그러하리라는 사실이 확인될 수 있는 것이다. 우리는 헤겔 『논리의 학』의 내용이 세계 창조 이전의 신의 본질에 대한 서술도 아니며 또한 그 속에서 신이 세계 과정의 끝에 이르러 스스로를 파악하는 것도 아니라는 견해를 가질 때에도 그것을 인정할 수 있다. 그에 따라 우리는 헤겔에 의해 서술된 것과 같은 논리학이 헤겔이 신으로 이해하고 있는 개념의 전개인지 아니면 다만 개별 개념들에 대한 전체적인 파악일 뿐인지의 여부를 제쳐놓을 수 있다. 헤겔의 『논리의 학』은 전반적으로 보아 세계관적으로 중립적이다.

레닌[17]은 헤겔의 『논리의 학』에 관해 다음과 같이 적확하게 언급하고 있다. "헤겔의 이 가장 관념론적인 저작에는 관념론이 가장 적게 들어 있다."

『논리의 학』의 중립성은 심지어 헤겔의 관념론에 대한 관계에서도 존립한다. 니콜라이 하르트만[18]은 헤겔의 관념론에 대해 헤겔 『논리의 학』의 존재 학설$^{Seinslehre}$이 지니는 관계에 관해 다음과 같이 언명하고 있다. "실제로 그것은 관념론에 대해 완전히 무관심하며, 심지어 그에 대해 무관심하게 서술된다. 그것은 그것이 지닌 입장 초월적 관점을 제시하기 위해 다른 형식으로 옮겨질 필요가 전혀 없다. 그것은 이미 헤겔에게서 입장 초월적으로 파악되어 있다."

헤겔 『논리의 학』의 일반적인 입장 초월성에는 그 성과들, 즉 존재 개념들이 특별한 정도로 중립적이라는 점이 덧붙여진다. 헤겔 『논리의 학』이 존재 개념들을 체계로서 서술하는 연관의 형성은 때때로 그저 억지일 뿐이고 따라서 설득력이 없는 것으로 평가되기도 한다. 그러나 그에 맞서, 물론 헤겔에 의해 서술된 존재 개념들의 연관들을 개별적으로나 좀 더

• •

17. W. I. Lenin, *Werke*, Berlin, 1964, Bd. 38, S. 226.

18. Nicolai Hartmann, *Die Philosophie des deutschen Idealismus*(『독일 관념론의 철학』), II Teil, Hegel, Berlin, 1929, S. 259.

큰 범위에서 거부하면서도, 헤겔의 존재 개념들 그 자체$^{\text{Seinsbegriffe als solche}}$를 인정하는 것은 가능하다. (그런 한에서 헤겔『논리의 학』에 대한 본 서술에 덧붙여진 개별적 개념들에 대한 설명에는 그 나름의 고유한 의미가 귀속된다.)

우리는 다음과 같이 말할 수 있다. 헤겔의『논리의 학』은 그 자체로서 인정되거나 부인될 수 있는 존재 개념들의 입장 초월적 전개이자 서술이다.[19]

마지막으로 헤겔의『논리의 학』이 세계 내지 자연과 일치하지 않는다는 이유로 그것을 가치 없는 것으로 평가하고 그 연구를 포기할 것도 아니다. 필자는 세계가 헤겔『논리의 학』의 존재 개념들 하에서 무리 없이 파악될 수 있으며,[20] 따라서 적극적으로 표현하자면, 우리가 헤겔의 존재 개념들을 사용하여 우리의 세계를 과학적으로 파악할 수 있는 까닭에『논리의 학』 연구를 위한 충분한 동기가 존재한다는 점을 제시한 바 있다.

*　　*
*

다음의 서술에서는 이렇듯 중요하고 너무도 의미심장한 저작인 헤겔의 『논리의 학』을 좀 더 일반적으로 알게 하고 좀 더 잘 이해할 수 있게 하며 이를 통해 좀 더 커다란 영향력을 지닐 수 있게 하려는 시도가 이루어질 것이다.

19. 논리적인 것 — 존재–논리적인 것(Onto–Logische) — 이 전적으로 그 자체로 고찰된다면, 로고스(Logos) 또는 개념적인 것이 사물 앞에 있는지 혹은 사물 안에 있는지 아니면 단지 사물 뒤에 있는지의 물음, 또는 칸트가 생각하듯이 우리가 과연 자연을 오로지 개념들에 따라서만 인식하는지의 물음은 일반적으로 제쳐놓을 수 있다. 그러나 다른 한편으로 그렇다고 해서 헤겔적 의미에서의 논리학을 신의 전(前)세계적인 본질의 서술 내지 신의 자기 파악으로 파악하는 것이 배제되지는 않는다.

20. 각주 7에서 언급된 필자의 논고를 참조.

철학 저작에로의 입문으로서는 문헌학적인 추론이 기대될 수도 있고 바람직할 수도 있다. 그러나 헤겔의 『논리의 학』의 경우에는 그러한 고찰이 거의 열매를 맺을 수 없을 것이다. 물론 헤겔의 『논리의 학』은 한편으로는 크로너가 그의 거대하게 구축된 관점에서 서술했듯이 철학적 과거에 뿌리 박고 있지만, 다른 한편으로는 최고로 독창적인 창조물이다.[21]

헤겔 『논리의 학』에로의 우리의 입문에서 우리는 다만 그것을 그 자신으로부터 좀 더 개념 파악할 만한 것으로 만들고자 시도함으로써 그에 대한 이해의 어려움을 제거하고자 할 뿐이다. 따라서 우리는 헤겔의 '논리학'을 단순히 우리에게 주어져 있는 그 자체로 고찰의 대상으로 삼는다. 그러므로 우리는 헤겔 '논리학'을 — 곧 뒤따르게 될 그에 대한 철학사적 분류는 제외하고 — 역사학적으로 이끌어 내거나 그것을 다른 철학 저작들이나 사상들과 비교하려고 하지 않는다. 이러한 고립된 고찰은 또한 앞에서 상세히 논의했듯이 헤겔의 '논리학'이 입장 초월적이라는 이유 때문에도 가능하다.

마찬가지로 우리는 또한 헤겔의 '논리학'을 그 외부에 놓여 있는 견해들과 성찰들을 가지고서 비판적으로 평가하는 것이 아니라 오히려 그 자체로

---

21. 앞에서 언급했듯이 헤겔 스스로가 자신이 토대로 삼을 만한 예비적 연구가 거의 없었다고 말한다.
    (크로너는 — 앞의 책[각주 1.], Bd. 2, S. 416에서 — 헤겔 『논리의 학』의 원천을 셸링의 1801년 『나의 철학 체계의 서술』(Darstellung meines systems der Philosophie)에서 볼 수 있다고 믿는다. "모든 사유를 지배하는 범주들 그 자체를 순수하게 고찰하려는 욕구가 생겨났다. 셸링이 1801년에 도달한 동일성 체계는 이성으로 특징지어진 절대자의 본질을 모든 특수한 내용들이나 인식론적인 문제 제기로부터 떼어내어 다루는 근본적인 단락들을 자연 철학에 선행시키는 데서 시작한다. 이 단락들에서 다루어졌던 것을 헤겔은 그의 『논리의 학』에서 확장한다." 크로너의 이러한 평가는 그에 의해 언급된 셸링의 서술이 한갓 입장만을 서술할 뿐이고 기껏해야 헤겔 『논리의 학』의 의미에서의 계획만을 제시할 뿐이라는 사실에 배치될 수 있다. 내용적으로도 셸링의 이러한 사유 발상으로부터 따라 나온 그의 서술들은 헤겔 『논리의 학』의 '예비 연구'로 거의 간주될 수 없으며, 헤겔의 성취를 셸링에 의해 다루어진 것의 한갓 '확장'으로 평가하는 것은 조금도 합당하지 않다.)

존재하는 헤겔『논리의 학』, 요컨대 그 자신 속에 근거지어져 있는 헤겔 『논리의 학』을 고찰하는 가운데 우리가 보기에 지속적인 오류들, 그러므로 헤겔이 자기의 '논리학'의 대상인 '개념'을 전개하는 데서 저지른 오류들을 지적하고자 할 뿐이다.

헤겔의 '논리학'을 그 자체로 존재하는 그대로 고찰함으로써 우리는 방법적으로 전진하는 가운데 하나의 연쇄 속에서 존재 개념들을 전개하는 구성적으로 창조적인 사유에서 존재의 논리를 파악하게 된다. 이러한 고찰의 기초는 주관이 바로 이 전개를 수행하고 존재 개념들의 그물을 자아내는 것이 아니라 주관은 다만 이를테면 존재 개념들이 그의 눈앞에서 펼치는 도정을 뒤쫓아 갈 뿐이라고 하는 것이다.

# 제1부 헤겔 『논리의 학』의 분류와 개념

# 1. 헤겔 철학 일반과 특수하게는 헤겔 『논리의 학』의 분류

## 1.1. 철학의 발전과 단계화에 따른 헤겔 철학의 분류

헤겔 철학을 분류하기 위해 우리는 사유와 존재가 지니는 관계의 발전으로부터 생겨나는 철학의 단계화를 살펴보고자 한다.

철학은 존재와 관계하는 사유다. 과학이 지성$^{Verstand}$ 사유로써 존재와 관계하는 데 반해, 철학은 이성$^{Vernunft}$ 사유를 가지고서 존재와 관계한다. 과학적으로 사유하는 주관에 대해서는 사유의 대상들이 외적인 반면, 철학적으로 사유하는 주관에 대해 사유의 대상들은 내적이다.

우리는 철학의 두 가지 커다란 단계를 구별할 수 있다. 더 오래된 혹은 하위의 철학은 감성적 이성의 철학이다. 근대의 혹은 좀 더 고차적인 종류의 철학은 정신적 이성의 철학이다.

a. 감성적 이성의 철학에 있어 사유의 대상들은 철학하는 주관에게 내적인 낯선 대상들이다. 이 철학이 사유하는 필연성들은 존재자의 감성적으로 사유된 본질의 표상 필연성들이다.

감성적 이성의 철학이 무엇이고 정신적 이성의 철학에로의 이행이 어떻게 이루어지는지를 해명하기 위해서는 헤겔이 『철학사 강의』에서 서술한 그리스 철학의 전개를 짧게 살펴보는 것이 좋을 것이다.

철학에서 처음의 — 전적으로 추상적인 — 사상은 자연적 내지 감성적 형식 속에 있었다. 탈레스와 그 밖의 이오니아 철학자들에게서 최초의 전적으로 추상적인 규정들은 보편자를 공기나 물과 같은 자연 규정의 형식에서 파악했다. 전진이 이루어지기 위해서는 이렇듯 단순히 직접적일 뿐인 자연 규정을 내버려야만 했다. 이것을 우리는 피타고라스학파에게서 볼 수 있다. 그들에게는 수가 실체, 즉 사물의 본질이다. 수는 감성적이지 않지만 또한 순수한 사상도 아니다. 그 후 엘레아학파에게서 사상을 감성적 형식과 수로부터 강력하고도 순수하게 떼어내는 일이 일어났다. 순수한 사상의 출현이다. 아낙사고라스에게서 본질로서 인식되는 것은 운동하며 자기 스스로를 규정하는 사상 자신이다.22

b. 정신적 이성의 철학, 곧 순수한 사상의 철학에 있어 사유의 대상들은 철학하는 주관에 대해 내적인 고유한 대상들이다. 이 철학이 사유하는 필연성들은 존재자의 정신적으로 사유된 본질의 개념 필연성들이다.

우리가 철학은 이성의 사유라고 말할 때, 이러한 특징 부여는 다만 철학적 사유의 일반적 양식에만 관계된다. 더 고차적인 철학, 즉 정신적 이성의 철학에게 있어 이것은 다만 그것의 일반적 사유가 이성 인식이라는 것을 의미할 뿐이다. 그것은 더 고차적인 철학의 특수하고도 객관에 정향된, 다시 말하면 대상들의 인식에 관계된 철학적 사유가 본질적으로 이성의

--------

22. 이 철학을 하위의 철학이라 부르는 것이 그에 대한 정신사적인 경시로 이어져서는 안 된다. 헤겔은 『철학사 강의』 말미에서 다음과 같이 말한다. "최후의 철학은 그 이전의 모든 철학의 결과다. 아무것도 상실되지 않으며, 모든 원리들이 보존된다." 감성적 이성의 철학에 속하는 헤라클레이토스의 철학과 관련하여 헤겔이 언급하는 것은 여기서 특별한 관심의 대상이 될 만하다. "내가 나의 논리학에 받아들이지 않은 헤라클레이토스의 명제는 하나도 없다."

사유라거나 그럴 수밖에 없다는 것을 의미하는 것이 아니다.

오히려 객관에 정향된 철학적 사유의 발전에 따르면 더 고차적인 철학, 즉 정신적 이성의 철학은 다음과 같은 세 단계, 곧 교조적*dogmatische* 철학, 지성의 철학, 이성의 철학으로 구별될 수 있다.

정신적 이성의 첫 번째 단계의 철학은 그 철학의 객관에 정향된, 즉 대상들의 인식에 관계하는 사유와 관련해서는 교조적 철학이다. 철학하는 주관은 전혀 거리낌 없이 순수 이성을 가지고 세계의 사물들에 관해 언명한다. 이러한 철학함의 근저에는 사유와 존재, 즉 사물들에 대한 사유와 사물들이 자체적으로도 대자적으로도*an und für sich*23 일치한다는 것, 요컨대 사유의 내재적 규정들과 사물의 참다운 본성이 하나의 동일한 내용이라는 것이 놓여 있다. 우리는 이 철학의 사유가 주관과 객관의 인식상의 미분리성에 의해 특징지어진다고 말할 수 있다.

교조적 철학에는 정신적 이성의 철학의 좀 더 고차적인 두 번째 단계인 비판 철학이 대립된다. 이 철학은 사유와 세계의 사물들이 자체적으로도 대자적으로도 일치하지 않는다는 데서 출발한다. 그러므로 이 철학의 사유는 주관과 객관의 인식상의 분리성에 의해서 특징지어진다. 정신적 이성의 철학의 이 두 번째 단계는 단지 그것의 일반적 사유에서만 개념으로부터의 이성 인식이다. 그러나 객관에 정향된 사유, 그러므로 대상들의 인식과 관련해서 보자면 그것은 지성의 사유다. 따라서 그 철학의 전체

••
23. [옮긴이] 헤겔의 용어들 가운데 'an sich', 'für sich', 'an und für sich'는 보통 '즉자적', '대자적', '즉자 대자적'으로 옮겨지지만, 좀 더 일반적인 맥락에서 'an sich'는 '그 자체에서', '자체', '자체적으로', '자체적인', 'für sich'는 '홀로', '혼자서', '그 자체로', '대자적으로', '대자적인', 그리고 'an und für sich'는 '그것만으로', '다른 것과 무관계하게', '본래적으로', '그 자체에서도 그 자체로도', '자체적으로도 대자적으로도', '자체적이고도 대자적인' 등의 다양한 의미를 지닌다. 옮긴이는 '즉자적', '대자적', '즉자 대자적'을 전적으로 포기하는 것은 아니지만 반드시 그것으로만 한정하지 않은 채 문맥에서의 적절성을 고려하여 주로 '그 자체에서'와 '자체적', '그 자체로'와 '대자적' 그리고 '자체적으로도 대자적으로도', '자체적이고도 대자적인'으로 옮기고자 한다.

정식은 이성-지성이다.

헤겔은 정신적 이성의 철학의 세 번째 단계로서 다음과 같은 점에서 출발하는 철학을 발전시켰다. 즉, 그 출발점은 인간의 사유와 존재가 물론 비판 철학이 올바로 말했다시피 자체적으로도 대자적으로도 일치하지는 않지만, 인간의 존재 사유는 이제 철학하는 주관이 그의 사유 자신 속에서 스스로 사물들을 규정하도록 함으로써 객관적인, 요컨대 사물들과 일치하는 개념들에 도달한다고 하는 것이다. 따라서 이 철학의 사유는 인식과 관련해서는 주관과 그로부터 분리된 객관의 결합에 의해 특징지어진다. 이 철학의 객관에 정향된 사유는 이성의 사유이며, 그리하여 이 철학은 이성-이성이라는 전체 정식을 지닌다.24

사유와 존재의 관계 또는 객관에 정향된 사유의 발전으로서
정신적 이성의 철학의 단계화


첫 번째 단계의 철학


| I | 사유 | 존재 |

철학하는 주관과 객관의 미분리성 단계
(교조적 철학)

---

24. 지금까지 이렇게 간단히 묘사된 정신적 이성의 철학의 발전과 단계화는 각주 7에서 언급된 필자의 논고에서 좀 더 상세히 서술되어 있다. 이러한 발전과 단계화는 철학적 논리학의 발전과 단계화에 대한 뒤이어지는 서술에서 헤겔 자신에 의해 근거지어진다.

두 번째 단계의 철학

철학하는 주관의 객관으로부터의 분리성 단계
(지성의 철학)


세 번째 단계의 철학

철학하는 주관과 그로부터 분리된 객관의 결합성 단계
(이성의 철학)

## 1.2. 철학적 논리학의 발전과 단계화에 따른 헤겔『논리의 학』의 분류

철학의 단계화라는 커다란 틀 안에서의 논리학의 발전, 다시 말해 "이전의 논리학"[25]으로부터 헤겔 논리학으로의 발전에 관해 우리는 이에 대한 헤겔의 고전적인 논의를 다시 그대로 제시하고자 한다. 헤겔은 다음과 같이 말한다.

논리학이 사유 일반의 학문으로 받아들여질 때 거기서 이해되는 것은 이 사유란 인식의 한갓된 형식을 이루며, 논리학은 모든 내용을 도외시하고, 인식에 속하는 이른바 두 번째 구성 요소인 질료는 다른 곳에서 주어져야만 한다는 것이다.[26] 지금까지의 논리학 개념은 일상적 의식 속에서 단적으로 전제된 인식의 내용과 그 형식의 분리에 토대한다. 결국 거기서 전제되는 것은 인식의 소재가 사유 외부의 완성된 세계로서 자체적으로도 대자적으로도 현존하며, 사유는 그 자체로 공허하여 형식으로서 외면적으로 그것에 다가가 그것으로 채워지고, 그때에야 비로소 내용을 획득함으로써 실재적 인식이 된다는 것이다.[27] — 이러한 견해에 따르면 진리란 사유와 대상의 일치이며, 이 일치를 산출하기 위해 사유는 대상에 자기를 맞추고 순응해야 한다.[28] — 질료와 형식, 대상과 사유의 상이성은 둘 가운데 각각이 다른 것으로부터 분리된 영역이라는 것을 의미하는 까닭에, 대상은 사물 자체로서 단적으로 사유의 저편에 머무른다.[29]

---

25. 이 논리학은 다만 철학사와 관련해서만 이전의 것이다. 그 자체로 그것은 언제나 현존하고 있으며, 한갓된 지성-논리학이다. *Enz.* § 27 참조.
26 *Log.* I 24/4.37/5.36.
27 *Log.* I 24/4.38/5.36, 37.
28. *Log.* I 25/4.38/5.37.
29. *Log.* I 25/4.39/5.37.

그렇지만 사유의 학문의 관점은 좀 더 고차적으로 파악되어야만 한다. 주관과 객관 상호간의 관계에 관한 지금까지의 견해들은 오류들인바, 그것들은 철학으로 들어가는 입구를 가로막기 때문에 철학에 앞서 제거되어야 하는 것들이다.[30]

그러고 나서 헤겔은 인식사적인 고찰에서 위에서 서술된 철학의 발전과 단계화에 상응하는 객관성에 대한 사상의 태도들을 구별하고, 그리하여 객관성에 대한 사상의 세 번째 태도에서 자신의 고유한 입장에 도달한다.

1. 오랜 형이상학은 사유에 관해 — 헤겔의 눈으로 보면 — 최근에 널리 퍼지게 된 것보다 더 고차적인 개념을 지닌다. 왜냐하면 그것은 요컨대 사물들에 관해 사유에 의해 사물들에서 인식된 것만이 그 사물들에서 참으로 참된 것이라는 생각을 근저에 놓았기 때문이다. 따라서 이 형이상학은 사유와 사유의 규정들이 대상들에 낯선 것이 아니라 오히려 그것들의 본질이며, 또는 사물들과 그것들에 대한 사유가 자체적으로도 대자적으로도 일치하고, 사유의 내재적 규정들과 사물들의 참다운 본성은 하나의 동일한 내용이라는 견해를 지니고 있었다.[31]

2. 그러나 그 후 반성하는 지성, 즉 추상하고 따라서 분리하며 그 분리를 고집하는 지성이 철학을 장악했다. 이 지성은 진리란 감성적 질에 토대하며, 사상들은 감성적 지각이 비로소 그것들에 내용과 실재를 부여한다는 의미에서 다만 사상들일 뿐이고, 이성은 그것이 자체적으로도 대자적으로도 머무르는 한에서 한갓 망상만을 낳을 뿐이라는 견해를 관철시킨다.[32] 여기에서 진리 개념은 단지 주관적 진리인 데에, 즉 단지 현상만을, 요컨대 사태 자신의 본성에 상응하지 않는 것만을 인식하는 데에 한정된다. 이와 함께 지식은 의견으로 전락한다. — 그러고 나서 수미일관하게 관철된

••
30. *Log.* I 25/4.39/5.37, 38.
31. *Log.* I 26/4.39/5.38.
32. *Log.* I 26/4.40/5.38 그리고 *Log.* I 3/4.14/5.13.

초월론적 관념론은 비판 철학에 의해 여전히 남겨진 사물 자체라는 환영, 곧 이렇듯 모든 내용으로부터 단절된 추상적인 그림자의 허무함을 인식하는 가운데 그것을 철저히 분쇄하고자 하는 목적을 지녔다.33

3. 그 다음으로 헤겔은 논리학이 그에 따라 고찰되고 장래에도 "영원히" 그 위에 세워져야 할 "유일하게 참다운" 순수 학문 내지 객관적 사유의 입장을 제시한다.34 "절대지는 의식의 모든 방식들의 진리다. 왜냐하면……오직 절대지 속에서만 대상과 바로 이 대상 자신에 대한 확신의 분리가 완전히 해소되어 진리는 이 확신에, 그리고 마찬가지로 이 확신은 진리에 동등하게 되었기 때문이다. ─ 그러므로 순수 학문은 의식의 대립으로부터의 해방을 전제한다. 순수 학문은 사상이 또한 그와 마찬가지로 사태 자체 자신인 한에서 사상을, 또는 사태 자체 자신이 또한 그와 마찬가지로 순수 사상인 한에서 사태 자체 자신을 포함한다. 학문으로서의 진리는 순수한 자기 전개하는 자기의식이며 자신Selbst의 형태를 지니는데, 다시 말하면 자체적으로도 대자적으로도 존재하는 것이 알려진 개념이지만, 그러나 개념 그 자체가 자체적으로도 대자적으로도 존재하는 것이라는 것이다."35 "그렇다면 이러한 객관적 사유야말로 순수 학문의 내용이다. 따라서 순수 학문은 결코 형식적이지 않으며, 현실적이고도 참된 인식이기 위한 질료를 결여하는 것도 아니다. 오히려 그것의 내용은 유일하게 절대적으로 참된 것이며, 또는 우리가 여전히 질료라는 말을 사용하고자 한다면 참다운 질료인데 ─ 그러나 이 질료는 형식이 그에 대해 외면적인 것인 그런 것이 아닌바, 왜냐하면 이 질료는 오히려 순수 사상이며, 그리하여 절대적 형식 자신이기 때문이다. 따라서 논리학은 순수 이성의 체계로서, 순수 사상의 나라로서

· ·
33. *Log.* I 28/4.42/5.41.
34. 헤겔이 이미 『정신 현상학』에서 의식을 그것과 대상의 최초의 직접적 대립으로부터 절대지에 이르는 전진 운동에서 서술한 한에서, 그는 『논리의 학』에서는 순수 학문의 개념과 그 연역을 전제한다(*Log.* I 30/4.45/5.43).
35. *Log.* I 30, 31/4.45/5.43.

파악되어야 한다."36


*　　*<br>*


　헤겔의 『논리의 학』은 또한 존재적<sup>ontische</sup> 범주들과 논리학에 대한 그것들
의 관계와 관련해서도 분류될 수 있다.

　헤겔 이전에는 존재적 범주들에 관한 학설과 형식 논리학에 관한 학설들
이 따로 존재한다. 헤겔은 『논리의 학』에서 양자를 총괄한다(그렇긴 하지만
이 '논리학'은 그 자신이 존재자의 순수한 개념들의 체계에 관한 학설로서의
'객관적 논리학'과 개념에 관한 학설[개념론]로서의 '주관적 논리학'으로
나누어진다). 존재적 범주들에 관한 이전 학설들의 소재와 이전의 형식
논리학의 소재는, 이제 그것이 이성의 철학의 논리학인 최초의 사변적
논리학으로 됨으로써, 헤겔의 『논리의 학』에서 전적으로 새로운 방식으로
형태화되었다.

　존재적 범주들이 철학의 첫 번째 단계에서는 존재 개념들이고, 철학의
두 번째 단계에서는 한갓 사유 규정들일 뿐이었다면, 이제 철학의 세 번째
단계에서 그것들은 존재와 사유의 규정들이다. 철학의 첫 번째 단계에서는
(칸트가 말하듯이) "그저 우연할 뿐인 일정한 수의 범주들"이 존재했다면,
철학의 두 번째 단계에서는 "지성의 근본 법칙들에 따라 자기 자신을 스스로
부류들로 구분하는 일정한 수의 범주들"(칸트)이 존재하며, 철학의 세 번째
단계에서는 "존재자의 순수한 개념들의 체계"(헤겔)가 존재한다.


*　　*<br>*


‥
36. *Log.* I 31/4.45, 46/5.43, 44.

헤겔의 『논리의 학』은 또한 이념들에 관한 철학적 직관들의 역사적 연관에서도 파악, 분류될 수 있다.

플라톤에게 있어서는 세계를 형성하는 데미우르고스 앞에 존재하고 데미우르고스가 그것들에 따라야만 하는 까닭에 세계의 근저에 놓여 있는 이념들이 존재한다.

플로티노스와 아우구스티누스에게 있어서는 신 자신의 사상들로서 세계에 선행하고 그것의 근저에 놓여 있는 이념들이 존재한다.

필론과 둔스 스코투스에게 있어서는 세계를 창조하는 신에 의해 산출된 이념들이 존재한다.

헤겔에게 있어서는 신 자신이 이념이며, 그 이념은 헤겔에 의해 『논리의 학』에서 서술된다.

# 2. 헤겔 '논리학'의 일반적 개념

논리학 일반:
"따라서 논리학은 순수 이성의 체계로서,
순수 사상의 나라로서
파악되어야 한다."
*Log.* I 31/4.45/5.44.

첫 번째 논리학:
"이 나라는 어떤 껍데기도 없이
자체적으로도 대자적으로도 존재하는 진리다.
그런 까닭에 사람들은 이 내용이
자연과 유한한 정신의 창조에 앞서
그의 영원한 본질 속에 존재하는
신의 서술이라고 표현할 수 있다."
*Log.* I 31/4.46/5.44.

두 번째 논리학:
"정신의 학문에서 개념은
자기 자신에 의해 자기의 해방을 완성하며,
자기를 개념 파악하는
순수한 개념으로서의 논리적 학문에서
자기 자신의 최고의 개념을 발견한다."
*Log.* II 506/5.353/6.573.

## 2.1. 헤겔 '논리학'의 중심 대상으로서의 '개념'

헤겔의 『논리의 학』은 개념*der Begriff*, 즉 하나의 개념을 다룬다. 헤겔의 '논리학'이 무엇이고 무엇을 서술하고자 하는지를 이해하기 위해서는 우선 헤겔이 개념이라는 것에서 무엇을 이해하고 있는지를 명확히 할 필요가 있다.[37]

세계 이전의 존재와 세계의 존재는 헤겔에 의해 생성의 삼단계 진행, 곧 논리적인 것 — 자연 — 정신으로 간주되는데,[38] 그것은 곧 개념의 삼단계 진행이다.

개념은 참다운 존재다. 순수 사유의 학문인 논리학에서 존재는 순수 개념으로서 그리고 순수 개념은 참다운 존재로서 알려진다.[39/40/41]

다른 한편 헤겔의 『논리의 학』은 이념*die Idee*에 관한 학설이다.[42] 헤겔은 논리학이 자체적이고도 대자적인 이념의 학문이라고 말한다.[43/44]

• •
37. 헤겔은 『논리의 학』에서 한편으로는 개념과 그것의 전진 규정 내지 전개를 다루며, 다른 한편으로는 개별적 개념들을 다룬다. 그러므로 여기서 우리는 개념에 대해서만 묻고 있는 셈이다.

38. 이것은 '헤겔의 삼단계 진행들에 존립하는 헤겔 철학의 체계 난점들'을 고찰할 기회에 좀 더 자세히 다루어지며, 이에 대한 태도도 취하게 될 것이다.

39. *Log.* I 42/4.60/5.57.

40. *Log.* I 43/4.61/5.58.

41. 라손이 편집한 『종교 철학 강의』(앞으로는 *Rel.*로 표시)에서 헤겔은 신을 "개념"(*Rel.* I 31) 또는 "절대적 개념"(*Rel.* I 221)이라고 부른다. "신은 하나의 개념이 아니라 개념이다."(*Rel.* IV 42) 또한 *Log.* II 355/5.175/6.405를 참조.

42. 헤겔이 한편으로는 개념을, 다른 한편으로는 개별적 개념들을 다루는 것과 마찬가지로, 그는 이념과 개별적 이념들(예를 들면 생명의 이념, 인식의 이념, 진의 이념, 선의 이념)을 다룬다.

43. *Enz.* § 18. "그래서 학문은 다음의 세 부분으로 나누어진다. / I. 논리학, 즉 자체적이고도 대자적인 이념의 학문, / II. 자기의 타자 존재에서의 이념의 학문으로서의 자연 철학,

그러면 이제 '이념'이 무엇이고 '개념'과 '이념'은 서로 어떤 관계를 맺고 있는가 하는 물음이 제기된다. '이념'은 실재적 개념, 즉 개념과 실재성의 통일이다.[45/46] (그러므로 존재를 개념으로서 고찰할 때 우리는 그리함으로써 그것에서 논리적인 것을 파악한다.[47])

'개념'은 한갓 순수한 사상이 아니라, 그것이 실재적이고 따라서 '이념'인 한에서 범형$^{Vorbildner}$이자 내적 형성자$^{innerer\ Bildner}$다.[48/49]

••
/ III. 자기의 타자 존재로부터 자기 안으로 되돌아오는 이념으로서의 정신의 철학."

44. 한편으로 『논리의 학』 전체가 이념을 다루는 반면, 다른 한편으로 헤겔의 『논리의 학』에서는 제3책의 제3편이, 그 표제가 보여주듯이, 비로소 '이념'을 다룬다. 한편으로는 『논리의 학』 전체가, 다른 한편으로는 『논리의 학』의 한 부분만이 '이념'을 다룬다는 이 가상적인 대립은 『엔치클로페디』(§ 242)에서 다음과 같이 해명되어 있다. "그리하여 개념은 자기의 자체 존재(Ansichsein)로부터 벗어나 자기의 차이와 그 차이의 지양을 매개로 하여 자기를 자기 자신과 결합시키는바, 이것이 실재화된 개념, 다시 말하면 자기의 규정들의 정립된 존재를 자기의 대자 존재 속에 포함하는 개념, ― 곧 이념이다. 그런데 동시에 (방법에서) 절대적으로 최초의 것으로서의 이 이념에 대해 이러한 결말은 다만 시원이 직접적인 것이고 이념은 결과인 것처럼 보이는 가상의 소멸일 뿐이다. ― 요컨대 이념이란 하나의 총체성이라는 인식이다." 우리는 이러한 가상적인 대립에 대해 또한 『논리의 학』 전체가 '이념'을 다루는 데 반해, 제3책의 제3편은 '이념'의 개념을 다룬다고도 말할 수 있을 것이다.
45. *Log.* II 408 ff./4.237 ff./6.461 ff.
46. 『종교 철학 강의』에서 헤겔은 또한 신을 "이념"(*Rel.* I 33)이라거나 "절대 이념"(*Rel.* IV 38)이라고 부르기도 한다.
47. "논리의 체계는 그림자의 나라이며, 온갖 감성적 구체화로부터 해방된 단순한 본질성들의 세계다." *Log.* I 41/4.57/5.55.
48. *Log.* II 231/5.27/6.264.
49. '논리학' 서론에서(*Log.* I 43/4.61/5.57) 헤겔은 무기적인 자연에서 개념은 자체적이며, 유기적 개별성 즉 감각하는 동물과 사유하는 인간에게서 그것은 대자적이라고 말한다. 그에 더하여 그는 더 나아가 인간에서의 대자 존재하는 개념은 의식되고 알려진 개념이라고 상론한다.
   '주관적 논리학'의 서론을 이루는 서술인 '개념 일반에 관하여'에서(*Log.* II 224/5.18/6.257) 헤겔은, 유기적 자연은 거기서 개념이 등장하는 자연의 단계이긴 하지만 거기서의 개념은 아직은 맹목적이고 자기 자신을 파악하지 못하는 개념으로서, 다시 말하면 그 자체로서는 오직 정신에게만 속하는 사유하는 개념이 아니라고 말한다. 무기적인 자연에서 '개념'은 사태와 하나이며 그 속에 침잠해 있다(*Log.* II 236/5.33/6.271,

개념은 사물들의 진리를 형성할 뿐만 아니라 사물들에게 또한 현실성도 부여한다. 사물들은 그 사물들에 내재하고 그것들 속에서 스스로를 계시하는 개념의 활동에 의해 그것들인 바의 그러한 것이다. "어떤 것은 오직 자기의 개념에서만 현실성을 지닌다. 어떤 것이 그 개념과 상이한 한에서 그것은 현실적으로 존재하기를 그치며 허무한 것이다."[50] 보통 현실적이라

• •

*Log.* II 429/5.263/6.487). '개념'은 단지 내적인 것일 뿐 아직 자신의 내면성으로부터 벗어나지 못했다(*Log.* II 236/5.33/6.271 참조). 다른 한편 '주관적 논리학'(*Log.* II 247/5.45/6.282, 283), 즉 '개념'에 관한 학설에서도 헤겔은 자연을 '개념의 자기 외 존재Außersichsein'로서 총괄한다. '개념'과 자연에 관한 거기서의 상론은 특히 주목할 만한 가치가 있다. "자연에서는 물론 하나의 유에서 둘 이상의 종이 발견되는데, 그와 아울러 이 여러 종들은 또한 서로 지금껏 밝혀진 관계를 지닐 수 없다. 이렇듯 개념의 엄밀함을 확보하여 나타내 보일 수 없을 뿐 아니라 이러한 몰개념적인 맹목적 다양성으로 빠져드는 것이야말로 자연의 무력함이다. 우리는 자연의 유들과 종들의 다양성과 그 유들의 무한한 상이성에서 자연에 대해 경탄할 수 있는데, 왜냐하면 경탄이란 개념을 지니지 않고 그 대상은 이성 없는 것이기 때문이다. 자연은 개념의 자기 외 존재인 까닭에 자연에게는 이러한 상이성 속에 빠져드는 것이 허락되어 있는데, 이는 마치 정신이 개념을 개념의 형태에서 지님에도 불구하고 표상 작용에 관여하여 그것의 무한한 상이성 속에서 떠돌아다니는 것과 같다. 다면적인 자연 유들이나 종들은 자기의 표상들에서의 정신의 자의적인 착상들보다 더 고차적인 것으로 여겨져서는 안 된다. 그 둘은 아마도 어디에서나 개념의 흔적들과 예감들을 보여주기는 하겠지만, 그것들은 개념의 자유로운 자기 외 존재의 측면인 까닭에 개념을 충실한 모상에서 제시하지 못한다. 개념이 절대적 위력인 까닭은 바로 그것이 자기의 구별을 자유롭게 자립적인 상이성, 외면적인 필연성, 우연성, 자의, 의견의 형태로 방면시킬 수 있기 때문이다. 그러나 그러한 형태는 개념에 대해 더 이상 허무함의 추상적 측면으로서 받아들여져서는 안 된다."(주어캄프 판에서 이 마지막 문장은 다음과 같다. "그러나 그러한 형태는 허무함의 추상적 측면 이상의 것이 아닌 것으로 받아들여져야만 한다." 이하에서는 라데마커가 인용한 라손 판과 주어캄프 판에 차이가 보일 경우 주어캄프 판을 따라 옮겼다. ─옮긴이)

'이념'의 관점 하에서는 헤겔은 다음과 같이 말한다(*Enz.* § 251). "자연은 그 자체에서 하나의 살아 있는 전체다. 자연의 단계적 진행에 의한 운동은 좀 더 상세하게는 이념이 스스로를 그 자체에서 자신인 바의 것으로서 정립한다는 것이다. 또는 같은 말이지만, 이념은 죽음인 바의 직접성과 외면성으로부터 벗어나 자기 안으로 들어가 우선은 살아 있는 것으로서 있지만, 더 나아가 이념은 자기가 한갓 생명으로 있을 뿐인 이 규정성도 지양하여 스스로를 정신의 인식을 위해 산출하거니와, 이 정신은 자연의 진리요 궁극 목적이며 이념의 참된 현실성이다."

불리는 모든 것은, 헤겔이 다른 한편으로 말하듯이, 자기의 현실성을 이념에 빚지고 있다. "모든 현실적인 것은 그것이 참된 것인 한에서 이념이며, 오로지 이념을 통해서만 그리고 이념의 힘에 의해서만 자기의 진리를 지닌다."[51]

· ·
50. *Log.* I 31 f/4.46/5.44.
51. *Enz.* § 213.

# 개념의 전진 규정에 관한 학설로서의 논리의 학

| 학설 | 대상 | 전진 |
|---|---|---|
| I  존재에 관한 학설 | 개념 자체 | 타자로의 이행 |
| II  본질에 관한 학설 | 정립된 개념 | 대립된 것 안에서의 가현 |
| III 개념에 관한 학설 | 대자적으로 존재하는 개념 | 발전 |

III  A. 대자적으로 존재하는 형식적$^{formeller}$ 개념(주관적 개념)

    a. 대자적으로 존재하는 형식적 개념 그 자체(개념)

       aa. 보편적 개념

       ab. 특수적 개념

       ac. 개별자

    b. 자기 자신의 타자로서 정립된 대자적으로 존재하는 형식적 개념 (판단)

    c. 완전히 정립된 대자적으로 존재하는 형식적 개념(추론)

III  B. 대자적으로 존재하는 실제적인$^{reeller}$, 즉 직접성으로 규정된 개념(객관성)

    a. 대자적으로 존재하는 실제적 개념 자체(기계론)

    b. 긴장된 실존에 들어선 대자적으로 존재하는 실제적 개념(화학론)

    c. 자유로운 실존에 들어선 대자적으로 존재하는 실제적 개념(목적론)(더 이상 객관으로서 외면성과 직접성에 침잠하지 않는 개념)

III  C. 대자적으로 존재하는 실재적인$^{realer}$, 즉 객관성과 통일을 형성하는 개념(이념)

a. 자기의 객관성과 구별되어 단순히 자기 안에서 자기의 객관성을 관통하는 대자적으로 존재하는 <u>실재적 개념</u>(생명)

b. 자기 자신에게로 해방되어 ─ 비로소 ─ 실재성을 위해 추상적 객관성을 자기에게 부여하는 대자적으로 존재하는 <u>실재적 개념</u> (인식)

c. 객관적 세계의 내적 근거이자 현실적 존립인 대자적으로 존재하는 <u>실재적 개념</u>(절대 이념)

## 2.2. 헤겔 '논리학'의 본질 징표로서의 객관적, 변증법적, 사변적 사유

　헤겔은 순수 학문의 사유 — 자신의 논리학의 사유 — 를 다음과 같이 특징짓고 있다.

　논리학이라는 "죽은 해골"이 정신을 통해 내실과 내용을 지니고서 되살아나기 위해서는 논리학의 방법이 오로지 그것만이 논리학으로 하여금 순수 학문일 수 있게 해줄 수 있는 그런 것이어야만 한다. 철학적 학문의 이러한 참다운 방법은 그 학문 내용의 내적인 자기 운동의 형식에 관한 의식이다.52 "나는『정신 현상학』에서 이 방법에 관한 하나의 예를 좀 더 구체적인 대상에서, 즉 의식에서 제시한 바 있다. 여기서는 의식의 형태들 각각이 저마다 실현되는 가운데 동시에 자기를 스스로 해소하여 그 자신의 부정을 자기의 결과로 지니며, — 그리하여 더 고차적인 형태로 이행해 있다. 학문적 전진을 획득하기 위해 유일한 것 — 그리고 본질적으로 그에 대한 전적으로 단순한 통찰을 위해 노력해야 하는 것 — 은, 부정적인 것은 그와 마찬가지로 긍정적이다, 또는 자기모순 하는 것은 영, 추상적인 무로 해소되는 것이 아니라 본질적으로 다만 그것의 특수한 내용의 부정으로 해소될 뿐이다, 또는 그러한 부정은 전면 부정이 아니라 해소되는 규정된 사태의 부정이며 따라서 규정된 부정bestimmte Negation이다, 그러므로 결과 속에는 본질적으로 그 결과가 그로부터 결과하는 것이 포함되어 있다고 하는 논리적 명제의 인식인데, — 이것은 본래 하나의 동어 반복인바, 왜냐하면 그렇지 않다면 그것은 직접적인 것이지 결과가 아닐 것이기 때문이다. 결과하는 것, 즉 부정이 규정된 부정이라는 점에서, 그것은 내용을 지닌다. 부정은 새로운 개념이지만, 선행하는 것보다 더 고차적이고 더 풍부한 개념이다. 왜냐하면 부정은 선행하는 개념의 부정 또는 대립자로 인해

52. *Log.* I 34, 35/4.51/5.48, 49.

더 풍부해져 있으며, 그러므로 선행하는 개념을 포함하지만 또한 그것보다 더 많은 것을 포함하고, 그것과 그것의 대립자의 통일이기 때문이다. — 이러한 도정에서 개념의 체계 일반은 형성되어야 하며, 끊임없고 순수하며 외부로부터 아무것도 받아들이지 않는 발걸음에서 완성되어야 한다."53

그러므로 헤겔은 자신이 스스로의 논리학 체계에서 따르는 방법은 좀 더 올바르게 말하자면 이 체계가 그 자신에서 따르고 있는 방법이라고 말한다. 방법은 그것의 대상이나 내용으로부터 구별된 어떤 것이 아니다. 내용을 끊임없이 움직여 가는 것은 자기 안에 있는 내용, 즉 내용이 그 자신에서 지니는 변증법이다. 방법의 리듬은 사태 자신의 진행이다.54 "개념 자신이 스스로를 계속해서 이끌어 가게 하는 것은 조금 전에 제시된, 개념이 자기 자신 안에 지니는 부정적인 것이다. 이것이 참으로 변증법적인 것을 이룬다."55 내적 부정성은 자기 자신을 움직이는 영혼이며, 모든 자연적이고 정신적인 생동성 일반의 원리다.56 이러한 변증법적인 것에, 따라서 대립자를 그것의 통일 속에서 혹은 긍정적인 것을 부정적인 것 속에서 파악하는 데에 사변적인 것이 존립한다.57/58

●●

53. *Log.* I 35, 36/4.51/5.49.
54. *Log.* I 36/4.52/5.50.
55. *Log.* I 37/4.53/5.51.
56. *Log.* I 38/4.54/5.52.
57. *Log.* I 38/4.54/5.52.
58. 변증법은 자주 그들의 사유에서 "개념의 생명"을 수행하지 못하는 자들로부터 비난받는다. 니콜라이 하르트만이 말하듯이 그들은 — 폰 하르트만(Eduard von Hartmann)이 말하는 대로 하자면 — "변증법의 단조로운 달가닥대는 소리"일 뿐인 자기들의 공허하게 진행되는 사유의 일률적인 리듬만을 듣고서는 그것이 헤겔 변증법의 달가닥대는 소리라고 생각한다. 그에 맞서 니콜라이 하르트만(*Die Philosophie des deutschen Idealismus*(『독일 관념론의 철학』), II Teil, Hegel, Berlin, 1929, S. 256)은 변증법의 참된 가치를 강조한다. "만일 사람들이 변증법을 통해 볼 수 있게 된, 거의 상상할 수 없을 정도로 풍부한 내용적으로 인상적인 것들에 눈길을 돌린다면, — 비록 말짱한 정신으로 생각하는 자에게는 공상적인 것으로 들릴 수도 있겠지만 — 그들은 실제로 변증법이란 인간의 사상에 깃든 신적인 것과도 같은 어떤 것, 시간적인 것과 시간에 제약된 것 속에서의

"그에 따르면 논리학은 순수한 앎을 자기의 원리로 지니는, 즉 추상적인 통일이 아니라 주관적으로 대자적인 존재자와 두 번째의 그러한 존재자, 즉 객관적인 것과의 의식의 대립이 그 속에서 극복되어 존재가 순수한 개념 자체 자신으로서 그리고 순수한 개념이 참다운 존재로서 알려짐으로써 구체적이고 살아 있는 통일을 자기의 원리로 지니는 순수한 사유의 학문으로 규정되었다. 따라서 이들(즉 순수한 개념과 참다운 존재 —옮긴이)은 논리적인 것에 포함되어 있는 두 계기들이다. 그러나 그것들은 이제 분리될 수 없게 존재하는 것으로서 알려지는데, 의식 속에서처럼 각각이 또한 그 자체로[대자적으로] 존재하는 것으로서도 알려지는 것이 아니다. 하지만 그것들은 동시에 구별된(그렇지만 그 자체로 존재하지는 않는) 것들로서 알려짐으로써, 그것들의 통일은 추상적이고 죽어 있으며 운동하지 않는 것이 아니라 구체적이다."[59] 의식의 대립은 사라졌다. "그리하여 이전에(진리로의 도정에서) 그 자체로 존재하는 규정들, 즉 주관적인 것과 객관적인 것이나 또한 사유와 존재나 개념과 실재성과 같은 규정들은, 그것들이 어떠한 관점에서 규정되어 있었든지 간에, 이제 그것들의 진리 속에서, 다시 말하면 그것들의 통일 속에서 형식들로 격하되어 있다."[60] 의식의 대립으로부터 해방된 객관화하는 행위는 좀 더 상세하게는 사유 그 자체로 일반적으로 받아들여질 수 있는 그런 것이다. 그러나 이 행위는 더 이상 의식이라고 불려서는 안 되는데, 왜냐하면 의식은 자아와 그의 대상의 대립을 자기 안에 포함하기 때문이다.[61]

이러한 헤겔의 말들에는 헤겔 논리학의 사유가 지니는 특성에 관한 몇 가지 고찰하고 해설하는 논의가 덧붙여질 수 있을 것이다.

• •
   영원한 것의 계시, 주관적이고 유한한 이성 속에서의 절대적 이성의 알림이자 언어라고 믿게 될 것이다."
59. *Log*. I 42, 43/4.60/5.57.
60. *Log*. I 43/4.61/5.57, 58.
61. *Log*. I 45/4.63, 64/5.60.

헤겔 논리학 연구의 특수한 어려움은 그 연구가 "개념의 노고"[62]를 요구한다는 점에 놓여 있다. 이 연구는 전적으로 비일상적인 입장, 즉 헤겔 이전의, 그러므로 또한 칸트에게서의 철학적 사유와는 전혀 다른 사유 방식을 필요로 한다. 이러한 사정의 기반을 이루는 것은 바로 여기서는 더 이상 주관적인 것이 아니라 객관적인 사유(즉 이성 대상들에 대한 단순한 지성–견해가 아니라 이성 대상들에 대한 이성–견해)가 문제로 된다는 점이다.[63] 이러한 사유를 뒤따라 수행해 나가기[Nachvollzug] 위해서는 헤겔이 『정신 현상학』에서 서술하고 있는 것과 같은 사유가 "내용의 자의적으로 운동하는 원리인 대신에 이 자유를 내용 속에 침잠시키고 내용을 그의 고유한 본성에 의해, 다시 말하면 그의 것으로서의 자신[das Selbst]에 의해 스스로 운동하게끔 하는"[64] 노고를 받아들일 필요가 있다. 이반 일린[65]은 이러한 새로운 종류의 사유 방식을 대단히 직관적으로 묘사한다. "개별적인 인간의 의식 행위와 그에 의해 사유된 내용의 사변적 융합은 사유가 직관의 힘을 자기화하지만 직관은 스스로를 완전히 사유의 사태에 넘겨줌으로써 이루어진다. 자명한 일이지만 후자는 직관이 전적으로 모든 감성적인 것과 경험적–구체적인 것으로부터 해방될 때에만 가능하다. 상상력이 넘쳐흐르는 사유는 더 이상 자기의 개념들을 고정시키고 조합하며 분류하는 일에 매여 있지 않다. 아니, 사유는 개념들 속에서 살아간다. 사유는 개념들을 관통하며 그 자신이 개념들에 의해 관통된다. 의식은 스스로를 대상에게 건네주고 넘겨주며 그 속에 머무르고, 대상이 그에 의해 자기의 것이 될 수 있게 스스로 대상에 몰두한다. 더 나아가 의식은 사태 속에서

· ·
62. *Phänomenologie des Geistes*(『정신 현상학』), *Sämtliche Werke*, 'Jubiläumsausgabe' Bd. 2, S. 54.
63. *Enz.* § 27.
64. *Phänomenologie des Geistes*, 앞의 책, S. 54.
65. Iwan Iljin, *Die Philosophie Hegels als kontemplative Gotteslehre*(『관조적 신론으로서의 헤겔 철학』), Bern, 1946, S. 53, 54.

자기를 망각하고, 개념의 본질 속으로 '무의식적으로' 침투해 들어가 사유하는 가운데 자기를 상실한다. 영혼은 이를테면 호흡을 억누르고 대상으로 하여금 그 자신의 고유한 법칙들에 따라 영혼을 지배하고 운동시키도록 대상에게 자기에 대한 그리고 자기 안의 힘을 건네주어야만 한다. 영혼은 자기의 인간적 실존으로부터는 아무것도 들여와서는 안 되며, 대상을 그의 자립성에서 결단코 교란하거나 왜곡해서는 안 된다. 그러므로 의식은 대상 속에서 해소되어야만 하며, 더 나아가 자기 망각에까지 이르러야만 한다."

헤겔 논리학을 개념 파악하는 데 있어 주된 어려움은 아마도 그것이 지성이 아니라 이성을 가지고서만 파악될 수 있다는 점(그리고 그것의 파악을 위한 매우 좁은 자연적 한계들이 존재하는바, 그것을 뒤따라가기 위해서는 — 정신적 — 이성을 갖추고 있어야만 한다는 점)일 것이다.[66]

우리는 이미[67] 지성은 분리하며 자기의 분리를 고집한다는 헤겔의 말을 인용한 바 있다. 헤겔은 특히 유한성과 무한성 개념들을 고찰할 때 단지 분리할 수 있을 뿐이고 여기서 나타나는 모순들을 드러내 보일 수 있을 뿐인 지성의 제한성을 상세하고도 인상적으로 보여준다. 반면 이성은 대립된 것을 결합하여 그 통일에서 파악함으로써 모순들을 해소한다. 헤겔은『논리의 학』에 붙인 서문에서 지성과 이성의 이러한 구별을 좀 더 상세히 제시한다. "지성은 규정하고 그 규정들을 견지한다. 이성은 부정적이고 변증법적인데, 왜냐하면 이성은 지성의 규정들을 무로 해소하기 때문이다. 그러나 이성은 긍정적이기도 한데, 왜냐하면 그것은 보편자를 산출하여 그 속에서 특수자를 개념 파악하기 때문이다. 지성이 이성 일반으로부터 분리된 어떤 것으로서 받아들여지듯이, 또한 변증법적 이성도 긍정적

---

66. 존재 개념들의 체계와 그것의 근거지우기는 물론 이성을 가지고서만 개념 파악될 수 있으며, 지성은 그것을 이해하지 못한 채 그에 맞서 있다. 하지만 존재 개념들의 체계 전개에서 획득된 개별적인 존재 개념들은 지성을 가지고서도 파악될 수 있다.

67. 앞의 '철학적 논리학의 발전과 단계화에 따른 헤겔『논리의 학』의 분류'에서.

이성으로부터 분리된 어떤 것으로서 받아들여지곤 한다. 그러나 그 진리에서 이성은 정신인바, 정신은 그 양자보다 더 고차적인 것, 즉 지성적 이성 또는 이성적 지성이다. 정신은 부정적인 것, 곧 변증법적 이성뿐만 아니라 또한 지성의 질을 이루는 바로 그것이다. ― 정신은 단순한 것을 부정하며, 그리하여 정신은 지성의 규정된 구별을 정립한다. 그와 마찬가지로 정신은 지성의 구별을 해소하며, 그리하여 그것은 변증법적이다. 그러나 정신은 이러한 결과의 무에 스스로를 붙들어 두는 것이 아니라 그 속에서도 마찬가지로 긍정적이며, 그리하여 최초의 단순한 것을 회복했지만, 그러나 자기 안에서 구체적인 보편자로서 회복했다. 그런데 주어진 특수자가 이 보편자 밑에 포섭되는 것이 아니라 오히려 저 규정 작용 및 그것의 해소에서 특수자는 이미 스스로를 함께 규정해 왔다. 자기의 단순성에서 자기의 규정성을 그리고 이 규정성에서 자기의 자기 자신과의 동등성을 스스로에게 부여하고, 그럼으로써 개념의 내재적 발전인 이러한 정신적 운동은 인식의 절대적 방법인 동시에 내용 자신의 내재적 영혼이다. ― 오로지 자기 자신을 구성하는 이러한 도정 위에서만 철학은 객관적이고 논증적인 학문일 수 있다고 나는 주장한다.”[68]

일상적인 순전히 형식적이거나 주관적일 뿐인 논리학[69]이 위에서 서술했듯이 형식과 내용을 분리하고 사유의 내용들과는 관계하지 않은 채 오로지 사유의 형식만을 가르치는 반면, 객관적 사유의 논리학은 사유 형식들을 현실의 형식들로서 다루고, 그것에게 있어서는 사상과 사태가 일치하고 있으며, 그것은 사유의 형식들을 가르치는 동시에 그에 상응하는 사유의 내용을 서술한다. 그것은 하나가 된 사유 학설Denklehre과 존재 학설Seinslehre이다.

---

68. *Log.* I 6, 7/4.17, 18/5.16, 17.
69. 여기서 생각되는 것은 주관적 사유의 주관적 논리학이다(헤겔의 ‘주관적 논리학’은 객관적 사유를 서술한다!).

주관적 사유의 논리학은 주관적 개념들을 다루며(지성-견해들), 객관적 사유의 논리학은 객관적 개념들을 다룬다(이성-견해들).70 주관적 개념은 그에 따라 주관이 (지성을 가지고서) 자기로부터 대상을 규정하는 개념이다. 그것은 대상의 자기-내-규정성에 대한 위에서 내려다보는[조감적인]$^{drauf}$ $^{sichtiges}$ 사유의 상이다.71 그에 반해 객관적 개념은 대상이 그것에서 자기 자신을 규정하는 — 주관에 의해 (이성을 가지고서) 산출된 — 개념이다. 그것은 대상의 대자적-규정성에 대한 그 안을 들여다보는[통찰적인]$^{einsichtiges}$ 사유의 상이다. 앞에서 제시했듯이 사유는 자기의 자유를 자기의 내용 속으로 침잠시키고 그 내용을 내용의 고유한 본성을 통해 운동하도록 하여 이 운동을 고찰함으로써 객관적 개념들에 도달한다. 이에 의해 사유는 대상들이 스스로로부터 관계해야 하고 사유 역시 그 대상들로부터 그리고 그 대상들을 위해 부여하는 (헤겔의 표현을 빌리자면 대상들 자신에게 다가가는) 관련 체계들을 획득한다.

하나의 동일한 단어에서 주관적 개념이 이해될 수도 있고 또한 그에 상응하는 객관적 개념이 이해될 수도 있다.72 그럼에도 불구하고 대부분의

• •

70. 헤겔은 주관적 개념들이나 객관적 개념들에 대해 말하지 않으며, 또한 객관적 사유에 대해서도 아주 드물게만 말한다. 그러나 헤겔 논리학의 특성을 단적으로 명확히 강조하기 위해 그것이 객관적 사유를 서술한다든지 헤겔 논리학의 개념들이 객관적 개념들이라고 하는 것은 이해에 도움이 될 수 있다.

71. 헤겔(*Log.* I 77/4.100/5.95)은 이러한 주관적 반성을 대상들 자신에게 전혀 다가가지 못하는 대상들에 외면적인 행위와 규정 작용으로 특징짓는다. 니콜라이 하르트만(앞의 책[각주 58], S. 245)은 이 사유에 대해 그것이 자기의 특정적인 개념들을 가지고서 소재보다 더 높아져 있다고 생각한다면 잘못 이해된 자유에 사로잡혀 있는 것이라고 말한다. 이를 보완하는 것으로 우리는 헤겔에게서 — *Sämtliche Werke*, 'Jubiläumsaus gabe', Bd. 16, S. 353 — 다음과 같은 언급을 발견한다. "참된 겸손은 정신을 진리, 곧 가장 내적인 것으로 침잠시키는 것, 대상을 오로지 그 자체에서만 가지는 것에 존립하며, 그리하여 모든 주관적인 것이…… 사라진다."

72. — 헤겔에 의해 상세하게 다루어졌기 때문에 — 좋은 예를 '무한성' 개념이 제공한다. 헤겔은 지성이 단지 '나쁜' 무한성(악무한, 'schlechte' Unendlichkeit) 내지 '부정적' 무한성 개념만을 가지고 있는 데 반해, 이성은 '참다운' 무한성(진무한, 'wahrhafte'

경우 주관적 개념들을 위한 단어 표현들과 객관적 개념들을 위한 단어 표현들은 상이하다.

존재자의 다양성 속에서 올바른 길을 찾기 위한 노력에서 주관적 사유는 상이한 대상들의 구별되는 '특성들^Eigenschaften'73을, 가령 돌의 특성 및 이와 구별되는 생명체의 특성을 위에서 내려다보며 규정한다. 그에 반해 그 안을 들여다보며 사물들의 규정성이나 그것들의 자기규정을 파악하는 객관적 사유는 상이한 사물들의 '특성'에 대해 말하는 것이 아니라 오히려 돌의 규정성을 현존재로서, 유기체의 규정성을 대자 존재로서 특징짓는다. 이 점은 실체의 개념들에서도 마찬가지다. 주관적 사유는 위에서 내려다보기 때문에 오직 현상들과만 관계한다. 그리하여 주관적 사유는 사물의 본질을 파악하지 못하는 까닭에, 그것이 유일하게 관계하는 실체의 측면을 가령 현상이라고 부르지 못하고 — 왜냐하면 그에게는 바로 '본질'이라는 반대 개념이 나타나지 않고 따라서 '현상'이라는 명칭을 사용할 동기가 없기 때문이다 —, 힘, 소재, 물질이라고 부른다. 그에 반해 객관적 사유는 한편으로는 가상 내지 현상에 대해, 그리고 다른 한편으로는 본질에 대해 말한다.

*　　*<br>*

요약하자면 우리는 '헤겔 논리학의 일반적 개념'에 대해 다음과 같이 확정할 수 있다. 논리학에서 존재는 순수한 개념으로 알려진다. 순수한 개념은 그것이 자기 자신에서 지니는 부정적인 것에 의해 자기 스스로를 이끌어

⁘
Unendlichkeit) 개념을 소유한다는 것을 보여준다. '나쁜' 또는 '부정적' 무한성은 주관적 개념이고, '참다운' 무한성은 객관적 개념이다.

73. 위에서 내려다보는 고찰은 항상 '특성들'과 관계한다. "질은 그것이 외면적 관계에서 내재적 규정으로서 제시된다는 점에서야말로 특히 특성이다." *Log.* I 101/4.128/5.122.

간다. 그래서 논리학은 자기의 내용, 즉 존재의 내적인 자기 운동의 형식에 대한 의식이다.


## 2.3. 사상의 운동과 사태의 운동
— 관념 변증법과 실재 변증법


변증법 그 자체에 최고의 찬사를 바친[74] 니콜라이 하르트만은 헤겔 논리학의 변증법에 대해 다음과 같은 중대한 비난들을 제기한다.[75] 즉, 『정신 현상학』과 『법철학』 및 정신사에 대한 나중의 강의들에서 헤겔은 어디서나 현상들에 밀접히 서 있고, 그것들을 구체적으로 염두에 두고 있으며, 그의 변증법은 사태로의 현실적인 돌진이다. 그렇지만 헤겔 논리학은 철저히 탐구해 보면 그 광범위한 부분들에서 비실제적인 변증법으로 이루어져 있다는 대단히 중대한 의혹에 처하게 된다. 변증법의 형태는 자기 안에서 비난할 여지가 없고 논리적 의미에서 형식적으로 완전하다. 변증법의 오류는 그 단초에 놓여 있다. 그 기본적인 예는 헤겔이 자신의 논리학을 그로부터 시작되게 하는 존재와 무의 변증법이다. 여기서는 허용될 수 없는 방식으로 사상의 운동으로부터 사태의 운동에로 논증이 이루어진다. 하지만 순수한 존재와 무(?)는 그 어떤 세계의 그 어디에도

----

74. 이에 대해서는 앞에서(각주 37에서) 인용한 바 있다.
75. 여기서 — 앞에서(머리말의 각주 14에서) 언급된 논문 S. 12에서 — 하르트만은 헤겔의 관념 변증법에는 실재 변증법이 상응해야만 하며, 개념 운동은 실재 운동의 상대물이고 변증법적 사유는 실재 변증법의 반영이라고 하는 것이 헤겔 철학의 내용이자 주장이라고 하는 견해로부터 출발한다.

존재하지 않는다. 순수한 존재와 무의 통일에서 출발하는 헤겔의 생성론은 결코 경험 가능한 생성에 상응하지 않는다. 경험에서는 오히려 무에서는 아무것도 생성되지 않는다$^{ex\ nihilo\ nil\ fit}$는 명제가 타당하다.

헤겔 논리학의 변증법이 경험에 의해 반박된다는 니콜라이 하르트만의 반론에 대해서는 우선 철학적 진술들은 원칙적으로 경험이 아니라 진리에서 측정되어야 한다는 점이 지적될 수 있다. 참인 사상들은 그것들이 경험의 사실 내용과 일치하지 않고서도 전개될 수 있다. (이와 유사하게 기하학의 경우에도 그것이 적용되는 실재가 존재하지 않고서도 자기 안에서 올바른 기하학이 전개될 수 있다. 상대성 물리학이 출현했듯이, 생각해 볼 수 있는 여러 참된 기하학들 가운데 어떤 것이 세계에 — 그때그때마다 중력 관계의 척도에 따라— 적용될 수 있는가 하는 진술을 위해서는 경험이 필요하다.) 그리하여 헤겔 변증법이 경험과 일치하지 않는다고 주장된다고 해서 그에 대한 철학적인, 그런 까닭에 참된 반박이 이루어진 것은 아니다.

그러나 무엇보다도 우선 우리는 헤겔이 자기의 『논리의 학』에서 허용될 수 없는 방식으로 사상의 운동으로부터 사태의 운동에로 논증해 간다고 말할 수 없는데, 왜냐하면 헤겔 논리학에서 문제가 되는 사태는 순수한 개념으로서의 존재인바, 다시 말하면 헤겔 『논리의 학』이 다루고 있는 사태는 현상들이 아니기 때문이다.

또한 헤겔이 자신이 가르친 관념 변증법에는 실재 변증법이 상응한다고 말했다거나 헤겔 철학으로부터는 관념 변증법에 실재 변증법이 상응해야만 한다는 결론이 나온다는 것도 전혀 올바르지 않다. 헤겔은 그의 '논리학'에서 어떻게 하나의 존재 개념이 다른 존재 개념으로 흘러 이행하는지를 보여준다. 그러나 그는 똑같은 방식으로 하나의 현상이 다른 현상으로 흘러 이행한다고는 말하지 않는다. 헤겔은 어디에서도 사상의 운동에 사태의 운동이 평행적으로 상응한다고 말하지 않는다. 오히려 헤겔은 존재 개념들의 흘러가는 이행에 자연, 즉 사물들의 단계 체계$^{Stufensystem}$를 대립시킨다.76 — 존재와 무의 변증법에 대한 니콜라이 하르트만의 반론, 즉 온

세계 어디에도 순수 존재는 존재하지 않는다는 것에 관해 이야기하자면,
헤겔이 이것을 주장했다고 하는 것은— 용서할 수 없는— 오해로 받아들
여져야 한다. 반대로 헤겔은 너무도 명확히 순수 존재에 대해 그것은
무이며 무 그 이상도 그 이하도 아니라고 말했던 것이다.[77] — 헤겔 철학에

• •

76. 뒤의 '헤겔의 삼단계 진행에 대한 회고'와 *Enz.* § 249를 참조. "하나의 자연 형식과
영역이 좀 더 고차적인 것으로 전진해서 형성되고 이행되는 것을 외면적이고 현실적인
산출로 간주하는 것은 좀 더 오랜 자연 철학과 또한 좀 더 새로운 자연 철학의 부적절한
표상이었다. 하지만 사람들은 이러한 산출을 좀 더 명확히 하기 위해 그것을 과거의
어둠 속으로 처박아 놓았다." 사유하는 이성은 그와 같은 불명료하고 근본적으로 감성적
인 표상들을 멀리 해야만 한다.

77. 이 책의 II. 객관적 논리학, 1. 개념 자체('존재'의 논리학), A. '질'의 개념성, a. '순수
존재'를 참조.
    앞에서 언급된 하르트만의 반론은 본래 전적으로 잘못 자리 잡고 있는데, 왜냐하면
헤겔은 여기 제1책 제1편에서 '규정성(질)'을 다루지 가령 하르트만이 ex nihilo nil
fit 명제를 인용할 때 생각하는 것인 실존에로 들어섬(Indieexistenztreten)을 다루지
않기 때문이다. 실존에로 들어섬에 대해 헤겔은 나중에 『논리의 학』의 제2책에서 '실존에
로의 사태의 출현'이라는 표제 밑에 비로소 이야기한다(*Log.* II 97 ff./4.592 ff./6.119
ff.). 그럼에도 불구하고 여기서는 이러한 하르트만의 이의 제기에 대해 ex nihilo nil
fit 명제의 타당성이 현대 물리학에 의해 의심스럽게 되었다는 점이 언급될 수 있을
것이다. 상대성 이론으로부터 출발하여 현대의 천체 물리학에서는 세계가 똑같은 부분들
로 플러스 에너지(질량 에너지)와 마이너스 에너지(중력 에너지)로 이루어져 있으며,
따라서 전체 에너지 = 0이라는 견해가 주장된다. 이것을 비유적으로 표현하면 물질은
무에서의 구멍으로부터 형성된다고 말할 수 있다. (오늘날 논의의 전면에 서 있는
두 우주론적 모델들 가운데 하나인 지속–상태–이론은 우주가 확대되는 동시에 물질도
새로운 은하들과 은하단들의 발생에 의해 증대된다고 가정한다.) 이러한 연관에서 또한
마찬가지로 현재 논구되고 있는 견해, 즉 세계는 똑같은 부분들로 물질과 반물질로
이루어진다는 견해가 지적될 수 있다. (이에 대해서는 모든 종류의 소립자들에게는
그에 상응하는 반입자가 존재하며, 입자들과 반입자들은 언제나 다만 쌍으로만 새롭게
발생하고 또한 단지 쌍으로만 소멸될 수 있다는 것이 실험적으로 확고하다. 이렇게
소멸할 때에 플러스 에너지 부분의 물질은 반물질이 나타내는 부정 에너지 부분의
구멍으로 뛰어든다.) 그러므로 현대 자연 과학은 헤겔의 존재론적(ontologische) 논리학이
현상들에 얼마나 가까운지를 나타내 보여준다. (어쨌든 우리는 기독교의 무로부터의
창조론과 거기서의 창조 이미지에서 신이 빛을 어둠으로부터 나누었다는 것을 생각하게
되는데, 이러한 직관에 따르자면 세계는 플러스 에너지와 마이너스 에너지, 물질과
공간적 결합성 또는 물질과 반물질의 '나눔'에 의해 존립한다.)

따르면 관념 변증법에는 결코 자연에서의 실재 변증법이 상응하지 않는데, 왜냐하면 헤겔 철학에 따르면 자연과 그것의 현상들은 요컨대 이념의 자기 자신으로부터의 이반인바, 물론 이념은 자연의 범형이자 내적 형성자이긴 하지만, 자연은 개념의 엄밀함을 견지하여 나타낼 수 없는 채로 무개념적인 맹목적 다양성에 빠져들기 때문이다.[78]

헤겔에게 있어 — 첫 번째 논리학으로서의 — 논리학은 앞에서 제시했듯이 자연의 창조 이전의 신의 영원한 본질에 대한 서술이자 껍데기를 걸치지 않은 진리이고 세계의 이념적 원형이다. 존재 개념들을 통한 신적 사유의 진행은 세계의 이념적 원형의 변증법적 구성이다. 그런 까닭에 관건이 되는 것은 존재 개념들의 변증법적 출현이 실재 변증법에 일치하는가 하는 것이 아니라, 다만 존재 개념들 — 플라톤의 표상 방식에서는 이데아들 — 이 실재성에 상응하는가 내지 역으로 실재성이 변증법적 사유에서 출현된 존재 개념들에 일치하는가 하는 것일 뿐이다.[79]

헤겔 논리학의 관념 변증법은 그 자체에서 일반적으로 실재 변증법의 존립을 필요로 하지 않는다. 관념 변증법과 실재 변증법에 관련된 상황은 오히려 건축가가 집을 짓기 위해 수행해야만 하지만 계획에 따라 세워진 집에서는 보일 수 없게 현존하는 계산들의 상황과 비슷하다.

그렇지만 또한 헤겔에게서도 실재 변증법이 존재한다(이를 니콜라이 하르트만은 앞에서 제시되었듯이 상이한 정신적 영역들과 관련하여 강조한 바 있다). 하지만 이에 대해서는 원칙적으로 다음과 같은 점이 언급되어야 한다.

<hr>

78. *Log.* II 247/5.45/6.282.
79. 한편으로 세계의 이념적 원형으로서의 객관적 논리학과 다른 한편으로 실재적 세계 사이에서의 이원성에 상응하는 것이 본질과 그것의 현상 사이에서도 존립한다. 이 점은 모순에 대해서도 마찬가지로 적용되는데, 요컨대 모순은 오로지 본질 속에서만 존립하는 것이다. "외면적인 감성적 운동 자신은 모순의 직접적 현존재다." *Log.* II 59/4.547/6.76.

헤겔은 해소되지 않은(그리고 해소되지 않은 채 머무르는) 모순들과 모순들의 해소(따라서 해소된 모순들)를 구별한다. 헤겔에 따르면 오직 정신 — 절대 정신과 인간의 정신—만이 모순들을 해소할 수 있고 이를 통해 좀 더 고차적인 것을 창조할 수 있다.[80/81/82]

자연 전체는 해소되지 않은 모순이다.[83] "이른바 세계는…… 그런 까닭에 어디서도 모순이 없을 수 없지만 그것을 견딜 수 없으며 그런 까닭에 발생과 소멸에 내맡겨져 있다."[84] 그런 한에서 자연 안에는 — 자연으로부터는 — 단지 모순들만이 존재하며, 나아가 자연은 그것들을 견디거나 해소할 수 없기 때문에 발생과 소멸만이 존재할 뿐 발전은 존재하지 않는다. 발전은 오히려 오로지 개념의 지배 하에서만 이루어진다. "자연은 하나의 단계가 다른 단계로부터 필연적으로 출현하고, 가장 나중의 단계가 그것이 그로부터 필연적으로 결과한 것들의 진리인 바의 그러한 단계들의 체계로 고찰될 수 있지만, 그렇다고 해서 하나의 단계가 다른 단계로부터 자연적으로 산출되는 것이 아니라 자연의 근거를 형성하는 내적인 이념에서 산출된다. 형태 변화*Metamorphose*는 오직 개념 그 자체에게만 속하는데, 왜냐하면 개념의 변화만이 발전이기 때문이다."[85/86/87]

· ·
80. *Log.* I 236/4.289/5.276.
81. 그런 까닭에 비판자들이 세계에는 정립과 반정립으로부터 종합에서의 좀 더 고차적인 발전에로 나아가지 않는 수많은 모순들이 존재하며, 따라서 헤겔의 변증법은 반박된다고 말하는 것은 헤겔 작품에 대한 아주 피상적인 독해를 보여준다. — 예를 들어 역사에 대한 그의 고찰들이 보여주듯이 현상들에 아주 가까이 있었고, 심지어 한동안은 신문 편집자였던 — 헤겔이 마치 그러한 것을 보지 못하기나 했다는 듯이!
82. 그런 까닭에 또한 헤겔 변증법은 헤겔이 자연적 세계란 전적인 모순들이라고 말하기 때문에 그의 견해에 따르면 관념 변증법일 뿐만 아니라 또한 실재 변증법이기도 하다고 말하는 것도 적절하지 않다. 변증법은 모순들의 존립에 관한 학설일 뿐만 아니라 또한 모순들의 해소에 관한 학설이기도 하다!
83. *Enz.* § 248.
84. *Log.* I 236/4.289/5.276.
85. *Enz.* § 249.

그러므로 우리는 헤겔에 따르면 자연에는 실재 변증법이 존재하지 않으며, 자연에서의 발전은 오히려 헤겔에 따르면 그 자신이 변증법적으로 발전하는 범형이자 내적 형성자인 개념의 지배 하에서만 이루어진다고 확정할 수 있다.

- - 

86. 완전함을 위해 제시하자면, 헤겔은 계속해서 다음과 같이 말하고 있다. "그러나 개념은 자연에서 한편으로는 단지 내적인 것으로서만, 다른 한편으로는 단지 살아 있는 개체로서만 실존하고 있다. 실존하는 형태 변화는 오로지 이 개체에만 한정된다." (생명 또는 유기적 자연은 거기서 개념이 '출현'하는 자연의 단계다. *Log.* II 224/5.18/6.257) 여기서는 또한 위에서 인용된 헤겔의 말, 즉 내적인 부정성이 모든 자연적 생동성의 원리라고 하는 것이 생각될 수 있다.

87. 실재 변증법의 결여 내지 개념 지배의 존립과 관련하여 우리는 또한, 각각의 인간은 전적으로 개인적인 목적들에 이바지한다고 믿지만 실제로는 좀 더 고차적인 역사적 목표들에 봉사하고 있다는 헤겔의 이성의 간지 학설을 생각해 볼 수 있을 것이다. 이 경우에도 오로지 관념 변증법만이 존재할 뿐 그에 상응하는 실재 변증법은 존재하지 않는다.

# 3. 헤겔 '논리학'의 삼분법과 이분법 및 그 전체

헤겔의 『논리의 학』을 파악하기 위해서는 '논리학'의 편제가 본질적인 관심의 대상이 된다. 왜냐하면 그것은 개념의 편제인 까닭에 '논리학'의 대상 자신의 편제이기 때문이다.

## a. '논리학'의 삼분법

헤겔의 『논리의 학』은 한편으로 세 부분으로 나누어진다.
'존재'의 논리학,
'본질'의 논리학,
'개념'의 논리학.
이러한 '논리학'의 편제는 '존재'의 논리학, '본질'의 논리학, '개념'의 논리학이 평행적인 방식으로 전개된다는 점을 특징으로 한다. 세 번에 걸쳐 차례대로 존재는 아래로부터 위에 이르기까지 그때마다 다른 관점에서 고찰되며, 세 번 모두 개념적 발전은 무와 함께 시작된다.[88]
이러한 평행성에 따라 '존재', '본질' 그리고 '개념'의 발전들은 다음과 같이 병렬된다.

| '존재'의 발전: | '본질'의 발전: | '개념'의 발전: |
|---|---|---|
| 순수 존재 | 자기 안에서 가현하는 본질 | 형식적 개념(주관성) |
| 현존재 | 현상하는 본질 | 실제적 개념[89](객관성) |
| 대자 존재 | 현실적으로 존재하는 본질 | 실재적 개념[90][91](이념) |

우리는 순수 존재 내지 자기 안에서 가현하는 본질 그리고 형식적 개념에서 순수한 사상의 영역을 생각할 수 있다. 순수한 사상의 영역은 세계의 전(前)단계로서 — 여기서 부정적으로 말하자면 — 아직 현존재를 지니지 못하고, 또한 아직은 현상하는 본질도 아니며, 나아가 실제적 개념도 아니다. — 현존재 내지 현상하는 본질 그리고 실제적 개념에서 우리는 자연 —

88. '존재'의 논리학에서는 순수 존재가, '본질'의 논리학에서는 자기 안에서 가현하는 본질이 그리고 '개념'의 논리학에서는 형식적 개념이 무로서 입증된다. 아래에서의 'II. 객관적 논리학'의 '1. 개념 자체', A. '질의 개념성'과 '2. 정립된 개념', A. '자기 안에서 가현하는 본질' 그리고 'III. 주관적 논리학'의 '1. 대자적으로 존재하는 개념', A. '주관성'을 참조.
89. 여기에는 물론 '헤겔의 삼단계 진행들에 존립하는 헤겔 철학의 체계 난점들'에서 제시되는 부당성이 놓여 있다.
90. 바로 앞의 각주를 참조
91. 여기서 제시된 '존재', '본질' 그리고 '개념'의 단계화들과 발전들 사이의 상응은 헤겔이 현상하는 본질 및 실제적 개념과 관련하여 또한 '현존재'에 대해 말하고, 현실적으로 존재하는 본질 및 실제적 개념의 단계를 또한 '대자 존재'라고 부른다는 점에서 분명히 드러난다. 본질은 "스스로에게 현존재를, 그러고 나서는 대자 존재를 부여하기 위해서는 그것이 단지 그 자체에서만 포함하는 규정성을 자기의 영역 속에서 정립해야 한다." *Log.* II 5/4.483/6.15. (또한 예를 들어 헤겔이 본질은 아직 현존재를 지니지 않는다는 것에 대해 말하는 *Log.* II 132/4.633/6.159 또는 헤겔이 본질의 두 번째 단계를 "현존재로 들어서는" 것으로서 표현하는 *Log.* II 6/4.484/6.16도 참조) '개념'과 관련해서는 헤겔이 객관성을 현존재로 이행된 개념이라고 부르는 *Log.* II 236/5.33/6.271 및 헤겔이 이념을 주관적인 것과 객관적인 것의 대자적으로 존재하는 통일이라고 표현하는 *Enz.* § 212가 지적될 수 있을 것이다.

즉 공간과 시간 속에 실존하는 사물들──을 생각할 수 있다. 자연은 현존재하는 것들, 현상들, 객체들의 영역이다. 마지막으로 대자 존재 내지 현실적으로 존재하는 본질 그리고 실재적 개념에서 우리는 인간 정신을 생각할 수 있다. 인간 정신은 대자 존재하는 것이고 현실적인 것이며 이념이다.

다른 한편으로 '존재', '본질' 그리고 '개념'에 관한 학설들은 개념의 계속적인 전진 규정 내지 발전을 다루는바, 다시 말하면 처음에는 개념의 규정성을, 다음에는 ── 앞에서 규정된 ── 개념의 정립된 존재를, 그리고 마지막으로는 ── 앞에서 규정되고 정립된 ── 개념의 대자 존재를 다룬다.

## b. '논리학'의 이분법

존재-본질-개념의 삼분법과 더불어 헤겔은 다른 한편으로
'객관적 논리학'(『논리의 학』의 제1권)과
'주관적 논리학'(『논리의 학』의 제2권)으로 나누는 이분법을 시도한다.
'객관적 논리학'은 헤겔『논리의 학』의 세 부분들 가운데 처음 두 부분, 그러므로 '존재'에 관한 학설['존재'론]과 '본질'에 관한 학설['본질'론]을 포괄한다. '주관적 논리학'은 '개념'에 관한 학설['개념'론]이다.92

'객관적 논리학'과 '주관적 논리학'의 본질적 구별은 근본적으로 객관적 논리학이 존재로서의 개념(개념 자체)의 논리학이고, 주관적 논리학은 개념의 개념(대자적으로 존재하는 개념)의 논리학이라는 데 놓여 있다.93

객관적 논리학은 헤겔에 의해 또한 존재론적 논리학이라고도 불린다.94 그것은 객관적인 존재적 범주들에 관한 학설이다. 객관적 논리학은 "존재자

••
92. *Log.* I 43, 44; 46, 47/4.61; 65, 66/5.57 ff.; 61 ff.; *Prop.* III 2. § 15.
93. *Log.* I 43/4.61/5.57.
94. *Prop.* III 2. § 15.

의 순수한 개념들의 체계"[95]를 취급한다. 우리는 헤겔의 객관적 논리학의 개념들을 우리가 논리적으로 파악하고자 하는 외적인 소재, 특별히 경험 과학의 성과들에 적용한다.[96]

객관적 논리학의 대상인 '존재'와 '본질'의 규정들은 다만 규정된 개념들, 즉 개념들 자체일 뿐이거나 또는 같은 말이지만 우리에 대한 개념들일 뿐이다.[97] 따라서 객관적 논리학은 다만 우리에 대해서만 세계에 이르는 도정이다.[98]

그에 반해 주관적 논리학은 "진리 자신"[99]을 다룬다. 우리가 객관적 논리학의 개념들, 즉 이러한 존재적 범주들을 구체적 내실로 채우기 위해 그것들을 경험의 소재에 적용하는 반면, 주관적 논리학의 대자적으로 존재하는 개념은 그 자신에서 자기의 구체적 내실을 지닌다.

헤겔의 객관적 논리학과 헤겔의 주관적 논리학은 상호간에 이해$^{Verstehen}$와 개념 파악$^{Begreifen}$과 같은 관계에 서 있는바, 각각은 위에서 내려다보기[조감] 와 그 안을 들여다보기[통찰]이다.

그러므로 헤겔의 주관적 논리학은 객관적 논리학보다 더 고차적인 철학의

---

95. 이러한 의미에서 헤겔(Log. I 46/4.64/5.61)은 정신사적 관점에서 객관적 논리학에 대해 다음과 같이 말할 수 있었다. "따라서 객관적 논리학은…… 이전의 형이상학 자리에 들어선다." 이와 관련해 주목해야 할 것은 객관적 논리학이 단지 이전의 형이상학 자리에만 놓인다는 점, 그에 반해 헤겔에게 있어서는 그의 『논리의 학』 전체가, 따라서 그의 객관적 논리학뿐만 아니라 또한 주관적 논리학도 — 달리 표현하자면 '개념'에 관한 그의 학설 전체가 — 형이상학이라는 점이다.

96. 여기에는 헤겔의 다음과 같은 말(Log. I 41/4.57/5.55)이 적용된다. "논리의 체계는 그림자의 나라, 즉 온갖 감성적 구체화로부터 해방된 단순한 본질성들의 세계다."

97. Enz. § 162를 참조.

98. 실제로는 논리학 전체가 세계에 이르는 도정이다. 헤겔은 주관적 논리학에서 다루어지는 대자적으로 존재하는 개념의 발전으로부터 비로소 세계를 뒤쫓아 파악한다. 이 발전은 이를테면 절대 이념에서 정점에 도달한다. 그러나 자연은 타자 존재의 형태 속에 존재하는 절대 이념이다. Enz. §§ 244, 247.

99. Log. II 211/5.4/6.244.

단계를 나타낸다. 대자적으로 존재하는 개념에 관한 학설이 비로소 우리에게 존재자 또는 진리에 대한 본래적인 통찰을 매개해 준다. 객관적 논리학의 개념들은 다만 우리에 대한 개념들일 뿐이기 때문에 '객관적' 논리학은 참으로는 (객관적 사유의!) 주관적 논리학이며, 헤겔『논리의 학』에서의 본래적인 객관적 논리학은 헤겔이 '주관적 논리학'이라고 부르는 대자적으로 존재하는 개념의 논리학이다. 주관적 논리학이야말로 비로소 참된 존재 논리학$^{Ontologik}$이다. 그것이야말로 비로소 순수한 사유로부터 사유의 자기 외 존재로, 나아가 사유와 사유의 자기 외 존재와의 통일로 나아가는 존재의 발전을 들여다보며[통찰적으로] 보여준다.[100]

객관적 논리학은 그것이 경험 과학자들에게 세계의 과학적 파악을 위한 ― 고차적인, 요컨대 필연적인 ― 개념들을 제공해 주기 때문에 그들에게도 관심거리가 되는 반면, 주관적 논리학은 오로지 철학적 관심의 대상일 뿐이다. 객관적 논리학이 또한 그것에 의해 전개된 개념들이 존재자에 대한 사유적인 파악을 위해 유용하다는 것에 의해서도 정당화될 수 있는 반면, 주관적 논리학은 오로지 자기 자신을 통해서만 ― 참된 것으로서 ― 정당화될 수 있다.

오직 주관적 논리학만이 진리 자신을 취급하는 한에서 주관적 논리학은 ― 만약 객관적 논리학에서 주어져 있는 "개념의 발생적 해명"[101]을 도외시한다면 ― 독자적이며, 우리가 오직 "진리 자신"만을 알고자 한다면 주관적 논리학이 오로지 그 자체로만 읽힐 수 있을 것이다.[102]

· ·
100. 아래의 'III. 주관적 논리학('진리 자신'에 관한 학설)'의 '1. 대자적으로 존재하는 개념('개념'의 논리학)'을 참조.
101. *Log.* II 213/5.6/6.245.
102. '주관적 논리학'과 '객관적 논리학'의 구별에 대해서는 이 책의 'III. 주관적 논리학('진리 자신'에 관한 학설)'의 처음 부분을 참조.

## c. 전체로서의 '논리학'

마지막으로 그리고 무엇보다도 우선 헤겔의 '논리학'은 그럼에도 불구하고 전체다.

'논리학'이 하나의 전체로 총괄되는 것은 헤겔의 관념론에 대해 본질적인 바, 전체로서의 논리학은 헤겔 철학의 중심 구성 부분이다.

우선 '논리학'은 처음에는 그 자체에서 존재하는 개념('존재'에 관한 학설)이고, 그 다음에는 정립된 개념('본질'에 관한 학설)이며, 마지막으로는 대자적으로 존재하는 개념('개념'에 관한 학설)인 개념 내지 개념의 발전에 관한 총체적인 학설로서 하나의 전체다.[103]

그러나 논리학이 전체인 것은 무엇보다도 우선 그것이 아직은 무규정적인 존재로부터 절대 이념에 이르기까지의, 즉 마치 무규정적인 존재로부터 시원이 마련되었고 자기는 결과처럼 보이는 가상을 사라지게끔 한, 그 자신이 하나의 총체성인 바의 절대 이념에 이르기까지의 개념에 대한 서술이기 때문이다.[104]

전체로서의『논리의 학』은 헤겔 철학의 본질적인 부분인바, 한편으로는 그것의 대상이 헤겔의 파악에 따르면[105] 자연과 유한한 정신의 창조 이전에 자기의 영원한 본질 속에 존재하는 신에 대한 서술인 한에서(첫 번째 논리학), 다른 한편으로는 헤겔에 따르면[106] '개념'이 정신의 학문에서 자기의 해방을 자신을 통해 완성하고, 스스로를 파악하는 순수한 개념으로서의 논리적 학문에서 자기 자신의 최고의 개념을 발견하는 한에서(두 번째 논리학) 그러하다.

● ●
103. *Enz.* §§ 84, 112, 160을 참조.
104. *Enz.* § 242.
105. *Log.* I 31/4.46/5.44.
106. *Log.* II 506/5.353/6.573.

# 제2부 객관적 논리학: '존재자의 순수한 개념들의 체계'에 관한 학설

우리가 다음에서 객관적 논리학을 다루고 그러므로 논리학의 이분법을 근저에 놓을 때, 우리는 한편으로는 삼분법을, 다른 한편으로는 논리학의 전체를 도외시함으로써 우리의 관점을 제한하고 있다.

헤겔의 객관적 논리학은 존재자의 순수한 개념들을 다루며,[1] 앞에서 말했듯이 객관적인 존재적 범주들의 논리학이다.

이미 피타고라스주의자들이 범주표를 세워놓았다. 그리고 플라톤과 아리스토텔레스도 이미 이데아들의 상호 연관성을 제시하고자 노력했다. 칸트는 범주들의 표를 "그것들이 자기 스스로를 지성의 몇 가지 소수의 근본 법칙들에 의해 스스로 부류들로 구분하는 대로"[2] 가져온다. 이전의

••
1. 헤겔은 『철학적 예비학』(III 2. § 15)에서 객관적 논리학 내지 거기서 그가 말하는 대로 하자면 존재론적 논리학을 "존재자의 순수한 개념들의 체계"라고 부른다. "객관적 논리학 은 개념 자체 또는 범주들의 학문이다."(*Prop.* III 1. § 1)
2. (칸트에게 있어) 범주표는 다음과 같다.
   1. 양: 하나[단일성], 여럿[다수성], 모두[전체성]
   2. 질: 실재성, 부정, 제한
   3. 관계: 내속과 자존, 인과성과 의존, 상호성(능동자와 수동자 사이의 상호 작용)
   4. 양태: 가능성과 불가능성, 현존재와 비현존재, 필연성과 우연성

모든 선행자들에 비해 헤겔에게서 나타나는 새로움은 그에 의해 존재적 범주들이 단순히 나열되거나 지성의 외면적인 질서로 정돈되는 것이 아니라, 그의 객관적 논리학에서 이성에 의해 범주들의 내적인 '살아 있는' 연관 속에서 제시된다는 점에 놓여 있다. 헤겔은 하나의 개념이 필연적으로 다른 개념을 지시하는 "개념들의 체계"3를 제공한다.4/5

(헤겔이 자신의 객관적 논리학에서 존재 개념들을 전진하는 연관 속에서 서술한다는 것은 전형적으로 이 서술의 외면적 모습을 규정한다.6 그리하여 헤겔은 예를 들어 그가 '존재'에 관한 학설의 끝에 도달한 후 이제 우리는 '본질'에 관한 학설에 도달한다고 말하지 않는다. 오히려 그는 다음과 같이 맺음으로써 '존재'에 관한 학설을 '본질'에 관한 학설에로 인도한다. "⋯⋯ 따라서 존재는 본질로, 즉 존재의 지양을 통한 자기와의 단순한 존재로서의 존재로 규정된다." 이에 상응하는 이행들을 우리는 객관적 논리학의 모든 부분들 사이에서 발견한다.7)

• •
3. *Log.* I 36/4.51/5.49.
4. 헤겔이 자신의 논리학을 개념들의 체계로 이해하고자 한다는 점을 언제나 거듭해서 상기하는 것은 그에 대한 연구를 위해 대단히 중요하다. 예를 들어 다음의 명제를 고찰해 보자. "자기를 넘어서고 자기의 부정을 부정하여 무한하게 되는 것은 유한자 자신의 본성이다."(*Log.* I 126/4.158/5.150) 이 명제를 직접적으로 실재성에 관련시키는 것은 명백히 부적절할 것이다. 오히려 이 명제는— 관념성에서— '유한성'이라는 개념이 스스로를 넘어서서 '무한성'이라는 개념에로 나아가는 반면, 실재성에서는 오로지 개념 지배의 결과로서만 유한한 존재('현존재')를 무한한 존재('대자 존재')가 뒤따른다는 식으로 이해되어야 한다.
5. 여기서는 다시 한 번 헤겔의 논리학이 존재 개념들을 전진하는 연관에서 출현하게 하는 데 반해, 그와 반대로 자연— "타자 존재의 형태로 존재하는 이념"— 은 헤겔의 자연 철학에 따르자면 단계들의 체계를 나타낸다는 점에 주목해야 할 것이다. *Enz.* § 249를 참조.
6. 헤겔 자신이 이 점을 지적한다(*Log.* I 36, 37/4.52, 53/5.49, 50).
7. 여기서는 오해되고 있는 말이 언급되어야 한다. "본질은 존재와 개념 사이에 서서 그들의 중심을 이루며, 그것의 운동은 존재로부터 개념에로의 이행을 이룬다."(*Log.* II 5/4.484/6.15 f.) 오직 개념들의 발전에서만, 즉 오직 이러한 관념성에서만 본질의 개념은 존재의 개념과 개념의 개념 사이에 서 있다. (헤겔은 이 점을 다른 구절— *Log.* I 44/4.62/5.58

더 나아가 헤겔에게서 새로운 점은 헤겔의 객관적 논리학에서 존재적 범주들이 단지 서로로부터 구별될 뿐만 아니라 개념적으로 파악된다는 것, 즉 여기서는 존재자의 개념적으로 파악된 개념들이 문제로 된다는 것이다. 여기서 우리는 우리가 헤겔의 선행자들에게서는 파악하지 못하는 것, 즉 '질', '양' 등등이 무엇인지를 개념 파악하게 된다. 이러한 존재적 범주들은 우리로 하여금 존재자를 그것의 전체적인 연관 속에서 개념적으로 파악할 수 있도록 해준다.

마지막으로 헤겔의 『논리의 학』에서는 또한 이전의 범주 서술들에서는 나타나지 않는 전적으로 다른 범주들도 출현한다. 왜냐하면 헤겔 『논리의 학』의 범주들은 특히 칸트에게서와 같은 한갓된 사유 규정들이 아니라 존재와 사유의 규정들이기 때문이다. 이에 대해 전형적인 것이 현존재 내지 타자 존재, 대자 존재, (한갓된) 현상, 현실 존재<sup>Wirklichsein</sup>와 같은 새로운 종류의 범주들이다. 우리는 이러한 관점에서 칸트의 범주들은 형식적이고 내려다보는[조감적인] 범주들이고 헤겔의 범주들은 내용적이고 들여다보는[통찰적인] 범주들이라고 말할 수 있다.

*　　*
*

'객관적 논리학'의 대상을 이루는 '존재'와 '본질'의 개념성들에 대한 고찰에 앞서 좀 더 나은 이해를 위해 다음과 같은 점이 언급되어야 할 것이다.

헤겔의 '객관적 논리학'을 독해함에 있어, 즉 이와 같이 연속되는 존재적

<hr>

ㅡ에서 분명히 말하고 있다. "이러한 것이 존재에 관한 학설과 개념에 관한 학설 사이에 서 있는 본질에 관한 학설이다.") 이 명제를 실재성에 관계시키는 것은 가능하지 않을 것이다.

개념들을 고찰함에 있어 우리는 앞에서 언급했듯이 언제나 거듭해서 도대체 이 개념들에는 우리 세계의 현실에서 무엇이 상응하는지, 그리고 이 존재 개념들에서 어떤 대상들이 생각될 수 있는지 묻게 된다. 이 어려움은 무엇보다도 우선 두 가지 이유에서, 요컨대 (a) 하나의 존재 개념에서 아주 상이한 대상들이 생각될 수 있고, (b) 하나의 대상이 종종 상이한 존재 개념들에 동시에 속한다는 점에서 기인한다.

a. 위에서 언급된 독해의 어려움은 우선은 헤겔의 '객관적 논리학'이 세계 전체의 대단히 다양한 모든 존재 영역들을 포괄함에도 불구하고 하나의 개념이 온갖 존재 영역으로부터의 다수의 사태들에 관계함으로써 그것이 다만 소수의 존재 개념들만을 포함한다는 점과 연관된다.[8] 이에 대한 예를 '대자 존재' 개념이 제공한다. 헤겔은 자신의 자연 철학에서[9] 총체적 개체성의 물리학을 다룰 때에 무한히 대자적으로 존재하는 물질적 개체성에 대해 말한다. 동일한 연관에서 그는 좀 더 고차적인 단계로서 그 자체에서 생명인 물질적 대자 존재의 실존하는 총체성에 대해 언급한다. 『논리의 학』에서[10] 대자 존재를 고찰할 때 그는 더욱더 고차적인 대자 존재, 즉 의식이라는 대자 존재에 대해 말한다. 마지막으로 그는— 같은 곳에서 — 자기의식에서 대자 존재가 완성되어 정립되어 있다고 말한다. — 헤겔의 개념들이 물리학에서 국가학에 이르기까지 다면적으로 적용될 수 있고 또 그렇게 적용되고 있다는 것을 직관적으로 보여주는 또 다른 예를 반발과 견인 개념이 제공한다.[11] (이에 상응하는 것이 '주관적 논리학'

---

8. 필자가 (머리말의 각주 7에서 언급한 논고에서) 제시했듯이 세계는 그것이 보이는 다채로운 다양성에도 불구하고 과학적 이성에 의해 놀라운 방식으로 네 가지의 헤겔적 범주들인 '현존재', '대자 존재', '현상' 및 '현실성'을 가지고서 이미 포괄적으로 사유하면서 파악될 수 있다.

9. *Enz.* § 308.

10. *Log.* I 148/4.185/5.175.

11. 이 장의 A. c. '대자 존재'를 참조.

에서 특히 화학론 개념에 적용된다.)

b. 더 나아가 '논리학'의 개별적인 존재 개념들에서 어떤 실재적 사실들을 생각해야 하는지를 이해하기 어려운 것은, 헤겔에 따르면 예를 들어 돌이 대자 존재를 가짐에도 불구하고 다른 관점에서 그것에게는 그저 단순한 현존재만이 부여됨으로써 어떠한 대자 존재도 인정되지 않는다거나, 돌은 현실적인 것이지만 다른 관점에서 그것은 그저 단순한 현상일 뿐 현실적인 것이 아니라고 하는 것으로 환원될 수 있다. 우리는 이 점을 아래에서[12] 좀 더 상세히 제시하게 될 것이다.

마지막으로 헤겔의 '객관적 논리학'을 이해하는 데서 부딪치는 어려움은 부분적으로 또한 헤겔이 실례들을 불균형적으로 끌어들인다는 점에도 기인한다. '객관적 논리학'은 한편으로 전(前)세계적인 논리학인 반면, 다른 한편으로 그것은 — '개념'이 범형이자 내적 형성자인 까닭에 — 동시에 자연과 인간 정신의 영역에도 적용된다. 헤겔은 자신의 자연 철학과 자신의 정신 철학을 저술했기 때문에 자기의 『논리의 학』에서는 아주 산발적으로만 이 두 영역들을 지시하고 있다. 헤겔이 실례들이나 구체적으로 지시하는 언급들을 제시하는 한에서 그것들은 거의 오로지 — 다른 곳에서는 그에 의해 다루어지지 않는 — 자연에로의 생성의 영역에만 관계된다. 이로 말미암아 잘못되게도 '논리학'이 본래적으로 자연에로의 생성에 관계된다는 인상이 발생할 수 있다. 그렇지만 이러한 인상은 자연과 정신 영역에 대한 그때그때마다의 관련들에 모순된다. 그런 한에서 우리는 헤겔의 '객관적 논리학'이 추상적으로 충분히 파악되어 있지 않거나 아니면 구체적으로 충분히 파악되어 있지 않다고 말할 수 있을 것이다.

• •
12. 이 장의 1. B와 2. C를 참조.

# 1. 개념 자체
## — '존재'의 논리학

<br>

"존재는 개념 자체다."

*Enz.* § 84.

<br>

『논리의 학』의 제1책은 '존재'에 관한 학설을 서술한다.

헤겔이 제1책의 내용을 '존재에 관한 학설Lehre vom Sein'이라고 부를 때, 그것은 가령 헤겔이 오로지 여기서만 존재에 관해 다룬다는 것을 의미하지 않는다. 오히려 『논리의 학』 전체가 존재에 관한 학설이다. 논리학에서는 바로 존재가 순수한 개념 자체 자신으로서 그리고 순수한 개념이 참다운 존재로서 알려진다. 여기서는 '존재'가 좀 더 좁은 의미에서, 즉 본질 및 개념과 구별되어 사용된다. 헤겔은 여기서 '존재'를 단지 앎의 도정뿐만 아니라—『논리의 학』에서 서술되어 있는— 존재 자신의 운동의 시원을 이루는 직접적인 것으로 이해한다.

'존재'에 관한 학설에서 헤겔은 '질Qualität', '양Quantität' 그리고 '질량[도량]Maß'의 개념성을 다룬다.

헤겔은 질에 관한 자신의 학설에 '규정성(질)'이라는 표제를 붙이고 있다. 그러나 '양에 관한 학설과 '질량에 관한 학설 역시 규정성을 다룬다.13

<br>

..
13. 헤겔은 양에 관한 자신의 학설에서(*Log.* I 177/4.219/5.209) 다음과 같이 말한다. "질은 최초의 직접적인 규정성이며, 양은 존재에 무관심하게(gleichgültig) 된…… 규정성이다."

그런 까닭에 우리는 헤겔이 '존재'에 관한 학설에서 규정성을 다룬다고 말할 수 있다.14

'존재'에 관한 헤겔의 학설이 '질', '양', '질량'이라는 세 개의 커다란 편들로 편제되어 있지만, 뒤따르는 서술로부터 추출될 수 있듯이, '존재'에 관한 학설은 '무규정적 존재', '상대적으로 규정된 존재', '절대적으로 규정된 존재'의 세 편으로 편제되어 이 편들 내부에서 그때마다 질과 양 및 질량이 다루어질 것이 기대될 수 있다. 그 경우 '존재'에 관한 학설의 편제는 다음과 같이 제시되게 될 것이다.

I.  무규정적 존재

    A. 무규정적 질(순수 존재)

    B. 무규정적 양(순수 양)

    C. 무규정적 질량(질량 일반)

II. 상대적으로 규정된 존재

    A. 상대적으로 규정된 질(현존재 또는 타자 존재)

    B. 상대적으로 규정된 양(정량)

----

또한 *Log.* I 98/4.124/5.118도 참조. 질량에 관한 학설이 규정성을 다룬다는 것은 질량에서, 추상적으로 표현하자면, 질과 양이 합일되어 있고—*Log.* I 336/4.405/5.387—, 질적 규정성과 양적 규정성이 질량의 계기들이라는 점에서 곧바로 밝혀진다. 질량은 그 자체에서 규정된 것이다(*Log.* I 340/4.410/5.391).

14. '존재'에 관한 학설은 커다란 삼단계 진행을 나타낸다—우리는 뒤에서 그 진행을 그와 유사하게 좀 더 작은 규모로 질의 삼단계 진행으로서 보게 된다—. 첫 번째 단계에서는 규정되어 있는 존재가 아직 현존하지 않는다. 이 규정되어 있는 존재는 바로 다음 단계에서야 비로소 양으로서 등장한다. (첫 번째 단계로서 다루어진 '질'은 헤겔이 말하듯이 '규정성 그 자체'일 뿐이다.) 두 번째 단계에서는 양이 현존하는데, 그 양은 단지 상대적으로 규정된 존재를 나타낼 뿐이다. 왜냐하면 양은 "한계에 대한 절대적 무관심성"(*Log.* II 5/4.483/6.15)이기 때문이다. '질량'이라는 세 번째 단계에서는 절대적으로 규정되어 있는 존재가 현존하는데, 왜냐하면 질량은 "자기 자신에 관계하는 외면성이고…… 그 자신에서 자기와의 구별을 지니기" 때문이다(*Log.* I 336/4.405/5.387).

C. 상대적으로 규정된 질량(실재적 도량)

III. 절대적으로 규정된 존재

    A. 절대적으로 규정된 질(대자 존재)

    B. 절대적으로 규정된 양(양적 관계[비례])

    C. 절대적으로 규정된 질량(절대적 무차별)


그렇지만 헤겔은 질의 마지막 개념(하나와 여럿 내지 반발과 견인의 관계)으로부터 양의 최초의 개념들(연속성과 분리)이 출현하고, 양의 마지막 개념(양적 관계$^{quantitatives\ Verhältnis}$[비례])으로부터 질량의 최초의 개념(비율적 양$^{spezifische\ Quantität}$)이 출현하는 개념의 발전을 추적한다. 개념의 발전은 지속적으로 좀 더 고차적인 개별적 개념들로 나아가는 까닭에 여기서 의혹이 제기되지 않을 수 없는데, 왜냐하면 특별히 양이 질에 비해 더 고차적인 개념으로 간주되기 어렵기 때문이다. 그런 까닭에 우리가 헤겔에 의해 서술된 개념의 발전에서 보게 되는 것은 고차적인 것으로의 개념의 발전이 아니라 가지가 옆으로 갈라져 나가는 발전인데, 이러한 사정에 따르면 위에서 우리가 제시한 편제가 더 적절한 편제일 것이다. (어쨌든 이에 따르자면 또한 헤겔이 질량의 마지막 개념, 즉 절대적 무차별로부터 본질로 옮겨가는 것도 의문시될 것이다.) 다음과 같은 점도 이 편제를 확인해 준다. 즉, 헤겔에 따르면 '존재'의 발전과 '본질'의 발전은 평행적으로 진행되지만, 그 평행성은 순수 존재, 현존재 그리고 대자 존재를 한편으로, 그리고 자기 안에서 가현하는 본질, 현상하는 본질 그리고 현실적으로 존재하는 본질을 다른 한편으로 하여 존재하지, 어쨌든 질, 양 그리고 질량에 대해 존재하는 것은 아닌 것이다. 무엇보다도 우선 우리의 의견에 따르면 본질은 질량의 최고 개념에서보다는 '존재'의 최고 개념, 즉 절대적 존재에서 좀 더 설득력 있게 도출될 수 있다.

여기서 일반적으로 다음과 같이 말할 수 있다. 즉, 헤겔은 그의 '논리학'에서 개념들을 전진하는 연관에서 서술한다. 그럼에도 불구하고 개념의 분지화가 존재한다면, 그런 한에서 전진하는 연관이 존립하는 것이 아니라 가지들의 끝들에 최종 개념들이 존재하는바, 그것들의 경우에는 다른 개념들로 전진하는 연관이 존재하지 않는다. 그렇다면 계속해서 나아가는 발전은 마치 나무에서처럼 '줄기'로부터 출발하는데, 우리는 이렇듯 줄기로부터 출발하는 발전의 모습에 대해 또한 생물 계통수로부터 친숙해져 있다.

## A. '질'의 개념성

질, 다시 말하면 직접적 규정성 또는 규정성 그 자체에 관한 학설에서 헤겔은 상승해 가는 개념 연속 또는 개념의 전진 규정인 순수 존재–현존재–대자 존재를 다룬다. — 순수 존재에서 존재는 아직 무와 동등하다. 현존재는 단순히 거기 있는 바의 그것이다. 현존재는 단지 상대적으로 규정된 유한한 존재일 뿐이다. 대자 존재는 한갓된 현존재 이상이다. 대자 존재는 절대적으로 규정된 존재이자 존재의 자기에 대한 무한한 관계다.

### a. '순수 존재'

존재 개념들의 발전의 시원, 즉 개념의 전진 규정의 출발점을 형성하는 것은 아직은 전적으로 무규정적인 존재, 즉 순수 존재$^{das\ reine\ Sein}$다. 이 존재는 그의 무규정성$^{Unbestimmtheit}$에서 또한 타자에 대해서도 부등하지 않다. 그것은 순수한 무규정성 또는 공허다. 따라서 그것은 무$^{Nichts}$이며, 무 그 이상도 그 이하도 아니다. 무는 그와 같은 규정 없음$^{Bestimmungslosigkeit}$이며, 그리하여 일반적으로 순수 존재인 것과 동일하다. "그러므로 순수 존재와 순수 무는 동일하다."15

이러한 시원에 대해서는 곧바로 종종 그런 식으로 '터무니없이' 시작하는 『논리의 학』을 도대체 더 이상 읽어나갈 필요가 없다고까지 생각하는, 헤겔 논리학에 대한 가장 격렬한 비판이 제기된다.

이 비판은 헤겔이 가령 존재가 단적으로 비존재와 동등하다고 말하는 것이 아니라 여기서는 다만 순수한 존재에 대해서만 말하고 있다는 것을 간과한다. 헤겔은 다음 장에서야 비로소 현존재하는 어떤 것에 도달하기 때문에, 그가 여기서 가령 현존재하는 어떤 것과 현존재하지 않는 어떤 것이 동등하다고 하는 전적으로 터무니없는 것을 말하고 있는 것이 아니다.16 오히려 헤겔의 명제는 전적으로 그 속에서 존재가 여전히 규정되어 있지 않은 존재 발전의 개념적 시원에 관계할 뿐이다.

나아가 이 비판은 헤겔이 여기서 오로지 규정성, 즉 질만을 다루고 있다는 점을 간과한다. 그러므로 헤겔은 '순수 존재'와 더불어 무규정성 또는 질 없음^Qualitätslosigkeit에서 출발한다. 그러나 명백한 것은 질 없음 = 무라는 점이다.17

한편으로 아주 불가사의하고 다른 한편으로 터무니없는 것으로 여겨지

• •
15. *Log.* I 67/4.88/5.83.
16. "무는 어떤 것에 대립되곤 한다. 그러나 어떤 것은 이미 다른 어떤 것과 구별되는 규정된 존재자다. 그러므로 어떤 것에 대립된 무, 모종의 어떤 것의 무도 규정된 무다. 그러나 여기서 무는 그것의 무규정적 단순성에서 받아들여져야 한다." 헤겔은 우리가 이러한 몰관계적인 부정(beziehungslose Verneinung)을 무(또는 비존재)를 통해서보다는 순전한 아님(*Nicht*)을 통해 표현할 수 있을 것이라고 말한다. *Log.* I 67, 68/4.89/5.84. 또한 70/4.92, 93/87을 참조. "현존재가 비로소 존재와 무의 실재적 구별, 요컨대 어떤 것과 다른 것을 포함한다. — 이러한 실재적 구별이 표상의 눈앞에 추상적 존재와 순수한 무 그리고 그것들의 한갓 사념될 뿐인 구별 대신에 떠오른다." *Log.* I 73/4.95/5.90. "존재와 무가 그에 의해 그것들이 구별되는 어떤 하나의 규정성을 갖는다면, 그것들은 앞에서 상기되었듯이 그것들이 여기서 여전히 그것인 바의 순수한 존재와 순수한 무가 아니라 규정된 존재와 규정된 무다." *Log.* I 77, 78/4.101/5.95.
17. 그 오해는 헤겔(*Log.* I 66, 67/4.88/5.82)이 순수 존재에 대해 다음과 같이 전혀 오해의 여지없이 말하고 있는 만큼 더욱더 기묘하다. "여기서 직관에 대해 말할 수 있다면, 그 속에서는 아무것도 직관될 수 없다(Es ist *nichts* in ihm anzuschauen)."

는 지금 이야기되고 있는 이 명제는 사실은 아무런 문제의 여지도 없으며 전적으로 자명하다.

더 나아가 이미 언급되었듯이 무에서는 아무것도 생성되지 않는다$^{ex}$ nihilo nil fit는 명제가 타당하기 때문에 순수 존재는 존재 발전의 시원일 수 없을 것이라고 말해진다. 여기서는 논란되고 있는 명제가 '개념 자체'에 관한 학설인 '존재'에 관한 학설에 놓여 있다는 점이 간과된다.[18]

*　　*

*

존재 개념들의 연속은 순수 존재 개념으로부터 생성 개념을 거쳐 현존재 개념으로 나아간다.

존재와 무를 다룬 후 헤겔은 생성을 다룬다. 이에 대해서는 곧바로 두 가지가 반드시 언급되어야 한다.

1. 헤겔이 여기서만 생성을 다루는 것은 아니다. 오히려 『논리의 학』 전체가 (개념의, 순수 이념의) 생성을 다룬다. 헤겔이 여기서 말하는 생성은 다만 '현존재'로의 생성일 뿐이다. (그 다음으로 '현존재'에서 헤겔은 '대자 존재'로의 생성을 다루는 등, 계속해서 생성을 다루어 나간다.)

2. 여기서 헤겔은 오로지 규정성(질)의 생성만을 다루지, 『논리의 학』 제2책에서의 정립된 개념에 관한 학설에서 '실존에로의 사태의 출현'이라는 표제 하에 비로소 다루어지는 실존에로-들어섬을 다루는 것이 아니다.

이제 그렇게 이해된 생성에 대한 헤겔의 논의를 살펴보기로 하자.

⁝⁝
18. "저 단순한 것, 직접적인 것으로서의 존재에서는 그것이 완전한 추상의 결과이며, 그러므로 이미 그로부터 추상적인 부정성, 무라고 하는 상기는 학문의 배후에 남겨지는데, 학문은 그 자신 내부에서, 즉 분명히 본질로부터, 저 일면적 직접성을 매개된 것으로서 서술할 것인바, 거기서 존재는 실존으로서 그리고 이 존재의 매개자는 근거로서 정립되어 있다."(*Log*. I 85, 86/4.110/5.104.)

앞에서 언급된 존재 발전의 시원에 대해 참으로 타당한 것은 존재도 무도 있지 않으며, 존재는 무로, 무는 존재로 이행해 있다는 것이다. 그러나 그와 마찬가지로 진리는 그것들의 무구별성이 아니라 그것들이 동일하지 않다는 것, 그것들은 절대적으로 구별되지만 마찬가지로 분리되어 있지 않고 분리될 수 없으며, 직접적으로 각각은 자기의 반대 속에서 사라진다는 것이다. 그러므로 그들의 진리는 하나가 다른 것에서 직접적으로 사라지는 이러한 운동, 즉 생성인바, 다시 말하면 거기서 양자가 구별되어 있지만 그와 마찬가지로 직접적으로 해소된 구별을 통해 구별되어 있는 운동이다.[19]

생성은 발생Entstehen과 소멸Vergehen이다. "양자는 동일한 것, 즉 생성이며, 또한 그들은 이렇듯 그렇게 구별된 방향들로서 상호적으로 침투되고 상쇄된다. 한 종류는 소멸이다. 존재는 무로 이행한다. 그러나 무는 그와 마찬가지로 자기 자신의 반대, 즉 존재로의 이행인 발생이다. 이러한 발생은 다른 방향이다. 무는 존재로 이행하지만, 존재는 그와 마찬가지로 자기 자신을 지양하여 오히려 무로의 이행이며 소멸이다. ― 그것들은 상호적으로 지양되거나 하나가 다른 하나를 외면적으로 지양하지 않는다. 오히려 각자는 자기 자신에서 스스로를 지양하며 그 자신에서 자기의 반대다."[20/21]

생성은 자기 자신 안에서 자기와 모순되는데, 왜냐하면 생성은 한편으로 무로의 존재의 그리고 존재로의 무의 사라짐이자 존재와 무의 사라짐

• •
19. *Log.* I 67/4.89/5.83.
20. *Log.* I 92, 93/4.119/5.112.
21. 이와 같이 제시된 헤겔의 '생성' 개념에 대해서는, 언제나 거듭해서 간과되는 일이지만, 그것이 다만 제한된 타당성만을 지닌다는 점에 주목해야 한다. 그 개념은 '존재'에 관한 학설에서만 타당하지 '본질'에 관한 학설에서는 타당하지 않으며, '존재'에 관한 학설 내부에서도 단지 '현존재'로의 생성에 대해서만 타당하지 가령 '대자 존재'로의 생성에 대해서는 타당하지 않다('대자 존재'로의 생성은 유한성 개념이 부정적 무한성의 개념으로 나아가 거기서 모순이 성립하지만, 그 모순이 대자 존재의 참다운 무한성에서 해소된다는 점에 존립한다).

일반이지만, 다른 한편으로는 동시에 그것들의 구별에 토대하기 때문이다. 그러나 스스로에게 대립되어 있는 그러한 것으로 이루어지는 합일은 파괴된다.22

"이 결과는 사라져 있음이지만 무로서는 아니다. 만약 그렇다면 그 결과는 다만 이미 지양된 규정들 가운데 하나로의 퇴락일 뿐이지 무와 존재의 결과는 아닐 것이다. 그 결과는 고요한 단순성으로 된 존재와 무의 통일이다. 그러나 고요한 단순성은 존재이지만, 마찬가지로 더 이상 그 자체로$^{für \ sich}$가 아니라 전체의 규정으로서의 존재다.

그렇듯 존재하는 것으로서 있거나 존재와 무라는 계기들의 일면적인 직접적 통일의 형태를 지니는 존재와 무의 통일로의 이행으로서의 생성은 현존재다."23

* *<br>*

존재의 지금까지의 발전을 다시 한 번 살펴보면, 우리는 분명히 존재와 무의 관계의 발전이 문제가 되고 있음을 보게 된다. 이에 대해서는 몇 가지가 더 말해질 수 있다.

우선 존재와 무의 관계 문제에 대한 헤겔의 근본적인 언명이 인용될 수 있을 것이다. "…… 똑같은 것이 존재와 무에 대해서도 말해져야만 하는데, 즉 하늘과 땅 그 어디에도 존재와 무 양자를 자기 안에 포함하지 않는 것은 아무것도 존재하지 않는다는 것이다. 물론 여기서는 무언가 어떤 것과 현실적인 것에 대해 말하고 있는 까닭에, 거기서는 저 규정들이 더 이상 그것들이 그 속에서 존재와 무로서 존재하는 완전한 비진리 속에서가

..
22. *Log.* I 93/4.119/5.113.
23. *Log.* I 93/4.119, 120/5/113.

아니라 그 이상의 규정 속에서 현존하거니와, 예를 들어 긍정적인 것과 부정적인 것으로서 파악되는데, 전자는 정립된, 즉 반성된 존재이고, 후자는 정립된, 즉 반성된 무다. 그러나 긍정적인 것과 부정적인 것은 전자는 존재를, 후자는 무를 자기들의 추상적 기초로서 포함한다."[24]

앞에서 보았듯이 존재와 무의 이러한 관계는 발전한다. 발전의 시원에서, 즉 순수 존재 단계에서 존재(순수 존재)와 무(순수 무)는 동일했다. 생성에서 그것들은 발생과 소멸이었다. 현존재에서 그것들은 또다시 다르게 규정된 계기들이다. "이 통일은 이제 그것들의 기초로 머무는데, 그것들은 더 이상 그로부터 존재와 무의 추상적 의미로 벗어나지 못한다."[25]

존재와 무가 지니는 관계의 이러한 발전의 추동력은 앞에서 논의했듯이[26] 내적인 부정성, 즉 개념이 자기 자신에서 지니는 부정적인 것이다.


## b. '현존재'

'현존재'에 관한 헤겔의 학설은 이 관념성에 실재성이 상응하는 한에서 '순수 존재'에 관한 학설보다 더 쉽게 파악될 수 있다. 그렇지만 여기서도 곧바로 '현존재'라는 개념이 아주 적절하게 선택된 것은 아니라는 점이 제한적으로나마 언급되지 않을 수 없는데, 왜냐하면 헤겔의 의한 그 개념의 사용은 본래의 단어 의미에 상응하지 않기 때문이다. 헤겔은 그 스스로 현존재가 어원적으로는 일정한 장소에 있는 존재를 의미하지만, 그럼에도 불구하고 현존재에 관한 자기의 학설에 공간 표상이 속하는 것은 아니라는

••
24. *Log.* I 69, 70/4.91/5.86.
25. *Log.* I 95/4.121/5.115.
26. 앞의 I.에서의 '2.2. 헤겔 '논리학'의 본질 징표로서의 객관적, 변증법적, 사변적 사유'를 참조.

점을 지적한다.27 우리는 여기서도 여전히 다만 질에 관한 학설에 머물러 있을 뿐, 아직은 그 속에서 실존이 다루어지는 바의 자체적으로도 대자적으로도 존재하는 것의 정립에 관한 학설28에 자리 잡고 있지 않다. 앞으로 보게 되듯이 여기서는 '단지 상대적으로 규정된' 존재에 대해 말하는 것이 더 적합할 것이다. 그에 반해 헤겔에 의한 현존재라는 단어의 사용은 — 비록 그가 여기서 다만 현존재하는 것의 질에 대해 말할 뿐이라 하더라도 — 이제 그가 현존재하는 것에 도달했다는 것을 명확히 제시하는 장점을 지닌다.

'순수 존재'는— 아직 — 규정되지 않은 존재다. '현존재'는 규정된 존재다. '현존재'에 관한 학설은 존재자, 어떤 것과 타자, 실제적인 것을 다룬다.

현존재는 존재와 무의 단순한 하나임Einssein이다. "현존재는 그의 생성에 따르자면 일반적으로 비존재와 함께 있는 존재이며, 따라서 이 비존재는 존재와의 단순한 통일 속에 받아들여져 있다. 구체적 전체가 존재 즉 직접성의 형식 속에 있도록 존재 속으로 받아들여진 비존재가 규정성 그 자체를 이룬다."29

현존재의 규정성 그 자체는 현존재라는 표현 속에도 놓여 있는 정립된 규정성이다.30 "현존재는 앞 영역의 존재에 상응한다. 그렇지만 존재는 무규정적인 것이며, 그런 까닭에 그것에서는 어떠한 규정도 나타나지 않는다. 그러나 현존재는 규정된 존재, 즉 구체적인 것이다. 따라서 현존재에서는 곧바로 여러 규정들, 곧 그의 계기들의 구별된 관계들이 나타난다."31

현존재가 존재적인 한에서, 그리고 그것이 비존재인 한에서 그것은

27. *Log.* I 96/4.123/5.116.
28. 헤겔 자신은 거기서는 현존재 개념을 여기에서와는 전혀 다른 의미로, 요컨대 현현Manifestation 즉 (단적인) 정립된 존재의 의미로 사용한다.
29. *Log.* I 96/4.123/5.116.
30. *Log.* I 96/4.123/5.116, 117.
31. *Log.* I 97/4.124/5.117.

규정되어 있다. "그렇듯 존재적인 규정성으로서 그 자체로 고립된 규정성이 질이다."[32] "질에 의해 어떤 것은 타자에 대해 존재하며, 변화적이고 유한하다."[33] 그러나 어떤 것은 가령 타자에 대해서뿐만 아니라 자신에 있어서도 단적으로 부정적으로 규정되어 있다. "규정성은 긍정적인 것으로서 정립된 부정이며, 모든 규정은 부정이다[Omnis determinatio est negatio]라는 스피노자의 명제다. 이 명제는 무한한 중요성을 지닌다."[34]

"질은 그것이 외면적 관계에서 내재적 규정으로 나타난다는 점에서야말로 특히 특성[Eigenschaft]이다. 예를 들어 채소들의 특성들이라는 말에서 우리는 어떤 것에 일반적으로 고유한 규정들을 이해할 뿐만 아니라, 오히려 이를 통해 그 어떤 것이 다른 것들과의 관계에서 특유한 방식으로 획득하고 자신 속에 정립된 낯선 영향들을 자기 속에서 용인하지 않고서 오히려 타자 속에서 자기 자신의 규정들을 — 비록 어떤 것이 이 타자를 자기로부터 떼어놓는 것은 아니라 할지라도 — 관철시키는 한에서의 그러한 규정들을 이해한다."[35]

"현존재에서 그의 규정성은 질로서 구별되어 왔다. 현존재하는 것으로서의 이 질에서는 구별 — 즉 실재성[Realität]과 부정[Negation]의 구별이 존재한다. 그런데 이 구별들이 현존재에서 현존한다 할지라도 그것들은 그와 마찬가지로 허무하고 지양되어 있다. 실재성은 그 자신이 부정을 포함하여 현존재이지 무규정적인 추상적 존재가 아니다. 마찬가지로 부정도 현존재인바, 추상적이어야 하는 무가 아니라 여기서는 그 자체에서 그것인 바대로 존재적인 것으로서, 즉 현존재에 속하는 것으로서 정립되어 있다."[36]

"구별은 제거될 수 없다. 왜냐하면 그것은 존재하기 때문이다. 사실적인

••
32. *Log.* I 97/4.124/5.118.
33. *Log.* I 95/4.122/5.115.
34. *Log.* I 100/4.127/5.121.
35. *Log.* I 101/4.128, 129/5.122.
36. *Log.* I 101, 102/4.129/5.122, 123.

것, 그러므로 현존하는 것은 현존재 일반이며, 현존재에서의 구별이자 이 구별의 지양이다. 시원에서처럼 무구별적인 것으로서가 아니라 구별의 지양에 의해 다시 자기 자신과 동등한 것으로서의 현존재는 이 지양을 통해 매개된 현존재의 단순성이다. 구별의 이러한 지양되어 있음은 현존재의 고유한 규정성이다. 그리하여 그것은 자기 내 존재<sup>Insichsein</sup>이다. 현존재는 현존재하는 것, 어떤 것이다."[37]

  "구별되어 존재적인 것으로서 여겨지는 바의 질은 실재성이다."[38] "어떤 것은 자기에 대한 단순한 존재적인 관계로서 최초의 부정의 부정이다. 현존재, 생명, 사유 등등은 본질적으로 현존재하는 것, 살아 있는 것, 사유하는 것(자아) 등등으로 규정된다. 이러한 규정은 보편성들로서의 현존재, 생명, 사유 등등과 또한 (신이 아니라) 신성에 머무르지 않기 위해서는 최고의 중요성을 지닌다. 어떤 것은 표상에게는 당연히 실제적인 것으로서 여겨진다."[39]

  현존재에 대한 계속 이어지는 서술 과정에서 헤겔은 좀 더 자세한 방식으로 현존재가 비존재와 함께 하는 존재라는 사태를 고찰하며, 여기서 질적 유한성과 질적 무한성의 개념들을 발전시킨다.

  이러한 도정에서 우선은 자체 존재<sup>Ansichsein</sup>와 대타 존재<sup>Sein-für-Anderes</sup>가 어떤 것을 이루는 두 가지 계기로서 밝혀진다. "어떤 것에서 존재는 자체 존재다. 존재, 자기에 대한 관계, 자기와의 동등성은 이제 더 이상 직접적인 것이 아니라 타자 존재의 비존재로서만(자기 안으로 반성된 현존재로서만) 자기에 대한 관계다. 그와 마찬가지로 어떤 것의 계기로서의 비존재도 존재와 비존재의 이러한 통일 속에서 비현존재 일반이 아니라 타자이며, 좀 더 규정적으로는 그것으로부터 존재의 구별화에 따라 동시에 그것의 비현존재

• •
37. *Log.* I 102/4.130/5.123.
38. *Log.* I 98/4.125/5.118.
39. *Log.* I 102/4.130/5.123.

에 대한 관계, 대—타—존재$^{Sein-für-Anderes}$다."40

"대타 존재는 어떤 것의 자기와의 통일에서 자기의 자체와 동일하다. 그래서 대타 존재는 어떤 것에서 존재한다. 따라서 그렇듯 자기 안으로 반성된 규정성은 다시 단순한 존재적인 규정성, 그리하여 다시 질, — 규정이다."41 그 다음으로 헤겔은 더 나아간 개념인 성질$^{Beschaffenheit}$에 도달한다. "어떤 것이 변화하는 한에서 변화는 성질에 속한다. 그것은 어떤 것에서 타자로 되는 바로 그것이다."42 "단순한 중심$^{Mitte}$은 규정성 그 자체다. 그것의 동일성에는 규정뿐만 아니라 성질도 속한다."43

그리고 나서 헤겔은 어떤 것 너머를 지시하는 '한계$^{Grenze}$', '제한$^{Schranke}$', '당위$^{Sollen}$' 개념들에 도달한다. 헤겔은 "어떤 것이 그 속에 내재하는 자기의 한계 속에 있는 그 어떤 것의 불안, 즉 그것을 자기 자신 너머로 내보내는 모순이라고 하는 불안"44에 대해 말한다. "자기의 내재적 한계와 더불어 그로 하여금 자기 너머로 지시되고 추동되도록 하는 그러한 그 자신의 모순으로서 정립된 어떤 것이 유한자다."45 "우리가 사물들에 대해 그것들은 유한하다고 말할 때 거기서 이해되는 것은 그것들이 단지 규정성을 지니는 것만이 아니고, 질을 단지 실재성과 자체 존재적인 규정으로서 지니는 것만이 아니라는 것, 그것들이 그저 제한되어 있는 것만이 아니라는 것 — 그래서 그것들은 자기들의 한계 바깥에 또 다른 현존재를 지닌다—, 오히려 비존재가 그것들의 본성, 그것들의 존재를 이룬다는 것이다. 유한한 사물들은 존재하지만, 그것들의 자기 자신에 대한 관계는 그것들이 부정적인 것으로서 자기 자신에 대해 관계하며, 바로 이러한 자기 자신에 대한

• •
40. *Log.* I 107/4.135, 136/5.128.
41. *Log.* I 109, 110/4.139/5.131.
42. *Log.* I 111/4.141/5.133.
43. *Log.* I 111/4.141/5.133.
44. *Log.* I 115/4.146/5.138.
45. *Log.* I 116/4.147/5.139.

관계에서 자기를 넘어, 즉 자기의 존재를 넘어 내보내진다고 하는 것이다. 그것들은 존재하지만, 이 존재의 진리는 그것들의 끝$^{Ende}$이다. 유한자$^{das}$ $^{Endliche}$는 어떤 것 일반처럼 변화할 뿐만 아니라 소멸하며, 그것이 소멸하는 것이 그저 가능할 뿐이어서 소멸함이 없이 존재할 수 있는 것이 아니다. 유한한 사물들의 존재 그 자체는 소멸의 싹을 그것들의 자기 내 존재로서 지니는 것이다. 그것들의 탄생의 순간은 그것들의 죽음의 순간이다."[46]

* *

*

현존재가 "유한성의 장"[47]인 까닭에, 헤겔은 이제 본래적으로 현존재에 대한 자신의 논구의 끝에 도달한 셈이거니와, '현존재' 장 내부에서 '무한성'에 대한 논구를 전개하는 것은 잘못일 것이다. 그러나 그것을 잘못이라고 생각하는 것은 지성적인$^{verstandesmäßig}$ 것인데, 왜냐하면 지성은 분리하고 분리를 고수하기 때문이다. "지성은 비존재를 사물들의 규정으로 만드는 동시에 그것을 불멸화하고 절대화함으로써 유한성의 이러한 비애를 고수한다."[48] 그에 반해 헤겔의 이성 논리학은 앞에서 언급했듯이 하나의 개념이 다른 개념으로 이행하는 바의 개념들의 연관을 보여준다. 그리하여 헤겔은 이제 유한성 개념의 무한성 개념에로의 이행을, 좀 더 정확히 하자면 우선은 (유한자의 부정 이외에 아무것도 아닌) 나쁜 또는 부정적인 무한성 (악무한)에로의 이행을, 그 다음으로는 참으로 무한한 것(진무한)에로의 이행을 제시한다.

지금까지 서술된 유한한 현존재의 관념성에 실재성이 상응하는 데 반해,

46. *Log.* I 116, 117/4.147, 148/5.139, 140.
47. *Log.* I 147/4.183/5.174.
48. *Log.* I 117/4.148/5.140.

유한성으로부터 나쁜 또는 부정적인 무한성을 거쳐 참다운 무한성에로 나아가는 이행에는 실재성이 상응하지 않는다. 그것은 다만 하나의 개념의 또 다른 개념에로의 이행일 뿐이다 — 반면 '참으로 무한한 것'이라는 개념에는 다시 실재성이 상응하게 된다.

헤겔에 의한 무한자 서술로 넘어가기 전에 우리는 먼저 오해를 예방하고자 한다. 무한자에서는 가령 신을 생각해서는 안 된다. 헤겔은 '현존재' 장에서 유한한 현존재하는 어떤 것에 대해 말한다. 이 장에서 무한성을 다룸으로써 그는 "무한한 존재"[49]인 "대자 존재라고 불리는 현존재"[50]를 다루는 다음 장으로 옮아간다. 헤겔은 대자 존재에 대한 예로서 '의식'과 '자기의식'을 제시한다.[51] 그러므로 헤겔에 따르면 세계에는 유한한 현존재자와 무한한 현존재자가 존재한다.[52] 여기서 '무한성' 개념이 얼마나 단순하게 생각될 수 있는지를 헤겔에 의해 사용된 이미지가 보여준다. "자기 안으로 구부러진 참다운 무한성으로서의 그것의 이미지는 원, 즉 시작점도 끝도 없이 닫혀 있고 전적으로 현재적인 자기에게 도달한 선이 된다."[53]

"주요한 문제는 무한성의 참다운 개념을 나쁜 무한성으로부터, 이성의 무한자를 지성의 무한자로부터 구별하는 것이다. 하지만 후자는 유한화된 무한자인바, 바로 무한자가 유한자로부터 순수하게 멀리 떨어져 있는 것으로 여겨져야 한다는 점에서 그것이 다만 유한화될 뿐이라는 것이 나타나게 된다."[54]

..
49. *Log.* I 147/4.183/5.174.
50. *Log.* I 140/4.175/5.166.
51. *Log.* I 148/4.184, 185/5.175.
52. 헤겔이 여기서 유한자와 무한자의 병렬적 존립을 서술하는 것으로부터 명확히 드러나는 것은 헤겔이 가령, 보통 그렇게 말해지듯이, 유한자를 포괄하는 무한자에 대한 개념적인 서술을 가지고서 범신론을 근거짓고 있지 않다는 점이다(어쨌든 "자연과 유한한 정신의 창조 이전의", 다시 말하면 아직 유한자가 존재하지 않을 때의 신은 바로 그런 까닭에 무한하지 않았어야 했을까?).
53. *Log.* I 138, 139/4.173/5.164.

현존재는 자기의 자체 존재에서 유한자로서 규정되며 제한을 넘어간다. "자기를 넘어가고 자기의 부정을 부정하여 무한하게 되는 것은 유한자 자신의 본성이다. 그리하여 무한자는 그 자체로 완결된 것으로서 유한자 위에 서지 않으며, 그래서 유한자가 무한자 바깥이나 밑에서 자기의 존립을 지니거나 유지하는 것이 아니다.…… 유한성 일반의 지양에서 무한성 일반이 생성되는 것이 아니라 오히려 유한자가 다만 자기의 본성에 의해 스스로 무한자가 되는 것일 뿐이다."[55] "그렇듯 무한자가 유한자에 맞서 타자들 상호간의 질적인 관계 속에 정립되면, 그것은 나쁜 무한자[악무한], 지성의 무한자라고 불릴 수 있는바, 지성에게는 그것이 최고의 진리, 절대적 진리로 여겨진다."[56] 여기에는 곧바로 다음과 같은 점에서 모순이 현존한다. "이러한 모순은 곧바로 무한자에게 유한자가 현존재로서 계속해서 맞서 있다는 데에 현존한다. 그리하여 그것은 두 개의 규정성이다. 두 개의 세계, 즉 무한한 세계와 유한한 세계가 존재하며, 그것들의 관계에서 무한자 는 다만 유한자의 한계일 뿐이고, 그리하여 다만 규정된, 그 자신이 유한한 무한자일 뿐이다."[57]

유한자와 무한자 사이에는 교호 규정이 현존한다. "유한자와 무한자의 교호 규정이 현존한다. 유한자는 오직 당위 또는 무한자에 대한 관계에서만 유한하며, 무한자는 오직 유한자에 대한 관계에서만 무한하다. 그것들은 분리될 수 없는 동시에 단적으로 서로에 대한 타자다. 각각은 그 자신에서 자기의 타자를 지닌다. 그래서 각각은 자기와 자기의 타자와의 통일이며, 자기의 규정성에서 그 자신인 것과 자기의 타자인 것이 아닌 현존재다." "자기 자신과 자기의 부정을 부정하는 이러한 교호 규정은…… 무한 진행으

‥
54. *Log.* I 125/4.158/5.149.
55. *Log.* I 126/4.158, 159/5.150.
56. *Log.* I 128/4.160, 161/5.152.
57. *Log.* I 128/4.161/5.152.

로서 등장하는 바로 그것이다."[58] (존재에 관한 학설에서의 '교호 규정 Wechselstimmung, 개념은, 비록 헤겔 논리학에 있어 존재의 발전과 본질의 발전에서 동일한 규정들이 — 후자에서는 반성된 형식으로 — 출현한다 할지라도, 본질에 관한 학설에서의 '교호 작용Wechselwirkung, 개념에 상응하지 않는다. 이것은 헤겔 '논리학'의 마무리가 지니는 불완전함으로서 간주될 수 있다. 사태의 본성에 따라서나 또한 존재에 관한 학설과 본질에 관한 학설의 일치와 관련하여 헤겔은 '대자 존재'를 다루는 데서 어떤 것과 그의 타자 사이의 교호 규정을 다루어야만 할 것이다. 여기 '현존재' 단계에 서는 다만 자기의 타자에 대해 관계하는 어떤 것의 규정이 있을 뿐 아직 교호 규정은 존재하지 않는다.)

나쁜 무한성, 즉 지성의 무한성은 "영구적인 당위인 것, 바로 그것이다. 그것은 물론 유한자의 부정이지만, 그것은 참으로는 유한자로부터 해방될 수 없다. 이 유한자가 무한성 자신에서 다시 그의 타자로서 출현하는데, 왜냐하면 이 무한자는 다만 그에게 타자인 것에 대한 관계 속에서 유한자로 서 있기 때문이다. 따라서 무한 진행Progreß ins Unendliche은 다만 반복되는 한결같 음, 이러한 유한자와 무한자의 하나이자 동일한 지루한 교체일 뿐이다."[59]

그 진리에서 유한자와 무한자는 각각 안에 타자의 규정성이 놓여 있는 까닭에 통일을 형성하는데, 이 통일은 그 자신이 무한자 자신과 유한성을 자기 안에 포함하는 무한자이고, — 그러므로 유한자가 그로부터 분리되어 다른 편에 놓여 있다고 하는 것과는 다른 의미에서 무한자다.[60] 지성이 이러한 통일에서 모순 이외의 아무것도 볼 수 없는 데 반해, 이성은 그것에서 양자의 질적 규정성의 부정에 의한 모순의 해소를 본다.[61] 유한자와 무한자

. .
58. *Log.* I 130/4.163, 164/5.155.
59. *Log.* I 131/4.164/5.155.
60. *Log.* I 133/4.167/5.158.
61. *Log.* I 133, 134/4.167/5.158, 159.

의 통일은 "그것들의 외면적인 모아놓음도, 또한 그 자체에서 분리되고 대립되며 서로에 대해 자립적인 것들, 존재자들, 따라서 융화하지 못하는 것들이 그 속에서 결합되는, 그것들의 규정에 반하는 부적절한 결합도 아니다. 오히려 각각은 그 자신에서 이러한 통일이거니와, 이것은 다만 그 속에서는 어느 것도 타자에 대해 자체 존재와 긍정적 현존재의 우위를 지니지 못하는 자기 자신의 지양으로서의 통일일 뿐이다. 앞에서 제시되었 듯이, 유한성은 오직 자기를 넘어감으로서만 존재한다. 그러므로 유한성 속에는 무한성, 즉 그 자신의 타자가 포함되어 있다. 그와 마찬가지로 무한성도 오직 유한자를 넘어감으로서만 존재한다. 그러므로 그것은 본질 적으로 자기의 타자를 포함하며, 그리하여 그 자신에서 자기 자신의 타자다. 유한자는 그것 바깥에 현존하는 힘으로서의 무한자에 의해 지양되지 않는 바, 오히려 자기 자신을 지양하는 것이야말로 그것의 무한성이다."[62]

유한자와 무한자는 한편으로는 통일을 형성하며, 다른 한편으로는 그것 들의 구별성이 존립한다. 유한자와 무한자가 통일을 형성한다는 주장은 대립된 주장, 즉 그것들은 단적으로 상이하며 대립된다고 하는 주장에 의해 바로잡혀야만 한다. 유한자와 무한자의 통일 및 그것들의 구별은 유한성 및 무한성과 똑같이 분리될 수 없는 것들이다.[63]


## c. '대자 존재'

무한한 존재에서 질적 존재가 완성되어 있다. 헤겔은 이 존재를 대자 존재Fürsichsein라고 표현한다.[64]

• •
62. *Log.* I 134, 135/4.169/5.160.
63. *Log.* I 145/4.181/5.171.
64. *Log.* I 147/4.183/5.174.

무한한 존재, 대자 존재 개념은 현존재하는 어떤 것의 유한성과 함께 시작되어 나쁜 무한성을 거쳐 참다운 무한성에로 나아가는 발전의 성과로서 생겨났다. "유한성의 지양으로서, 다시 말하면 유한성 그 자체와 그와 마찬가지로 오직 그에 맞서 있을 뿐이고 오직 부정적일 뿐인 무한성의 지양으로서 이러한 자기 내 귀환은 자기 자신에 대한 관계, 존재다. 이 존재 속에 부정이 있는 까닭에 그것은 현존재이지만, 더 나아가 그 부정이 본질적으로 부정의 부정, 즉 자기에게 관계하는 부정인 까닭에, 그 부정은 대자 존재라고 불리는 현존재다."[65]

여기서 우리는 존재자의 개념적 파악을 위해 너무도 의미심장한 헤겔 논리학의 진술들 가운데 하나를 우리 앞에 지닌다. 요컨대 두 종류의 현존재, 즉 바로 그 '현존재'와 '대자 존재라고 불리는 현존재'가 존재한다는 것이다.

현존재에서 존재와 부정은 단순한 통일 속에 합쳐져 있었지만, 바로 그런 까닭에 그 자체에서는 서로 아직 부등하고 그것들의 통일은 아직 정립되어 있지 않았다. 대자 존재에서는 존재와 부정 사이의 구별이 정립되어 동등화되어 있다. 부정이 무한성으로, 즉 정립된 부정의 부정으로 이행되어 있다는 점에서, 그것은 자기에 대한 단순한 관계, 그러므로 그 자신에서 존재와의 동등화, — 절대적 규정성이다.[66]

두 종류의 규정성(질), 즉 상대적 규정성과 절대적 규정성이 존재한다. 현존재가 상대적으로 규정된 존재인 데 반해, 대자 존재는 절대적으로 규정된 존재다.

그러고 나서 헤겔은 그에 의해 '대자 존재'라고 명명된 개념에 우리가 대자 존재라는 표현과 결합하는 표상이 상응한다고 제시한다. "우리는 어떤 것이 타자 존재와 타자와의 그의 관계 및 공동성을 지양하고 그것들을 밀쳐내며 그것들을 도외시한 한에서 그것이 대자적이라고 말한다. 타자는

• •
65. *Log.* I 140/4.175/5.166.
66. *Log.* I 147/4.183, 184/5.174.

그것 안에서 오직 지양된 것으로서만, 그것의 계기로서만 존재한다. 대자 존재는 제한을, 즉 자기의 타자 존재를 넘어가 있음으로써 이러한 부정으로서의 그것이 자기 안으로의 무한한 귀환이라는 점에 존립한다. ― 의식은 그러한 것 자체로서 이미, 그것이 감각하고 지각하는 등등의 대상을 표상한다는 점에서, 다시 말하면 그런 방식으로 관념적인 것으로서 존재하는 그 내용을 자기 안에 지닌다는 점에서, 대자 존재의 규정을 포함한다. 의식은 그것의 직관 작용 자신에서, 즉 일반적으로 그것의 부정자, 곧 타자와의 얽힘에서 자기 자신 곁에 존재한다. 대자 존재는 한계지우는 타자에 대한 논쟁적이고 부정적인 태도이자 타자의 이러한 부정에 의해 자기―안으로―반성되어 있음이다. 비록 의식의 이러한 자기 내 귀환 및 대상의 관념성과 더불어 또한 그 대상이 동시에 외적인 현존재로서 알려진다는 점에서 그 대상의 실재성이 여전히 유지되어 있을지라도 말이다. 그래서 의식은 현상하고<sup>erscheinend</sup> 있거나 아니면 한편으로는 그에게 타자인 외면적 대상에 대해 알고 다른 한편으로 대자적이라고 하는, 즉 그 대상을 자기 속에 관념적으로 지닌다고 하는 이원론, 요컨대 그러한 타자 곁에 존재할 뿐만 아니라 그 속에서 또한 자기 자신 곁에 존재한다고 하는 이원론이다. 그에 반해 자기의식은 완성되고 정립된 것으로서의 대자 존재다. 타자, 즉 외적 대상에 대한 관계라는 저 측면은 제거되어 있다. 그래서 자기의식은 무한성의 현전의 가장 가까운 예인데, ― 이 무한성은 물론 여전히 추상적이긴 하지만, 동시에 그 무한성이 여전히 전적으로 단지 질적일 뿐인 규정성을 지니는 대자 존재 일반과는 전혀 달리 구체적인 규정의 것이다."67

현존재 그 자체에서 타자와 대―타―존재인 규정성은 대자 존재의 무한한 통일 속으로 다시 구부러져 들어왔으며, 현존재의 계기는 대자 존재 속에서 하나[일자]를―위한―존재<sup>Sein-für-Eines</sup>로서 현존한다.68 현존재와는 구별되게

67. *Log.* I 147, 148/4.184, 185/5.175.
68. *Log.* I 149/4.186/5.176.

대자 존재는 부정을 그 자신에서 규정성이나 한계로서 지니지 않거니와, 따라서 또한 그와는 다른 현존재에 대한 관계로서도 지니지 않는다.69

대자 존재와 하나[일자]를–위한–존재는 대자 존재자의 본질적이고 분리될 수 없는 계기들이다.70 헤겔은 종종 그렇게 하듯이 자기의 개념 명칭들에 상응하는 언어적 관용에 주의를 환기시킬 수 있는데, 요컨대 질에 대한 물음은 곧 어떤 것이 하나의 사물을 위해[하나의 사물로서] 무엇인지 (*was für ein* Ding etwas ist)라는 것임을 가리켜 보일 수 있는 것이다. 만약 이것이 하나의 사람을 위해 무엇인지가 물어진다면, 하나를–위한–존재가 동시에 이 사물, 이 인간 자신 안으로 되돌아와 있는 셈인데, 따라서 어떤 것인 바의 바로 그것과 그것이 그것을 위해 존재하는 바로 그것은 하나의 동일한 것이다.71

대자 존재는 대자 존재하는 것으로서 하나다.

현존재도, 타자에 대한 관계로서의 규정성도, 성질도 아니고 오히려 이러한 범주들을 부정한 하나[일자]의 존재는 결코 타자화될 수 있는 것이 아닌바, 그것은 불변적이다.72

하나에는 우선 공허<sup>das Leere</sup>가 맞서 있다. "그러나 대자 존재가 하나로서, 대자적으로 존재하는 것으로서, 직접적으로 현존하는 것으로서 고정되어 있다는 점에서, 그것의 자기에 대한 부정적 관계는 동시에 하나의 존재자에 대한 관계다. 그리고 그 관계가 그와 마찬가지로 부정적인 까닭에, 그것이

• •

69. *Log.* I 149/4.186/5.176.

70. *Log.* I 150; 153, 154/4.187; 191, 192/5.177; 182.

71. *Log.* I 150/4.187/5.177. (여기서 헤겔이 말하는 것은 '하나의 그것은 무엇인가'라고 물을 때의 Was für ein이라는 독일어 표현이 실마리가 된다는 것이다. 직역하면 '하나의 것(ein)' '~을 위해(für)' '무엇인가(Was)'이기 때문에, '하나의 것을 위해 무엇인가'라는 의미가 된다. 하지만 '~을 위해'를 의미하는 'für'에는 '~로서, ~에 있어서'라는 의미도 있다. 그렇다면 '하나를–위한–존재'인 Sein–für–Eines는 곧 '하나의 것으로서의, 하나의 것에 있어서의 존재'를 의미한다. —옮긴이)

72. *Log.* I 155/4.193/5.183.

관계하는 그것은 계속해서 현존재와 타자로서 규정되어 있다. 자기 자신에 대한 본질적인 관계로서 타자는 공허로서의 무규정적인 부정이 아니라 마찬가지로 하나다. 그리하여 하나는 여럿의 하나로의 생성이다."[73] "산출된 것들은 하나들인바, 타자에 대해서가 아니라 무한히 자기 자신에게 관계한다."[74] "그리하여 여럿[다수성]은 타자 존재로서가 아니라 하나에 완전히 외적인 규정으로서 현상한다."[75]

대자 존재는 앞에서 말했듯이 타자에 대한 논쟁적이고 부정적인 태도다. 하나는 그에 의해 산출되지 않고 정립되지 않은 여럿의 하나들을 자기로부터 밀쳐낸다. 여럿의 하나들의 상호적인 반발$^{Repulsion}$이 존립한다. 여럿의 하나들의 대자 존재는 그것들 상호간의 반발의 매개에 의한 그것들의 자기 유지로서 나타난다.[76]

하나들은 동일하거니와, "각각은 타자와 동일한 하나다. 이것은 단지 우리의 관계 작용, 즉 외면적인 모아놓음이 아닌바, 오히려 반발은 그 자신이 관계 작용이다. 하나들을 배제하는 하나는 자기 자신을 그것들, 즉 하나들, 다시 말하면 자기 자신에 관계시킨다. 그리하여 하나들의 서로에 대한 부정적 태도는 다만 자기와의 합치$^{Mit-sich-Zusammengehen}$일 뿐이다. 그것들의 밀쳐내기가 그리로 이행하는 이러한 동일성은 그것들이 오히려 서로에 대해 배제하는 것으로서 주장해야 할 그것들의 상이성과 외면성의 지양이다. 여럿의 하나들의 이러한 하나로의–자기–정립이 견인$^{Attraktion}$이다."[77]

이에 대해 우선 언급되어야 하는 것은 헤겔이 반발과 견인이라는 것에서 여기서는 반발력[척력]과 견인력[인력]이라고 불리는 감성적 물질의 힘들을 혹은 오직 그 힘들만을 생각하는 것은 아니라는 점이다. 헤겔은 오히려

• •

73. *Log.* I 158/4.197/5.187.

74. *Log.* I 159/4.197, 198/5.187.

75. *Log.* I 159/4.198/5.188.

76. *Log.* I 161/4.201/5.190, 191.

77. *Log.* I 162, 163/4.202/5.192.

"하나와 여럿의 순수한 규정들과 그것들의 서로에 대한 관계들"[78]을 다룬다. 이것들은 또한 방금 언급된 반발력과 견인력의 근저에도 놓여 있다.[79] 그러나 그것들은 그와 마찬가지로 자아의 자유 및 의무와도 관련된다.[80] (이와 유사하게 헤겔은 이 편에서 물리학과 관련해서뿐만 아니라 또한 개인들의 개별적인 의지에서 출발하는 국가학과 관련해서도 원자론적 원리에 대해 말한다.[81]) 그러므로 여기서 또다시 객관적 논리학이 너무도 다양한 존재자들을 어떻게 소수의 개념들을 가지고서 파악할 수 있는지가 드러난다.[82]

자신의 견해를 물질을 반발력과 견인력으로부터 구성하는 칸트의 학설과 대립시키는 가운데 헤겔은 다시 한 번 명확히 다음과 같은 객관적 논리학의 견지를 강조한다. 반발과 견인은 자립적인 것으로서 간주되어서는 안 된다. 그것들은 오히려 그것들의 본성에 의해 서로에 대해 관계하거니와, 다시 말하면 각각은 다만 자기에게 대립된 것으로 이행하는 계기일 뿐인 것이다.[83] 그러므로 '대자 존재'라는 명칭은 만약 그것이 추상적으로 고립으로서 받아들여진다면 오도하는 것임이 드러난다.[84] 대자적으로 존재하는 것은

• •

78. *Log.* I 171/4.212/5.201.

79. *Log.* I 171/4.212/5.201.

80. *Log.* I 163/4.202/5.192, 193.

81. *Log.* I 157/4.196/5.186.

82. 지금 이 장, II. **객관적 논리학**('존재자의 순수한 개념들의 체계'에 관한 학설)의 앞부분에서의 서론적 논의를 참조.

83. *Log.* I 170 ff./4.211 ff./5.200 ff.

84. "대자적으로 존재하는 하나의 정점으로까지 추동된 자립성은 자기 자신을 파괴하는 추상적이고 형식적인 자립성, 즉 자기를 최고의 진리로 받아들이는 최고의 완고한 오류인바, ― 좀 더 구체적인 형식들에서는 추상적 자유로서, 순수한 자아로서, 그리고 더 나아가서는 악으로서 현상하고 있다. 자기의 본질을 이러한 추상 속에 정립할 만큼 스스로를 잘못 파악하고, 이러한 자기-곁에-있음에서 자기를 순수하게 획득했다고 자부하는 것은 자유다. 이러한 자립성은 좀 더 규정적으로는 그 자신의 본질인 것을 부정적인 것으로서 간주하고 그에 대해 부정적인 것으로서 태도를 취하는 오류다." *Log.* I 163/4.202, 203/5.192. ― 이러한 입장에 대해서는 위에서 언급된 사태, 즉 하나들의

오히려 동시에 타자에 대한 자기의 관계에서 반발과 견인이라는 계기들의 통일로서 파악되어야만 한다.

필자가 생각하기에 헤겔은 대자 존재를 하나와 여럿의 하나로서 파악하는 것에서나 그것들 사이에 존립하는 반발과 견인을 파악하는 것에서 오류에 빠져 있다.

우선 사람들은 반발과 견인에서 힘들을 표상한다. 그러나 아직은 정립되지 않은 개념을 다루는 '존재'에 관한 학설에서는 여전히 힘들에 대해 말할 수 없다. 힘들에 대해서는 나중에 '본질'에 관한 학설에서 실체를 고찰할 때에(내지 주관적 논리학에서 기계론과 화학론 그리고 실체적 작용 관계의 진리로서의 목적론에 관한 학설에서) 비로소 다루어질 수 있다. (그 밖에 근대 물리학은 반발력과 견인력에 관한 칸트와 헤겔의 견해들을 순수한 사변으로서, 즉 물리적 현실과 일치하지 않는 사변으로서 입증했다. 가령 근대 물리학은 견인력, 즉 중력이 존재할 뿐만 아니라 또한 다수의 약하고 강한 교호 작용들이 존재한다는 것을 인식했다.)

그러나 무엇보다도 우선 질적으로 대자 존재하는 어떤 것은 타자에 대해 여럿의 하나들에 대한 하나의 양적인 관계 속에 서 있지 않다. 질에 관한 학설에서 다루어지는 대자 존재하는 어떤 것의 타자에 대한 관계는 그에 상응하여 질적인 관계다. 한편으로 대자 존재하는 어떤 것은 헤겔이 제시하듯이 자기의 대자 존재에 의해 타자를 저버리고 고립되어 있다. 그러나 다른 한편으로 대자 존재하는 어떤 것은 우리가 보았듯이 어떤 것과 타자의 합일의 결과다. 대자 존재하는 어떤 것은 그것이 어떤 것과 타자의 합일로서 규정되어 있다는 점에 의해 타자와 결합되어 있다. 그런

----

서로에 대한 부정적 태도는 자기와의-합치로 나아가며, 그것들의 밀쳐내기가 그리로 이행하는 이러한 동일성이란 그것들의 상이성과 외면성의 지양이라는 사태에 기반하는 완전한 견해가 대립한다. 그의 『철학적 예비학』(III 2. § 193)에서 헤겔은 도덕성이란 인간 본성의 동일성 원리로부터 생겨난다고 분명히 언명한다. "타자들 일반에 대한 도덕적 관계는 인간 본성의 근원적 동일성에 근거한다."

까닭에 이 존재 단계에서는 '대자 존재' 대신에 '대자 존재 및 결합된 존재<sup>Fürsich- und Verbundensein</sup>'에 대해 말할 수 있을 것이다. 이러한 질적인 결합된 존재는 헤겔이 서술하는 의미에서의 견인과는 전혀 다른 어떤 것이다.

\*　　\*

\*

질에 관한 학설의 끝에 도달한 후, 우리는 이미 처음에 언급한 물음을 다시 제기하고자 한다. '현존재'에 관한 학설이 실제로 이미 현존재하는 것을 다루는 것인가 아니면 우리는 대자 존재하는 것에서야 — 헤겔이 여기서 비로소 우리의 세계 속에서 지배적인 하나와 여럿의 관계를 다루는 까닭에 — 비로소 우리의 세계 속에 현존재하는 것에 도달하는 것인가? 현존재는 단지 순수 존재로부터 대자 존재에 이르는 도정에서의 사상적인 중간 정거장일 뿐인가? 이 중간 정거장에서는 다만 어떤 것과 타자가 형성될 뿐이고, 우리의 세계를 위해서는 이에 더하여 또한 하나와 여럿의 관계가 보완하며 들어서야만 하는가? 우리의 세계에는 각각의 모든 물질적 사물이 이미 대자 존재하는 것인 까닭에 한갓된 현존재란 존재하지 않는 것인가?

대답은 쉽고 명확하게 주어질 수 있다. 헤겔이 대자 존재를 다루는 데서 수행된 반발과 견인에 대한 자신의 고찰들이 또한 반발력과 견인력이라고 불리는 감성적 물질의 힘들에 대해서도 타당하다고 말하는 까닭에, 헤겔은 각각의 모든 물체에 대해 대자 존재를 인정한다. 그 밖에 헤겔은 또한 반복해서 명백하게 물질의 대자 존재에 대해 말한다.[85] 그러므로 자연은 대자 존재 — 좀 더 정확하게는 하나의 대자 존재 — 와 함께 곧바로

85. 예를 들면 *Log.* I 172/4.213/5.202, 203, I 360/4.434/5.414, *Enz.* § 308.

시작된다.

그렇지만 이 진술은 오로지 조건적으로만 올바른데, 왜냐하면 다른 고찰방식에서 자연은 단순한 현존재와 함께 시작되며, 그 뒤를 비로소 대자 존재가 따르기 때문이다. 돌과 유기체는 둘 다 물체다. 물체로서의 그 둘은 모두 앞에서 말했듯이 대자 존재다. 그렇지만 좀 더 특수한 고찰에서 돌은 다만 단순한 현존재를 지닐 뿐인바, 왜냐하면 그것은 자기 자신에서 한계를 지니지 않고 다만 상대적으로만 규정되어 있는 데 반해, 유기체의 존재는 그것이 자기 자신을 한계지우는 존재적인 중심이라는 점에서 절대적으로 규정되어 있는 까닭에 대자 존재이기 때문이다.86 그와 마찬가지로 — 대자 존재하는— 유기체들의 영역에서도 오로지 단순한 현존재만을 지니는 그러한 유기체들과 그 존재가 대자 존재인 인간이 존재한다.87

# B. '양'의 개념성88

● ●
86. 다른 좀 더 커다란 척도에서 우리는 헤겔과 직접적으로 관련하여 다음과 같이 말할 수 있다. 즉, 자연은 헤겔에 따르면 단순한 현존재를 나타내는 까닭에(*Enz.* §§ 247, 248) — 그리고 유한한 정신의 존재가 비로소 대자 존재인 까닭에(*Enz.* §§ 381-383) —, 자연의 각각의 모든 사물의 존재는 단지 현존재를 나타낼 뿐이다. 위에서 우리가 물체들, 예를 들어 돌이 헤겔에 따르면 대자 존재를 지닌다고 확정했다면, 우리는 지금은 그것이 헤겔의 이러한 고찰에 따르면 단지 단순한 현존재를 가질 뿐이라는 것을 보고 있는 것이다.

87. 단지 현존재할 뿐인 것과 대자 존재하는 것의 이러한 특수한 단계화와 연속에 대해서는 앞에서(머리말의 각주 7에서) 언급한 필자의 논고 『인간이 세계를 바라보는 방식들과 과학적 이성의 시각에서 본 세계 또는 세계의 본성』에서 상세하게 서술되어 있다.

88. 양에 관한 헤겔의 학설에 대한 개관은 헤겔이 양을 취급하는 158쪽 가운데 127쪽이 주해로 이루어져 있다는 점에 의해 방해를 받는다. 이 주해들은 작은 부분에 대해서만 해설을 제공한다. 주로 그것들은 사상 과정의 이해를 위해 그 중요성이 덜한 가외 논의들(칸트의 학설과의 대결, — 헤겔 자신에 의해 비철학적인 것으로서 표시된 — 계산법들의 재규정에 관한 서술, 철학자들 및 수학자들과의 대결을 포함하는 수학의

이미 언급했듯이 양에 관한 학설도 규정성을 다루는바, 양은 존재에 무관심하게 된 규정성이다. — 질에 의해 어떤 것은 바로 그것이 그것인 바의 것이다. 질의 변화에 의해 단지 어떤 것에서의 규정성뿐만 아니라 이 어떤 것 자신이 변화한다. 그에 반해 양은 더 이상 사태 자신의 본성을 이루는 것이 아니라 그 변화에도 불구하고 사태가 바로 그것인 바의 것으로 머무르는 무관심한 구별인 규정이다.[89]

양도 질과 거의 비슷하게 삼단계로 전개된다. 질의 발전과 마찬가지로 양의 발전도 규정성의 발전이다. 그리하여 양에 관한 헤겔의 학설 내용은 다음과 같이 짧게 제시될 수 있다. 즉, 그것은 아직 무규정적인 양('순수 양')으로부터 상대적으로 규정된 양('정량')을 거쳐 절대적으로 규정된 양('양적 관계[비례]')으로 나아가는 발전이다. (상대적으로 규정된 양이 수$^{Zahl}$다. 집합수$^{Anzahl}$와 단위[통일]$^{Einheit}$가 그것의 계기를 이룬다. — 절대적으로 규정된 양은 멱비례$^{Potenzverhältnis}$인데, 거기서 수는 그것의 개념 계기들, 즉 집합수와 단위의 등치에 의해 자기 자신에게로 되돌아 온 것으로서 정립되어 있다.)

<hr />

발전에 대한 역사학적 고찰들, 그리고 미적분 — 특히 미분 계산 — 의 기초들의 철학)이 다. 양에 대한 논구의 본래적인 부분이 단지 31쪽을 포괄할 뿐이고 이 논의들은 다만 짧막한 해설을 요구할 뿐이기 때문에, 우리는 양에 관한 헤겔의 학설을 질에 관한 학설보다 훨씬 더 짧게 고찰할 수 있을 것이다. — 그럼에도 불구하고 그 가외 논의들은 그 자체로 대단히 읽을 만한 가치가 있다. 그에 대한 독해는 부분적으로 커다란 정신적 즐거움을 가져다준다. 긴 절들은 특수한 수학적 관심을 요구한다.

89. 이것은 양 일반의 정의에 속한다. 그렇지만 우리는 '질량, 즉 질과 양의 통일의 개념성에서 특히 질의 전환으로 이어지는 양적인 변화들, 즉 비율적 양('질량 비례의 결절선')을 다루게 될 것이다.

# a. '순수 양'

질의 첫 번째 단계가 아직 무규정적인 또는 순수한 존재였다면, 양에 관한 학설은 그에 상응하여 순수한 양에서 시작되거니와, 양의 전개의 첫 번째 단계는 아직 아무런 규정성도 주어져 있지 않은 양이다.

질에 관한 학설의 끝에서 획득된 하나와 여럿 내지 반발과 견인의 관계는 연속성과 분리라는 개념들을 지닌 양에 관한 학설의 시작으로 이어진다. 견인은 양에서의 연속성의 계기다.[90] 반발은 양에서의 분리의 계기다.[91]

견인에 의해 정립된 동등성에서 양은 연속적 크기[연속량]$^{kontinuierliche}$ $^{Größe}$이며, 그것에 포함되어 있는, 하나라는 다른 규정에서 양은 분리된 크기[분리량]$^{diskrete\ Größe}$다. 그러나 전자의 양도 마찬가지로 분리적이며 — 왜냐하면 그것은 다만 여럿의 연속성일 뿐이기 때문이다 —, 그와 마찬가지로 후자의 양도 연속적이다. 그것의 연속성은 여럿의 하나의 동일한 것으로서의 하나, 즉 단위[통일]다. 그러나 그런 한에서 연속량과 분리량은 하나의 규정이 다른 것에 속하지 않는 것처럼 종류들로서 간주되어서는 안 된다. 오히려 그것들이 구별되는 것은 다만 동일한 전체가 한 번은 그 규정들의 하나 아래, 다른 한 번은 그 규정들의 다른 것 아래 정립되어 있다는 것에 의해서일 뿐이다. (물질의 이른바 무한한 분할 가능성에 관한 이율배반은 양을 한 번은 연속적인 것으로서, 다른 한 번은 구체적인$^{konkreter}$ 것으로서 주장하는 것이다. 하나는 다른 것만큼이나 일면적이다. — 우리는 여기서 다시 지성은 서로 구별되는 개념들에 머무르는 데 반해, 변증법적, 사변적 이성은 개념들의 대립 속에서 그것들의 통일을 파악한다는 것에 대한 하나의 예를 우리 앞에 지닌다.)

• •
90. *Log.* I 179/4.222/5.212.
91. *Log.* I 180/4.222/5.212.

## b. '정량'

질에 관한 학설에서 최초의 단계로서의 아직 무규정적인 존재에 이어 규정되어 있지만 그 규정성이 단지 상대적일 뿐인 존재로서의 현존재가 따라 나오듯이, 양에 관한 학설에서도 아직 아무런 규정성도 주어져 있지 않은 양을— 단지 — 상대적으로 규정된 양으로서의 정량의 단계가 뒤따른다. (덧붙이자면, 헤겔은 정량에 대해 여러 차례 '현존재'라고 말한다.)

"정량— 우선은 규정성 또는 한계 일반을 지니는 양— 은 그것의 완전한 규정성에서는 수다."[92]

정량은 자기의 규정성을 집합수에서의 한계로서 지닌다. 그것은 자기 안에서 분리된 것, 하나의 여럿ein Vieles인바, 이것은 자기의 한계와 상이하거나 그 한계를 자기 바깥에서 지니는 존재를 갖지 않는다.[93]

수는 그것의 현존재를 이루는 여럿의 하나들을 포함하지만, 그것들을 무규정적 방식으로 포함하지 않는다. 오히려 한계의 규정성이 그것에 속한다. 한계는 다른 현존재, 다시 말하면 다른 여럿을 배제하며, 그것에 의해 포괄된 하나들은 하나의 일정한 집합, 집합수인바, 수 안에 존재하는 바의 분리로서의 집합수에 대해 다른 것은 단위[통일], 그것들의 연속성이다. 집합수와 단위는 수의 계기들을 이룬다.[94]

수는 다른 것들로부터 구별된다. 그러나 이러한 구별화는 오직 주관적

· ·
92. *Log.* I 196/4.242/5.231.
93. 헤겔은 정량의 한계에 관한 표상에 대해 다음과 같이 주의해 두고 있다. "그래서 사람들은 수의 양적인 것에서 가령 100을 오로지 백 번째의 하나만이 여럿이 100이 되도록 그것을 한계짓는다는 식으로 표상한다. 한편으로 이것은 올바르다. 그러나 다른 한편으로 백 개의 하나들 중에서 어느 것도 우위를 지니지 않는데, 왜냐하면 그것들은 다만 동등할 뿐이기 때문이다. 각각의 모두가 마찬가지로 백 번째 것이다. 그러므로 그것들은 모두 그에 의해 수가 100인 바의 한계에 속한다." *Log.* I 198/4.244/5.233.
94. *Log.* I 197/4.243, 244/5.232.

반성에, 즉 비교하는 반성에 속한다. 수는 하나로서 다른 것들에 대해 무관심하다. 그러나 다른 한편으로 하나로서의 수는 그런 한에서 타자에 대한 관계를 단위 및 집합수와 구별되는 그 자신에서의 계기로서 지니는바, 거기서 집합수 자신은 하나들의 다수성이다. "수 또는 정량 일반의 이러한 자기 내 모순은 정량의 질인바, 그 질의 더 나아간 규정들 속에서 이 모순이 전개된다."[95]

정량은 앞에서 제시되었듯이 자기의 규정성을 집합수에서의 한계로서 지닌다. "그렇듯 그 자신에서의 다양한 것인 자기의 한계를 지니는 정량이 외연량이다."[96]

"집합수는 다만 수의 계기일 뿐이지만, 숫자상의 하나들의 집합으로서 수의 규정성을 이루는 것이 아니다. 오히려 무관심하고 자기에게 외면적인 이러한 하나들은 수의 자기 안으로 복귀해 있음에서 지양되어 있다. 여럿임의 하나가 이루었던 외면성은 수의 자기 자신에 대한 관계로서의 하나에서 사라진다.

그러므로 외연적인 것으로서 자기의 현존재하는 규정성을 자기 자신에게 외면적인 집합수로서 지녔던 정량의 한계는 단순한 규정성으로 이행한다. 한계의 이러한 단순한 규정에서 정량은 내포량이다. 그리고 정량과 동일한 한계 또는 규정성은 이제 그래서도 단순한 것으로서 정립되어 있는데, ─ 이것이 도$^{der\ Grad}$다."[97]

"그것의 규정성은 물론 수에 의해 정량의 완전한 규정된 존재로서 표현되어야만 하지만, 집합수로서 있는 것이 아니라 단순하게 다만 하나의 도일 뿐이다. 10도, 20도에 대해 말해질 때, 그렇게 여럿의 도를 지니는 정량은 열 번째 도, 스무 번째 도이지 그것들의 집합수와 총계가 아닌바, ─ 그

• •
95. *Log.* I 199/4.245/5.234.
96. *Log.* I 213/4.262/5.250.
97. *Log.* I 214/4.263, 264/5.251.

경우 그것은 외연적인 것일 것이다. 오히려 그것은 다만 하나의 도, 열 번째 도, 스무 번째 도다. 그것은 열, 스물이라는 집합수에 놓여 있는 규정성을 포함하지만, 그것을 여럿으로서 포함하는 것이 아니다. 오히려 그것은 지양된 집합수로서의, 단순한 규정성으로서의 수다."98

"그에 따라 도는 강도들[내포성들]의 여럿임 하에 있는 단순한 크기 규정성인바, 그러한 강도들은 상이하고 그 각각이 다만 자기 자신에 대한 단순한 관계이지만, 동시에 서로에 대한 본질적 관계 속에 있으며, 그리하여 그 각각의 모두는 다른 것들과의 이러한 연속성 속에서 자기의 규정성을 지닌다."99 "스스로 자기에게 관계하는 크기 규정으로서의 도의 각각은 다른 것들에 대해 무관심하다."100

"그러므로 외연량과 내포량은 정량의 하나이자 동일한 규정성이다. 그것들은 다만 하나가 집합수를 자기 내부에 있는 것으로서, 다른 것이 동일한 것, 즉 집합수를 자기 바깥에 있는 것으로서 지닌다는 점에 의해 구별되어 있다.…… 이러한 동일성과 더불어 질적인 어떤 것이 등장한다. 왜냐하면 그 동일성은 그것의 구별들의 부정에 의해 스스로 자기와 관계하는 통일이기 때문이다. 그러나 이 구별들은 현존재하는 크기 규정성을 이룬다. 그러므로 이러한 부정적 동일성은 어떤 것이며, 그것도 자기의 양적인 규정성에 대해 무관심한 어떤 것이다."101/102

••
98. *Log.* I 214, 215/4.264/5.252.
99. *Log.* I 215/4.265/5.253.
100. *Log.* I 216/4.265/5.253.
101. *Log.* I 217/4.266, 267/5.254, 255.
102. 도는 정량의 상대적 규정성으로부터 정량의 절대적 규정성, 즉 양적인 대자 존재로의 고유한 이행을 나타낸다. 헤겔은 도에 대해 다음과 같이 말한다(*Enz.* § 104). "도는 그 자체로[대자적으로] 무관심하고 단순한 것으로서의 크기이지만, 그리하여 크기는 그에 의해 그 크기가 정량인 바의 규정성을 단적으로 자기 바깥에 다른 크기들에서 지닌다. 대자적으로 존재하는 무관심한 한계가 절대적 외면성이라고 하는 이러한 모순 속에 무한한 양적 진행이 정립되어 있다." 하나의 원의 도에 대해 생각해 보자. 그

*　　*

　　*

　　우리는 위에서 질에 관한 학설에서 현존재에 관해, 즉 어떤 것이 그 한계 속에서 지니는 불안과 어떤 것을 자기 너머로 내보내는 모순에 관해 들었던 것, 요컨대 자기를 넘어가 무한하게 되는 것이 유한자의 본성이라고 하는 것을 상기할 수 있다. 질의 더 나아간 전개와 유사하게 우리는 이제 양의 전개에서도 양적 무한성, 우선은 나쁜 양적 무한성 또는 양적인 무한한 진행에 도달한다. (그렇지만 질의 개념성과 양의 개념성 사이에는 구별도 존립한다. 질적인 유한자와 무한자는 절대적으로, 다시 말하면 서로에 대해 추상적으로 돌출해 있다. 그것들의 통일은 근저에 놓여 있는 내면적인 관계다. 따라서 유한자는 단지 그 자체에서만 그것의 타자로 연속되지만, 그 자신에서는 그렇지 않다. 그에 반해 양적인 유한자는 그 자신에서 자기를 바로 그것에서 자기의 절대적 규정성을 지니는 자기의 무한자에 관계시킨다.[103]

　　"그러므로 정량은 그 질에 따라 자기의 외면성, 즉 자기의 타자 존재와의 절대적 연속성 속에 정립되어 있다. 따라서 정량은 단지 각각의 모든 크기 규정성을 넘어갈 수 있을 것만이 아닌바, 그 크기 규정성은 단지 변화될 수 있을 뿐만 아니라 오히려 그것은 변화되어야만 한다고 하는 것이 정립되어 있다. 크기 규정은 그것의 타자 존재로 연속됨으로써 그것은

••
　　원의 도의 크기는 한편으로는 대자적이고 단순하다. 그러나 그것은 다른 한편으로는 상대적으로 규정된 정량인 그 원의 크기에 의존한다. 하나의 불꽃의 온도(그것의 내포량)가 제시되면, 이로써 그것의 크기가 처음에는 일면적으로 제시되었다. 불꽃의 크기의 규정을 위해서는 또한 그 규모(그것의 외연량)의 제시가 필요하다. 이러한 예들은 임의적으로 증가될 수 있다. 헤겔은 이 개념들을 심지어 정신적인 관계들에 적용하여 성격, 재능, 천재의 강도에 대해 말한다(이것으로는 여전히 이 인간의 천부적 재능의 범위, 즉 그의 정신의 외연량에 대해서는 아무것도 이야기되고 있지 않다).
103. *Log.* I 223/4.274/5.261, 262.

자기의 존재를 오직 타자와의 이러한 연속성 속에서만 지닌다. 크기 규정은 존재하는 한계가 아니라 생성하는 한계다.

하나는 무한하거나 스스로 자기 관계하는 부정이며, 따라서 자기 자신으로부터 자기의 반발이다. 그와 마찬가지로 정량도 무한하며, 스스로 자기 관계하는 부정성으로서 정립되어 있다. 그것은 스스로를 자기 자신으로부터 밀쳐내는 것이다. 그러나 정량은 규정된 하나, 즉 현존재와 한계로 이행해 있는 하나이며, 그러므로 규정성의 자기 자신으로부터의 반발인바, 하나의 반발과 같이 자기 자신과 동등한 것의 산출이 아니라 자기의 타자 존재의 산출이다. 이제 스스로를 자기 너머로 보내 타자가 되는 것이 그 자신에서 정립되어 있다. 정량은 증가하거나 감소하는 것에 존립한다. 정량은 그 자신에서의 규정성의 외면성인 것이다.

그러므로 정량은 자기 자신을 자기 너머로 내보낸다. 정량이 그것으로 되는 이 타자는 우선은 그 자신이 정량이다. 그러나 그와 마찬가지로 존재하는 한계가 아니라 스스로를 자기 자신 너머로 몰아대는 한계다. 그러므로 이러한 넘어감에서 다시 발생된 한계는 단적으로 다만 또다시 자기를 지양하여 더 먼 한계로 보내는 그러한 한계일 뿐이며, 그렇게 무한히 계속된다."[104]

양적인 무한 진행$^{Progreß ins Unendliche}$은 양적 유한자 또는 정량 일반이 양적으로 유한한 것과 양적으로 무한한 것의 교호 관계로서 포함하는 모순의 표현이다. 이 모순은 단순하게 자기 안에서 규정되어 있고 자기의 규정성을 자기 바깥의 타자에서 지니며 규정성을 위해 자기 바깥을 지시하는 도에서 정립되어 있다.[105] "대자 존재하는 무관심한 한계가 절대적 외면성이라고 하는 이러한 모순 속에 무한한 양적 진행이 정립되어 있다."[106]

● ●

104. *Log.* I 221, 222/4.272/5.259, 260.
105. *Log.* I 196/4.242/5.231을 참조.
106. *Enz.* § 104.

"유한자의 저편으로서 고집스럽게 규정되어 있는 이러한 무한성은 나쁜 양적 무한성으로서 표현될 수 있다. 그것은 질적인 나쁜 무한성과 같이 지속하는 모순의 하나의 지절로부터 다른 지절로, 한계로부터 그것의 비존재로, 이 비존재로부터 새롭게 다시 정확히 동일한 것으로, 즉 한계로 영구적으로 왔다 갔다 하는 것이다. 양적인 것의 진행에서 그리로 전진이 이루어지는 바로 그것은 물론 추상적으로 다른 것 일반이 아니라 상이한 것으로서 정립된 정량이다. 그러나 그것은 똑같은 방식으로 자기의 부정에 대한 대립 속에 머문다. 따라서 진행은 마찬가지로 전진과 더 멀리 나아감이 아니라 하나이자 정확히 동일한 것의 반복, 즉 정립과 지양 그리고 재정립과 재지양인바, — 부정적인 것이 지양하는 것이 그것의 지양 자신에 의해 연속적인 것으로서 회귀하는 바의 부정적인 것의 무력함이다. 둘이 그렇게 함께 결합됨으로써 그것들은 단적으로 서로 달아난다. 그리고 서로 달아난 다는 점에서 그것들은 분리될 수 있는 것이 아니라 그것들의 상호적인 도주에서 결합되어 있다."[107]

이에 이어 헤겔은 주해에서 나쁜 양적 무한성이 철학자와 천문학자에 의해 잘못되게도 숭고한 어떤 것으로 그리고 일종의 신에 대한 예배로 여겨지는 것과 관련하여 양적인 것의 무한 진행의 형식으로 그 양적 악무한 성을 고찰한다.

그러고 나서 헤겔은 이어지는 주해에서 칸트의 첫 번째 우주론적 이율배 반과 대결하는데, 그 이율배반은 정립 "세계는 시간에서의 시초를 가지고 있으며, 공간에 따라서도 한계로 둘러싸여 있다"와 반정립 "세계는 시초나 공간에서의 한계를 갖지 않으며, 오히려 시간적으로나 공간적으로나 무한 하다"를 갖고 있다. 그는 이에 대해 이 대립이 시간과 공간 자신과 관련해서 도 고찰될 수 있을 것이라고 언급하는데, 왜냐하면 시간과 공간이 사물들 자신의 관계들인가 아니면 다만 직관의 형식들일 뿐인가 하는 것은 그것들

107. *Log.* I 225/4.276, 277/5.263, 264.

에서의 한정성과 무한정성이라는 이율배반적인 것에 대해 아무것도 변화시키지 않기 때문이다.108 그러므로 헤겔의 입장은 여기서 문제가 되는 것은 사물들 자신의 관계 물음이 아니라 개념성의 물음이라고 하는 것이다. 그러나 이 물음에 대해 그는 이미 양이 그 자신에서의 한계를 자기의 저편으로 내쫓고 계속해서 그리한다고 상세히 논의한 바 있었다. — 헤겔은 이 자리에서 다시 한 번 주해하면서 칸트의 사유와 자기의 사유와의 차이를 명백히 제시한다. 그는 칸트가 그에 의해 서술된 모순을 세계 속에 현존하는 것으로서 보는 것이 아니라 의식 안으로 옮겨 놓고서는 계속해 나간다는 것을 지적한다. "세계로부터 모순을 제거하고 그에 반해 그것을 정신 안으로, 즉 이성 안으로 옮겨 놓고서 그것 안에서 해소되지 않은 채 존립하도록 하는 것은 세계에 대해 너무도 커다란 다정함이다. 실제로 정신이야말로 모순을 견뎌낼 수 있을 만큼 강력하지만, 그것은 또한 모순을 해소할 줄 아는 것이기도 하다. 그러나 이른바 세계(그것은 객관적, 실재적 세계 또는 초월론적 관념론에 따르면 주관적 직관과 지성 범주들에 의해 규정된 감성을 말한다)는 바로 그런 까닭에 어디서도 모순이 없을 수 없지만 그것을 견뎌낼 수 없으며 그런 까닭에 발생과 소멸에 내맡겨져 있다."109 그러므로 여기서 헤겔은 — 칸트의 다른 모든 이율배반에 대한 그의 진술들은 같은 종류의 것이다 — 정립이 옳은가 아니면 반정립이 옳은가 하는 대답을 제공하지 않는다. 오히려 그는 제3의 것을 말한다.110 그는 세계가 시간과 공간에서 한정되어 있는지 아니면 무한정적인지가 아니라 세계가 발생과 소멸에 내맡겨져 있다고 말한다. 헤겔은 이율배반들을 가령 주관적

108. *Log.* I 232/4.284/5.271.
109. *Log.* I 236/4.289/5.276.
110. 이율배반들에 대한 헤겔의 입장은 예를 들어 자연 법칙들에 따른 인과성과 자유의 대립에 관한 이율배반을 취급하는 데서 분명히 표현되는데, 그에 대해 헤겔은 이 이율배반이 '교호 작용'에서 그것의 참다운 해소를 발견한다고 언급한다(*Prop.* II 2. § 84).

사유, 즉 지성 사유라는 그것들의 고유한 지평에서 반박하는 것이 아니라 모순을 다른 차원에서, 즉 이성에서 해소한다. 이율배반들은 "지성의 공허한 형이상학"에 속한다.111 오직 이성만이 오로지 개념 자신에게만 다가가는 것에 관한 진술들을 행할 수 있다. 헤겔은 이율배반들에 대한 자신의 논의의 다음과 같은 결론에 도달한다. "그것들의 참다운 해소는 오직, 두 규정들이 대립되어 있고 하나의 동일한 개념에 필연적이라는 점에서 그것들이 그것들의 일면성에서, 즉 각각이 그 자체로 타당할 수 있는 것이 아니라, 그것들의 진리를 오직 그것들의 지양되어 있음, 즉 그것들의 개념의 통일 속에서만 지닌다는 점에서만 존립할 수 있다."112 "대립된 두 측면들 가운데 각각이 그 자신에서 자기의 타자를 포함하고 어느 것도 다른 것 없이 생각될 수 없다는 점에서, 그로부터는 이 규정들 가운데 어느 것도 홀로 취해지면 진리를 지니지 못하며 오로지 그것들의 통일만이 그러하다는 것이 따라 나온다. 이러한 것이 그것들에 대한 참다운 변증법적 고찰 및 참다운 결론이다."113

이제 우리는 양의 전개로 되돌아와 나쁜 무한성 이후에 참다운 무한성에 도달하게 된다.

"정량은 무관심한 한계로서 자기를 넘어서서 무한히 나아간다. 따라서 그것은 그 자체로 규정된 존재, 질적 계기 이외에 다른 것을 추구하지 않지만, 그래서 그 계기는 단지 당위일 뿐이다. 한계에 대한 그것의 무관심성, 그와 더불어 그것의 대자 존재하는 규정성의 결여와 그것의 자기를 넘어감은 정량을 정량으로 만드는 바로 그것이다. 그것의 저 넘어감은 부정되어야 하며 무한자 속에서 그것의 절대적 규정성이 발견되어야 한다.

전적으로 일반적으로 하자면, 정량은 지양된 질이다. 그러나 정량은

• •
111. *Rel.* III 87.
112. *Log.* I 184/4.228/5.218.
113. *Log.* I 191/4.236/5.225.

무한하며, 자기를 넘어가고, 자기의 부정이다. 그러므로 이러한 그것의 넘어감은 그 자체에서 부정된 질의 부정, 그것의 회복이다. 그리고 저편으로서 현상한 외면성이 정량의 고유한 계기로서 규정되어 있다는 것이 정립되어 있다.

이리하여 정량은 자기로부터 밀쳐내진 것으로서 정립되어 있으며, 그러므로 그것에는 두 개의 정량이 있지만, 그것들은 지양되어 다만 하나의 통일의 계기들로서만 있는바, 이 통일이 정량의 규정성이다. ― 그렇듯 그것의 외면성 속에서 무관심한 한계로서 자기에게 관계되고 이리하여 질적으로 정립된 이 정량이 양적 관계[비례]다. 비례 속에서 정량은 자기에게 외면적이고 자기 자신과 상이하다. 이러한 정량의 외면성은 다른 정량에 대한 정량의 관계인바, 그것들 각각은 다만 자기의 타자에 대한 이러한 그것의 관계 속에서만 타당하다. 그리고 이 관계가 그러한 통일로서 존재하는 정량의 규정성을 이룬다. 그 점에서 정량은 무관심한 규정이 아니라 질적인 규정을 지니며, 이러한 그것의 외면성 속에서 자기 안으로 되돌아와 있으며, 그와 같은 것 속에서 바로 그것인 바의 그것이다."114

## c. '양적 관계[비례]'

양적 관계 일반 내부에서 양의 규정성이 그 속에서 절대적 규정성으로서, 즉 양적인 대자 존재로서 완성되어 있는 것이 멱비례$^{Potenzenverhältnis}$다.

멱비례에서 수는 그것의 개념 계기들, 즉 단위와 집합수의 동일시에 의해 자기 자신에게로 복귀한 것으로서 정립되어 있으며, 자신에게서 무한성, 즉 대자 존재, 다시 말하면 자기 자신에 의해 규정된 존재의 계기를 획득한다.115

••
114. *Log.* I 238, 239/4.292, 293/5.278, 279.
115. *Log.* I 280/4.340/5.324.

멱은 수가 그 수의 변화가 자기 자신에 의해 규정되어 있다는 것에 도달한 한에서의 수다.116 멱비례에서는 그것의 구별들— 단위와 집합수— 에서 자기에게 관계하는 통일[단위]이 정량의 단순한 자기 산출로서 관철된다.117

"정량은 그것의 타자 존재 속에서 스스로를 자기와 동일한 것으로 정립하고, 자기가 자기 자신을 넘어가는 것을 규정하면서 대자 존재에 도달했다."118 멱비례에서는 그 자신에서 집합수인 단위가 동시에 단위로서의 자기에 반대되는 집합수다. "무관심한 규정성으로서의 정량은 변화한다. 그러나 이 변화가 멱으로의 고양인 한에서, 이러한 그것의 타자 존재는 순수하게 자기 자신에 의해서 한정되어 있다. — 그래서 정량은 멱 안에서 자기 자신 안으로 귀환한 것으로서 정립되어 있다. 그것은 직접적으로 그 자신이자 또한 그것의 타자 존재다."119

"우리가 지금까지의 비례들 속에서 이러한 실재화의 전진을 비교한다면, 정량이 자기 자신으로부터의 구별로서 정립되어 있다고 하는 정량의 질은 일반적으로 바로 이것, 즉 비례라고 하는 것이다."120

## C. '질량'의 개념성

헤겔은 특히 그리스 고대에 대한 관련을 통해 질량[도량]의 개념과

• •
116. *Log.* Ⅰ 284/4.345/5.329.
117. *Log.* Ⅰ 324/4.391/5.373.
118. *Log.* Ⅰ 331/4.399/5.381.
119. *Log.* Ⅰ 331/4.400/5.382.
120. *Log.* Ⅰ 332/4.401/5.383.

의미로 인도해 간다. 그는 그리스인들이 모든 것은 질량을 갖는다는 의식을 지녔다고 언급한다. 운명, 즉 네메시스는 스스로를 일반적으로 질량의 규정성에 제한했던바, 주제넘게 자기를 너무 크게, 너무 높게 만드는 것은 허무함으로의 전락이라는 다른 극단으로 환원되고, 따라서 질량의 중심이 회복되는 것이다. "'절대자, 신은 모든 것의 척도[질량]다'라는 것은 '절대자, 신은 존재다'라는 정의보다 더 강하게 범신론적이지 않지만, 무한히 더 참되다. ─ 질량은 물론 외면적인 양식과 방식, 더 많거나 더 적은 것이지만, 그것은 동시에 그와 마찬가지로 자기 안으로 반성되어 한갓 무관심하고 외면적인 규정성이 아니라 그 자체에서 존재하는 규정성이다. 그래서 그것은 존재의 구체적인 진리다. 그런 까닭에 민족들은 질량에서 무언가 범할 수 없는 것, 성스러운 것을 숭배했던 것이다."121/122

이미 상세히 논의되었듯이, 질량에서는 질과 양이 통합되어 있다.

질량의 개념성에서도 우리는 발전과 관계한다. 헤겔은 질량의 발전이 가장 어려운 재료들 가운데 하나라고 말하며, 이에 관한 자신의 서술을 단지 하나의 시도라고만 표현한다.123

질의 발전과 양의 발전이 좀 더 고차적인 발전이었던 데 반해, 질량의 발전은 다른 종류의 것이다. 그것은 한편으로는 질량의 실재화하는 전진 규정이며, 다른 한편으로는 그것의 하나의 계기로의 전락이다.124

• •

121. *Log.* I 339/4.408, 409/5.391.

122. 여기서(그리고 헤겔의 또 다른 지적들과 예들에서) 너무도 명확하게 드러나는 것은 '질량'에 관한 헤겔의 학설이 자연의 수학이라고 말해진다면 그것은 오해라고 하는 점이다. 헤겔은 오히려 역으로 ─ 그리고 **절대적 질량 비례**와 관련하여 ─ 다음과 같이 말한다. "절대적 질량 비례에 관해서는 분명 다음의 것이 상기될 수 있을 것이다. 즉, 자연의 수학이 학문이라는 이름에 어울리고자 한다면, 그것은 본질적으로 질량의 학문이어야 하는바 ─ 이 학문을 위해서는 경험적으로 분명 많은 것이 행해졌지만, 본래적으로 학문적으로는, 다시 말하면 철학적으로는 아직 거의 행해진 바가 없다는 점이다."(*Log.* I 353/4.425/5.406.)

123. *Log.* I 340/4.410/5.392.

124. *Log.* I 387/4.465/5.445.

## a. '질량 일반'

　질량의 개념성이 보여주는 발전의 시작을 나타내는 것은 '비율적 양<sup>Die</sup> spezifische Quantität', 다시 말하면 질량으로서 존재하는 정량, '질량 일반'이다.

　지금까지 우리는 양을 비–비율적인 것으로서, 정량을 무관심한 한계로서 고찰해 왔다. 비율적 정량에서 이 무관심성은 지양되어 있다. 양은 어떤 것의 다른 규정성들에 대한 관계 속에 서 있다. 그래서 질량은 처음에는 질적 의미를 지니는 정량이다.

　여기 질량에 관한 학설에서 우선 고찰된 질량 비례는 공간이나 시간과 같은 추상적 질들에 속한다.

　질량으로서 존재하는 이러한 시원적인 정량의 전진 규정은 그것, 즉 그 자체에서 규정된 것에서 그것의 계기들의 구별 — 요컨대 질적으로 규정된 존재와 양적으로 규정된 존재의 구별 — 이 출현한다는 것이다. 이 계기들은 더 나아가 자기 자신을 질량의 전체들로 규정하는데, 그런 한에서 그것들은 자립적인 것들로서 존재한다.[125] 그것은 '질량에서의 대자 존재'로서 드러난다. "그러나 질량이 이제 이러한 방식으로 실재화되어 있다는 것, 즉 그것의 양항이 — 직접적이고 외적인 것으로서, 그리고 자기 안에서 비율화된 것으로서 구별되는 — 질량이고, 질량은 그것들의 통일이라고 하는 것은 그 이상의 규정을 이룬다."[126]

## b. '실재적 질량'

● ●

125. *Log.* I 340/4.410/5.391.
126. *Log.* I 357/4.430, 431/5.411.

두 번째 단계는 '실재적 질량$^{Das\ reale\ Maß}$'이다. "질량들은 이제 더 이상 단순히 직접적인 질량이라 불리는 것이 아니라, 그것들이 그것들 자신에서 비율화되어 있는 질량들의 비례들로 되고, 그래서 이러한 대자 존재 속에서 어떤 것, 즉 물리적인 사물들, 우선은 물질적인 사물들인 한에서, 자립적인 질량이라 불린다."127 이 두 번째 단계에서 대상은 구별된 자립적 사물들의 질을 이루는 질량들의 관계다. 물질적 실존들의 그러한 규정들에 대한 예들은 비중이나 물체들의 화학적 특성들이다. (공간과 시간도 역시 그러한 질량들의 계기들이지만, 이제는 더 나아간 규정들에 종속되어 있다.) 이제 질량 비례를 이루는 항들 자신이 질량들이지만 동시에 실재적인 어떤 것이라는 점에서 그것들의 질량들은 직접적인 질량들이며, 그것들에서의 비례들로서는 직접적 비례들이다.

실재적 질량은 우선은 물체성의 자립적 질량인데, 그 질량은 다른 질량들에 관계하며, 이러한 관계 속에서 동일한 것들이고 따라서 자립적 물질성을 비율화한다. (예를 들어 다시 일정한 비중, 부피에 대한 무게의 관계를 생각해 보라.) 여러 타자들 일반에 대한 외면적 관계로서의 이러한 비율화는 다른 비례[관계]들의 산출이다. 일련의 질량들(그러므로 우리의 예에 머물자면 상이한 물질들의 일련의 구별되는 비중들)이 성립한다. 여기 일련의 질량 비례들에서 대자 존재적인 것으로서, 요컨대 도로서의 정량이 정립되어 있는 양식과 방식, 즉 단순하지만 그것 바깥에 존재하는 정량들의 하나의 권역인 바의 정량에서 크기 규정성을 지닌다고 하는 양식과 방식이 다시 돌아온다. 그러나 질량에서 이러한 외면적인 것은 단순히 정량이나 정량들의 하나의 권역이 아니라 일련의 비례수들이거니와, 그것들의 전체는 바로 그 속에 질량의 대자적으로 규정된 존재가 놓여 있는 바의 것이다.128

••
127. *Log.* I 359/4.433/5.413.
128. *Log.* I 364/4.439/5.419.

성립하는 정비례들은 그 자체에서 규정되고 배타적인 질량들이다. 자립적인 것의 다른 항의 다수의 것들에 대한 친화성은 더 이상 무차별적인 관계가 아니라 선택 친화성이다. 선택 친화성$^{Wahlverwandtschaft}$이라는 표현은 일차적으로는 화학적 관계에 관련된다. "왜냐하면 화학적 영역에서는 본질적으로 물질적인 것이 그것의 비율적인[특수한] 규정성을 그것의 타자에 대한 관계 속에서 지니기 때문이다. 물질적인 것은 오직 이러한 차이로서만 실존한다. 더 나아가 이러한 비율적 관계는 양에 결부되어 있는 동시에 개별적인 타자에 대한 관계가 아니라 그 타자에 대립해 있는 그러한 다른 것들의 계열에 대한 관계다."[129] "그러나 비율적인 것이 일단의 결합들에서 제시되는 것은 단지 화학적인 것에서만이 아니다. 또한 개별적인 음도 그것의 의미를 다른 음 및 다른 음들의 계열과의 관계와 결합에서 비로소 지닌다. 그러한 일단의 결합들에서의 조화나 부조화가 그것의 질적인 본성을 이루는바, 그 본성은 동시에 양적인 관계들에 기반한다."[130]

다른 친화성들 가운데서나 다른 친화성들에 맞서 (화학적이거나 음악적인 또는 다른) 선택 친화성들이 보여주는 것과 같은 친화성들을 위한 질량의 원리가 어디에 놓여 있는가 하는 이러한 좀 더 고차적인 물음은 본래적인 양적인 것의 특수한 것과 너무도 밀접하게 연관되며, 구체적인 자연 과학의 특수한 부분들에 속한다.[131]

질량 비례들에서 특수성으로서 결절선$^{Knotenlinie}$이 등장한다. 실재적인 어떤 것, 하나의 사물은 외면성의 폭을 지니는데, 그 내부에서 그 어떤 것은 정량의 변화에 대해 무관심하게 머물며 그 질은 변하지 않는다. 그러나 양적인 것의 이러한 변화의 한 점이 등장하는데, 바로 그 점에서는 질이 변하고 정량이 비율화하는 것으로서 입증됨으로써 변화된 양적 관계

••
129. *Log.* I 365, 366/4.440/5.420, 421.
130. *Log.* I 366/4.440, 441/5.421.
131. *Log.* I 366/4.441/5.421.

가 하나의 질량으로, 따라서 하나의 새로운 질, 새로운 어떤 것으로 전환된다. 새로운 질 또는 새로운 어떤 것은 그것의 변화의 동일한 전진에 종속해 있으며, 그렇게 무한히 계속된다. 우리는 질량의 개념성에서 무한 진행을 우리 앞에 지닌다.

헤겔은 질적 계기들의 그러한 결절선의 예로서 다음과 같은 것들을 제시한다. 자연수의 체계, 음악적 비례들, 화학적 결합들, 물질의 응집 상태들, 탄생과 죽음, 도덕적 관계들(좀 더 많거나 좀 더 적은 것에 의한 전환들, 즉 경솔함의 범죄로의, 법(정의)의 불법(부정의)으로의, 덕의 악덕으로의 전환들), 국가 관계들이 그것들이다. "법률들과 헌정 체제는 국가의 범위와 시민의 숫자가 확대되면 다른 어떤 것으로 된다. 국가는 그 크기의 질량[한도]을 지니는바, 그것이 넘어서지게 되면 국가는 불안정하게 되어 다른 범위에서는 그 국가의 행복과 강함을 이루었던 동일한 헌정 체제 하에서 자기 안에서 붕괴한다."[132]

배척적인 질량— 이것은 선택 친화성을 친화성으로부터 두드러지게 한다 — 은 그 자신이 계속해서 양적인 현존재의 계기에 붙들려 있으며, 그런 까닭에 그 비례가 변화하는 정량의 단계들에서 올라갈 수도 내려갈 수도 있다. 그러한 비례에 기반하는 것으로서의 어떤 것 또는 질은 자기를 넘어서서 질량 없는 것$^{Das\ Maßlose}$으로 내몰리며, 그것의 크기의 단순한 변화에 의해 몰락한다.[133]

헤겔은 질량 없는 것의 이러한 개념을 그것과 추상적인 질량 없는 것의 구별에 의해 명확히 한다. "추상적인 질량 없는 것은 자기 안에서 몰규정적인 것으로서의 그리고 질량이 그에 의해 변화되지 않는 단지 무관심할 뿐인 규정성으로서의 정량 일반이다. 질량들의 결절선에서 그것은 동시에 비율화하는 것으로서 정립되어 있다. 저 추상적인 질량 없는 것은 질적

132. *Log.* I 384/4.462/5.441, 442.
133. *Log.* I 384/4.462/5.442.

규정성으로 지양된다. 처음에 현존하는 것이 그것에로 이행하는 새로운 질량 비례는 그 처음에 현존하는 것과 관련하여 질량 없는 것이지만, 그 자신에서 그와 마찬가지로 그 자체로 존재하는 질이다. 그래서 비율적 실존들 서로간의 교체와 그와 마찬가지로 그것들과 단지 양적으로만 머무르는 비례들과의 교체가 정립되어 있으며, ― 그렇게 무한히 계속된다. 그러므로 이러한 이행에서 현존하는 것은 비율적 비례들의 부정일 뿐만 아니라 또한 양적인 전진 자신에 대한 부정, 그 자체로 존재하는 무한한 것이기도 하다."[134]

질량의 비율화의 이러한 무한성은 질적인 것뿐만 아니라 양적인 것도 서로를 상호적으로 지양하는 것으로서 정립하며, 그렇게 함으로써 질량 일반인 질적인 것과 양적인 것의 최초의 직접적인 통일을 자기 안으로 귀환한 것으로서, 따라서 그 자신이 정립된 것으로서 정립한다.[135]

자기 자신 안에서 질량을 교체시키는 가운데 스스로를 연속시키는 통일이 참으로 존속하는 자립적 물질, 사태다.[136] 변화는 다만 상태의 변화일 뿐이며, 이행하는 것은 그 속에서 동일하게 머무는 것으로서 정립되어 있다.[137] 질량은 하나의 계기로 전락되어 있다.[138]


### c. '절대적 무차별'


질량의 개념성에 관한 학설에 연결하여, 따라서 '존재'의 개념성에 관한 학설 전체를 종결하면서 헤겔은 '본질의 생성'에로 넘어간다.

• •
134. *Log.* I 384, 385/4.462/5.442.
135. *Log.* I 385/4.463/5.443.
136. *Log.* I 385/4.463/5.443.
137. *Log.* I 386/4.464/5.444.
138. *Log.* I 387/4.465/5.445.

헤겔은 여기서 '절대적 무차별$^{Die\ absolute\ Indifferenz}$'을 다룬다. 절대적 무차별에서는 존재의, 그러므로 질과 양 그리고 그것들의 우선은 직접적인 통일인 질량의 모든 규정성에 대한 부정이 이해되어야 한다.139 (추상적 무관심성에 대해서는 무차별이라는 표현이 사용되는데, 왜냐하면 그것은 그 자체로 존재로서 생각되어야 하기 때문이다.140) 질량에 관한 학설은 질량 비례들이 다만 하나의 동일한 기체의 매듭들로서만 규정되어 있고 따라서 질량들이 상태들로 전락되어 있다고 하는 것으로 끝났다. 이제 규정성은 무차별에서 다만 아직은 상태로서, 다시 말하면 무차별을 기체로 지니는 질적인 외면적인 것으로서 있을 뿐이다.141

본질의 생성에 관한 절은 무차별의 정립된 존재의 발전, 즉 무차별의 이 규정이 그 자신에서 어떻게 정립되어 있으며 따라서 그것이 어떻게 그 자체로 존재하는 것으로서 정립되어 있는가 하는 것을 다룬다.142 무차별의 발전에서 양적 규정 또는 질적 규정의 구별이 붕괴되는 일이 생겨난다. 두 규정은 이전에 질량에서 형식적 관계 속에 서 있었다. 이제 두 규정은 요소들의 서로에 대한 관계 속에 서 있는데, 그 관계는 여기서는 전체가 실재적 기체이고, 두 항들 가운데 각각 자신이 그 자체에서 이러한 전체이어야 하는 것으로 정립되어 있다는 점에 의해 형식적 관계와 구별된다.143

기체는 두 요소의 통일이다. "규정 작용의 총체성 자신이 그 속에서 무차별로서 규정되어 있는 바의 그러한 규정 작용의 총체성으로서 정립된 이 통일은 전면적인 모순이다. 그리하여 그것은 자기 자신을 지양하는 이러한 모순으로서 그 자체로 존재하는 자립성으로 규정되어 있도록 정립되어야 한다. 이 자립성은 더 이상 단지 무차별한 통일이 아니라 그 자신

· ·
139. *Log.* I 388/4.466/5.445, 446.
140. *Log.* I 387/4.466/5.445.
141. *Log.* I 388/4.466/5.446.
142. *Log.* I 388/4.467/5.446.
143. *Log.* I 389/4.468/5.447.

속에 내재적으로 부정적인 절대적 통일을 결과와 진리로 지니는데, 그것은 본질이다."144

144. *Log.* I 392/4.471/5.451.

# 2. 정립된 개념
## ― '본질'의 논리학

"본질은
정립된 개념으로서의
개념이다."
*Enz.* § 112.

헤겔은 그의 『논리의 학』의 '존재'에 관한 학설을 포함하는 1812년에 출간된 제1책을 1831년에 개정하여 출간했지만, 1813년 출간된 제2책, 즉 '본질'에 관한 학설과 '개념'에 관한 학설의 개정에는 더 이상 착수하지 못했다. 그렇기 때문에 헤겔의 '본질'에 관한 학설과 '개념'에 관한 학설을 연구함에 있어서는 1830년에 그 제3판이 출간된 그의 『철학적 학문들의 엔치클로페디』의 해당 절들을 비교하는 것이 적절하다. 이러한 이유에서 『엔치클로페디』가 이하에서 '존재'에 관한 학설에 대한 고찰에서보다 더 자주 인용되게 될 것이다.

\*　　\*

\*

헤겔은 본질의 전개에 관한 학설의 대상에 대해 다음과 같이 언급한다. "논리학의 이 (가장 어려운) 부분은 특히 형이상학과 학문들 일반의 범주들을 포함한다."[1] 요컨대 이 부분은 감성적 본성을 넘어가는 것을 다루는 것이다.

우리가 이미 상세히 논의했듯이, 객관적 논리학은 물론 한편으로 개념성의 지속적이고 상승하는 전개를 나타내지만, 그럼에도 불구하고 다른 한편으로 '존재'의 전개와 '본질'의 전개는 각각의 시원을 가지며, 그런 한에서 두 전개는 서로 평행하게 병렬되어 있다.

이러한 후자의 측면에서 이하에서 다루어질 '본질'의 개념성에 관한 헤겔의 학설에 대해서는 미리 다음과 같은 점이 말해질 수 있다. 즉, '존재'에 관한 학설에서 고찰된 개념성의 전개가 여기서 반복되지만, 그럼에도 불구하고 여기서는 단지 그 자체에서 존재하는 개념의 전개가 아니라 정립된 개념의 발전이 다루어진다는 구별을 지닌다.[2] 또한 '존재'의 영역에서는 단지 그 자체에서 있었을 뿐인 모순도 '본질'의 영역에서는 정립된 모순이다.[3]

'존재'에 관한 학설과 '본질'에 관한 학설 사이의 이러한 구별 이외에 두 번째 구별이 존립한다. '존재'에 관한 학설은 타자에 대한 관계를 다루며, '본질'에 관한 학설은 자기에 대한 관계를 다룬다.[4] 존재의 규정성은 타자 일반에 대한 직접적 관계다. 본질은 스스로 자기에게 관계하는 것이다. '존재'에 관한 학설은 좀 더 좁은 의미에서의 존재와 무를 다룬다. '본질'에 관한 학설은 좀 더 좁은 의미에서의 본질과 가상을 다룬다. — "하지만 가상은 본질의 고유한 정립이다."[5] "존재의 생성에서는 규정성의 근저에

• •
1. *Enz.* § 114.
2. 이 점은 개별적 개념들의 평행성에서도 드러난다. "본질의 전개에서는, 하나의 개념이 모든 것 속에서 실체적인 것이기 때문에, 존재의 전개에서와 동일한 규정들이 출현하지만, 반성된 형식으로 그리한다. 그러므로 존재와 무 대신에 이제 긍정적인[적극적인] 것과 부정적인[소극적인] 것의 형식들이 등장하는데, 전자는 우선은 대립 없는 존재에 상응하여 동일성으로서, 후자는 전개되어 (자기 안에서 가현하면서) 구별로서 등장한다. — 그래서 더 나아가 생성은 곧바로 그 자신이 현존재의 근거(*Grund*)로서 등장하는데, 근거에 대해 반성된 것으로서의 현존재는 실존(*Existenz*)이다 등등." *Enz.* § 114.
3. *Log.* II 58/4.546/6.65; *Enz.* § 114.
4. *Enz.* § 115.
5. *Log.* II 7/4.485/6.17.

존재가 놓여 있으며, 그 규정성은 타자에 대한 관계다."6 "본질은 반성, 즉 자기 자신 안에 머무르는 생성과 이행의 운동이다."7 '존재'에 관한 학설에서와 마찬가지로 '본질'에 관한 학설에서도 타자 존재가 존재하지만, 본질의 타자, 즉 가상은 이미 언급했듯이 그의 고유한 가상, 그의 고유한 타자다. "본질 속의 가상은 타자의 가상이 아니라 가상 자체[그 자체에서의 가상], 본질 자신의 가상이다."8 "여기서 타자 존재는 더 이상 질적인 타자 존재, 규정성, 한계가 아니다. 본질, 곧 자기에게 관계하는 것 속에 있는 것으로서의 부정은 동시에 관계로서 구별, 정립된 존재, 매개된 존재다."9 그에 상응하여 본질의 운동은 스스로를 자기 자신으로부터 밀쳐냄이다.10

• •

6. *Log.* II 13/4.493/6.24.

7. *Log.* II 13/4.492/6.24.

8. *Log.* II 11/4.490/6.22.

9. *Enz.* § 116.

10. "절대적 본질은…… 현존재로 이행해야만 한다. 왜냐하면 절대적 본질은 자체적이고도 대자적인 존재인바, 다시 말하면 그것은 그것이 그 자체에서 포함하는 규정들을 구별하기 때문이다. 절대적 본질은 스스로를 자기로부터 밀쳐냄<sup>Abstoßen seiner von sich</sup> 또는 자기에 대한 무관심성, 자기에 대한 부정적 관계이기 때문에, 그리하여 그것은 스스로를 자기 자신에 맞서 정립하며, 오직 그것이 이러한 그것의 자기와의 구별 속에서 자기와의 통일인 한에서만 무한한 대자 존재다." *Log.* II 4, 5/4.483/6.15. "반성하는 운동은…… 자기 자신 안에서의 절대적 반격으로서 받아들여져야 한다." *Log.* II 16/4.496/6.27. "반성 규정은 그것이 몰락함으로써 자기 자신 안에서의 그것의 절대적 반격이라고 하는 그것의 참다운 의미를 획득한다." *Log.* II 63/4.552/6.80. "사물 자체는 그것에게 외면적인 반성에 대한 관계 속에 서 있으며, 그 속에서 그것은 다양한 규정들을 지닌다. 사물 자체는 이렇듯 스스로를 자기 자신으로부터 다른 사물 자체 속으로 밀쳐내는 것이다. 이러한 밀쳐냄은, 각각이 다만 스스로를 타자로부터 비쳐내고 있는 것으로서의 타자일 뿐이라는 점에서, 자기 자신 안에서의 스스로의 반격이다." *Log.* II 108/4.606/6.132. "자체적으로도 대자적으로도 존재하는 세계는 실존의 총체성이다.…… 그 세계는 대립을 포함하며, 스스로를 본질적 세계로서의 자기와 타자 존재의 세계 또는 현상의 세계로서의 자기 속으로 밀쳐낸다." *Log.* II 132/4.634/6.159. "그래서 힘은 스스로를 자기 자신으로부터 밀쳐내는 모순이다. 그것은 활동적이다." *Log.* II 146/4.650/6.175. 주관적 논리학에서도 가령 목적에서 밀쳐냄이 존재한다. 개념은 스스로를 자기 자신으로부터 밀쳐내는 것이다. *Log.* II 393/5.220/6.447.

그의 고유한 타자에 대한 본질의 이러한 관계, 본질의 이러한 자기에게–자신을–대립시킴은 본질에 관한 학설 전체를 통해 예를 들어 본질–가상, 사물 자체–외면적 실존, 본질적 세계–현상의 세계, 힘–그것의 발현, 실체–우유적인 것들<sup>Akzidenzien</sup>, 능동적 실체–수동적 실체, 원인과 결과로서 나타난다. 여기서 헤겔은 결국 다음과 같이 진술하게 된다. 실체는 "그것이 있기 때문에 있는 존재, 자기 자신과 스스로의 절대적 매개로서의 존재"다."[11]

*　　*
*

　'본질'에 관한 학설에서 헤겔은 상승해 가는 개념 연속, 즉 자기 안에서 가현하는 본질 — 현상하는 본질 — 현실적으로 존재하는 본질을 다룬다. 자기 안에서 가현하는 본질은 아직은 무다. 현상하는 본질은 실존하지만, 그럼에도 불구하고 여기서 본질은 자기의 현상으로부터 — 아직은 — 분리되어 있다. 현실적으로 존재하는 본질은 실존하는 본질인바, 그것에 있어 본질은 자기의 현상을 관통하여 그것과 통일을 형성한다.


## A. '자기 안에서 가현하는 본질'


### 가상

　우선 '본질'에 관한 학설은 '존재'에 관한 학설과는 구별되게 개념 자체가

---

11. *Log.* II 185/4.697/6.219.

아니라 정립된 개념을 다룬다는 것에 대해 이야기되어야 한다. 다시 말하면 이러한 정립에 대해 이야기되어야 하는 것이다.

이 구별과 이 정립에서 이해되어야 하는 것은 이미 헤겔의 다음과 같은 짧은 명제에서 드러난다. "가현<sup>Das Scheinen</sup>은 그에 의해 본질이 존재가 아니라 본질인 바의 규정이다."[12] 그러므로 '본질'에 관한 학설은 가현에 대해 다룬다.

그렇지만 헤겔은 가현이 아니라 주로 반성에 대해 이야기한다. "가상은 반성이라는 것과 동일한 것이다. 그러나 가상은 직접적인 것으로서의 반성이다. 자기 안으로 들어간, 그리하여 자기의 직접성으로부터 소원해진 가상에 대해 우리는 외국어 단어, *Reflexion*<sup>반성</sup>을 가지고 있다. / 본질은 반성이다. 즉 본질은 자기 자신 안에 머무르는 생성과 이행의 운동인바, 거기에서는 구별된 것이 단적으로 오직 그 자체에서 부정적인 것으로서만, 즉 가상으로서만 규정되어 있다."[13]

그렇기 때문에 헤겔의 '본질'에 관한 학설의 이해를 위해 무엇보다도 관건이 되는 것은 여기서 헤겔이 반성이라는 것에서 이해하고 있는 것을 명확히 하는 것이다.

"반성은 일상적으로 주관적 의미에서 주어진 직접적 표상을 넘어서서 이에 대한 보편적 규정들을 추구하거나 그것들과 비교하는 판단력의 운동으로서 받아들여진다."[14] "그러나 여기서는 의식의 반성도, 특수자와 보편자를 자기의 규정들로 지니는 지성의 좀 더 규정적인 반성도 아니라 반성 일반에 대해 말하고 있다."[15]

그러면 이 반성이란 무엇인가?

반성 = 반사<sup>Rückbeugung</sup>라는 말은 그 자체로서는 반사되는 것이 무엇인지에

· ·
12. *Enz.* § 131.
13. *Log.* II 13/4.492, 493/6.24.
14. *Log.* II 18/4.499/6.30.
15. *Log.* II 19/4.499/6.30, 31.

관해서는 아무것도 말하지 않는다. 우리는 반성이라는 말에서 일차적으로 분명 빛의 원천으로부터 나오는 불빛이 반사되는 것을 떠올린다. 비교 가능한 의미에서 헤겔의 반성 개념을 이해하기 위해서는 우선 빛의 원천으로부터 나오는 불빛의 반사를 반성의 예로서 생각할 수 있다. — 그렇지만 불빛의 예는 아주 불완전하다. 양초는 그것이 빛남으로써 자기의 질료를 소모한다. 그에 반해 헤겔의 반성에서는 질료 자신과 동등하게 정립될 수 있는 빛남[가현]이 문제가 된다. 헤겔의 반성에서 그 반사가 문제로 되는 가상은 '가상'이라는 말이 '현상*Erscheinung*'(식물의 '현상'은 그것의 이념, 그것의 본질과 구별된다)이라는 말 속에 포함되어 있게 되는 의미에서 파악될 수 있다. — 헤겔의 '본질'에 관한 학설에서의 반성 개념을 좀 더 이해하기 위해서는 반성의 일반적인 철학적 개념을, 요컨대 외부 세계의 대상들로부터 의식 활동성, 즉 사유하는 주관에게로 주의를 되돌리는 것을 생각해야 한다. 물리적 반성에서는 다른 것에 의한 어떤 것의 반사가 문제가 된다면, 우리가 여기서 우리 앞에 지니는 것은 어떤 것의 자기 안으로의 반사. 여기서는 더 나아가 다음과 같은 것을 생각해야 한다. 즉, 의식이 외적 대상들로 향하는 데서 주관은 그 대상들의 직접적이고 외적인 존재를 경험한다. 그에 반해 논리적 반성에서 주관은 그 반성에서 형성된 개념들에서 대상들의 본질을 파악한다. 그와 마찬가지로 객관적 반성은 본질의 자기 안으로의 반사.

그 자체에서 존재하는 것의 정립 — '본질'에 관한 학설의 대상 — 은 정태적인 정립이 아니라 반성으로서의 운동이다. 자기 내 반성은 오직 자기 자신에게로 되돌아가는 무에 의한 무의 운동일 뿐이다.[16] 근거는 — 그에 반해 — 자기의 비존재에 의해 자기 안으로 귀환하는 본질이다.[17] — "그러므로 반성은 운동, 즉 그것이 귀환인 까닭에, 그 점에서 비로소

• •
16. *Log.* II 13/4.493/6.24.
17. *Log.* II 64/4.553/6.81, 82.

시원을 이루거나 되돌아오는 바로 그것인 바의 운동이다."18 헤겔은 이러한 시원을 이루는 것 및 이러한 되돌아오는 것과 관련하여 '정립하는 반성'과 '외적 반성'이라는 개념을 형성한다. 반성은 그것이 귀환함으로서의 직접성인 한에서 정립함Setzen이다. 그래서 반성은 전제함[앞서 정립함]Voraussetzen이다.19 반성은 그것이 전제를 가지는 것으로서는 외적이며, 자기의 타자로서의 직접적인 것으로부터 시작하는 것으로서는 직접적인 것이다.20 이 운동은 본질 자신 안에서 수행된다. 우리는 이미 다음과 같은 것을 인용한 바 있다. "본질은 반성, 즉 자기 자신 안에 머무르는 생성과 이행의 운동이다."21 ― 반성은 본질의 자기 자신과의 매개Vermittlung다. 반성은 순수한 매개 일반이며, 근거는 본질의 자기와의 실재적인 매개다.22 ― 우리는 본질의 자기 자신 안에서의 이러한 운동 또는 본질의 자기 자신과의 이러한 매개를 '본질'에 관한 학설 전체에서, 즉 '현상'의 영역에서는 '본질적 관계'의 틀 안에서 그리고 '현실성'의 영역에서는 '절대적 관계'의 틀 안에서 만나게 된다. 우리는 '본질'에 관한 학설 서론에서의 다음과 같은 명제로 되돌아온다. "그러나 여기서 생성된 것과 같은 본질은 그것에게 소원한 부정성에 의해서가 아니라 그것의 고유한 부정성, 즉 존재의 무한한 운동에 의해 바로 그것인 바의 그것이다."23

반성을 좀 더 이해하기 위해서는 '본질'의 전개를 미리 조감해 보는 것이 도움이 될 수 있을 것이다.

'본질'의 전개 과정에서는 반성이 자기 자신을 지양하는 것에 의해 타자 존재 안으로 반성된 세계가 발생한다.24/25 "반성 규정은 그것이 몰락함

● ●
18. *Log.* II 15/4.495/6.26.
19. *Log.* II 15/4.495/6.26.
20. *Log.* II 14, 16/4.493, 494, 497/6. 25, 28.
21. *Log.* II 13/4.492, 493/6.24.
22. *Log.* II 64/4.553/6.81.
23. *Log.* II 4/4.482/6.14.

으로써 자기 자신 안에서의 그것의 절대적 반격이라고 하는 그것의 참다운 의미를 획득하는바, 요컨대 본질에 속하는 정립된 존재는 다만 지양된 정립된 존재로서만 있으며, 역으로 오직 자기를 지양하는 정립된 존재만이 본질의 정립된 존재인 것이다."26 "그러므로 근거로서의 본질은 스스로를 본질로서 정립하거니와, 그것이 스스로를 본질로서 정립한다는 것에 그것의 규정 작용이 존립한다. 이러한 정립은 본질의 반성으로 그것은 그 규정 작용 속에서 자기 자신을 지양하는바, 전자의 측면에 따라서는 정립이고 후자의 측면에 따라서는 본질의 정립인데, 그리하여 둘 다 하나의 행위 속에 존재한다."27 "그에 반해 근거는 실재적 매개인데, 왜냐하면 그것은 반성을 지양된 반성으로서 포함하기 때문이다. 근거는 자기의 비존재에 의해 자기 안으로 복귀하고 자기를 정립하는 본질인 것이다. 지양된 반성의 이 계기에 따르면 정립된 것은 직접성의 규정, 즉 관계나 자기의 가상 바깥에서 자기와 동일한 그러한 것의 규정을 얻는다."28

타자 존재 안으로 반성된 현상의 세계에는 우선은 '현상' 단계에서 자기 안으로 반성된 그 자체에서 존재하는 세계가 대립한다. 그러고 나서

• •
24. *Log.* II 101/4.597/6.125.
25. '타자 존재 안으로 반성된 세계'라는 표현은 이러한 세계가 바로 반성의 지양을 통해 발생했고, 그리하여 이제는 더 이상 반성에 대해 말할 수 없다고 생각될 수 있는 까닭에 놀라울 수 있을 것이다. 그러나 반성은 전체의 규정으로서 주어졌는데, 왜냐하면 우리가 곧바로 보게 되듯이 근거로서의 본질은 그것의 비존재를 통해 자기 안으로 귀환하기 때문이다. 타자 존재 안으로의 반성과 더불어 자기 내 반성도 계속해서 존립하기 때문에, 우리는 여기 '본질'에 관한 학설에서 반성된 형식으로 우리가 '존재'에 관한 학설의 현존재에서 다음과 같이 가졌던 것에 상응하는 관계를 지닌다. "이 결과는 사라져 있음이지만 무로서는 아니다. 만약 그렇다면 그 결과는 다만 이미 지양된 규정들 가운데 하나로의 퇴락일 뿐이지 무와 존재의 결과는 아닐 것이다. 그 결과는 고요한 단순성으로 된 존재와 무의 통일이다. 그러나 고요한 단순성은 존재이지만, 마찬가지로 더 이상 그 자체로가 아니라 전체의 규정으로서의 존재다." *Log.* I 93/4.119, 120/5.113.
26. *Log.* II 63/4.552/6.80.
27. *Log.* II 64/4.552, 553/6.81.
28. *Log.* II 64/4.553/6.81, 82.

그에 이어지는 '현실성' 단계에서는 타자 존재 안으로의 반성과 자기 내 반성의 완전한 통합과 삼투가 주어진다.

*　　*

*

'본질'의 개념성이 전개되는 첫 번째 단계에서 본질은 "순수한 반성"[29]이 다.

헤겔은 다음과 같이 말한다. "본질은 처음에는 자기 자신 안에서 가현하거나 반성이다. 둘째로 그것은 현상한다."[30] 그러므로 자기 자신 안에서 가현하는 본질이라고 하는 것에서는 아직은 현상하지 않는 본질이 이해되어야 한다(그리고 가령 그 자체에서 존재하는 개념과 구별되게 정립된 개념에게 특유한 자기에 대한 관계, 즉 헤겔이 "이리하여 본질은 자기 자신 안에서 가현함으로서의 존재다"(*Enz.* § 112.)라고 말하는 의미에서 가상이 본질의 고유한 정립이라고 하는 것이 이해되어서는 안 된다).

이러한 자기 안에서 가현하는 본질, 즉 그것의 개념적 전개의 첫 번째 단계에서의 '본질'은 아직은 무다.[31] "이런 사정은 반성에 대한 서술 일반을 어렵게 한다. 왜냐하면 우리는 본래 본질이 자기 자신 안으로 되돌아간다, 본질은 자기 안에서 가현한다고 말할 수 없기 때문인데, 그 까닭은 본질이 그의 운동에 앞서거나 그의 운동 속에 있지 않고, 이 운동은 그것이 거기서

• •

29. *Enz.* § 115.
30. *Log.* II 6/4.484/6.16.
31. '본질'의 개념적 전개의 시작에 놓여 있는, 바로 무인 바의 이러한 자기 안에서 가현하는 본질 이외에 또한 실재적인 바의 자기 안에서 가현하는 본질의 개념도 존재한다. 헤겔은 다른 곳에서 절대자를 자기 자신을 비추는 빛으로서 파악하는 동양의 유출설을, 더 나아가서는 자기 내 반성의 특수한 예로서 라이프니츠의 모나드를 지시한다. *Log.* II 167, 168/4.675, 676/6.198, 199.

진행되는 어떠한 기초도 지니지 않기 때문이다. 하나의 관련된 것이 근거에서 비로소 지양된 반성의 계기에 따라 출현한다.'[32] 현상하는 본질이 비로소 실재적 가상이다.[33] 순수한 매개와 실재적 매개를 대립시키는 가운데 헤겔은 다음과 같이 말한다. "반성은 순수한 매개 일반이며, 근거는 본질의 자기와의 실재적 매개다. 전자, 즉 자기 자신에게로 되돌아오는 무에 의한 무의 운동은 타자 속에서의 이 가현이다. 그러나 이러한 반성 속에서는 대립이 아직 자립성을 지니지 못하기 때문에, 저 첫 번째 것, 가현하는 것이 긍정적인 [적극적인] 것도 아니고 그것이 그 속에서 가현하는 타자가 부정적인[소극적인] 것도 아니다. 양자는 본래적으로 다만 상상력의 기체들이다. 그것들은 아직 자기 자신에게 관계하는 것들이 아니다. 순수한 매개는 다만 관계된 것들 없는 순수한 관계일 뿐이다. 규정하는 반성은 물론 자기와 동일하지만 동시에 다만 규정된 관계들일 뿐인 그러한 것을 정립한다. 그에 반해 근거는 실재적 매개인데, 왜냐하면 그것은 반성을 지양된 반성으로서 포함하기 때문이다. 근거는 자기의 비존재에 의해 자기 안으로 복귀하고 자기를 정립하는 본질인 것이다.'[34] 본질은 스스로를 비로소 근거로서 실재적으로 규정한다.[35]

　'본질'에 관한 학설의 시원에 서 있는 이러한 자기 안에서 가현하는 본질은, 우리가 바로 앞의 헤겔의 상론에 기대어 말할 수 있듯이, "본래적으로 다만 상상력의 기체"이며, 실재적이지 않다. 그 자체에서 존재하는 개념의 학설에서의 '순수 존재'에는 정립된 개념의 학설에서의 '순수 반성'이 상응한다. 양자, 즉 순수한 존재와 순수한 반성은 무인바, 무보다 더 많지도 더 적지도 않다.[36]

- -
32. *Log.* II 67/4.557/6.85.
33. *Log.* II 123/4.623/6.149.
34. *Log.* II 64/4.552, 553/6.81, 82.
35. *Log.* II 101/4.597/6.124.
36. 여기서는 대자적으로 존재하는 개념에 관한 학설도 실재적이지 않은 단계, 즉 형식적

## 본질성들 또는 반성 규정들

본질은 규정된 본질이다[37] 우리는 헤겔이 '존재'에 관한 학설에서 규정성을 다룬다는 것을 보았었다. 여기 '본질'에 관한 학설에서 우리는 자기 자신에서의 관계들인 규정성들, 즉 반성 규정들과 관계한다[38] 본질의 규정들, 즉 반성 규정들 또는 본질성들이 존재의 규정성과 구별되는 것은 후자가 타자 일반에 대한 직접적 관계인 데 반해, 그것들은 자기에게 관계하며 따라서 동시에 타자에 대한 규정성으로부터 떼어내진 규정들이라는 점에 의해서다[39]

(그렇지만 헤겔이 '반성 규정들'이라는 것에서 이해하고 있는 것에 대한 그의 상세한 논의는 존재의 규정성에 대한 반성 규정들의 이러한 구별보다는 오히려 반성 규정들에 대한 그의 이성 개념들과 반성 규정들에 대한 보통의 지성 개념들과의 구별성에 관계된다.)

반성 규정들 — 그러므로 그것들에서는 그때그때마다의 이성 개념들이 이해되어야 한다 — 은 동일성, 상이성, 대립 그리고 모순이다. 그러나 헤겔은 상이성과 대립 대신에 주로 구별에 대해 이야기한다. 외적이거나 무관심한 구별은 상이성 일반이다. 대립된 상이성 또는 대립으로서 구별은 완성된다[40] 이에 따르면 최초의 두 가지 반성 규정들은 동일성과 구별이다. 동일성은 본질의 규정이지만, 그에 따르면 본질은 오히려 몰규정성이다. 본질

- -
개념을 가지고서 시작되고, 그것을 실재적 개념의 단계가 비로소 뒤따른다는 점이 상기될 수 있을 것이다. *Log.* II 236/5.33/6.265.

37. *Log.* II 23/4.504/6.35.
38. *Log.* II 24/4.506/6.37.
39. *Log.* II 24/4.506/6.37.
40. *Log.* II 40/4.525/6.55.

의 본래적인 규정은 구별이다.[41]

헤겔은 반성 규정들의 연속을 총괄하는 가운데 다음과 같이 말한다. 즉, 동일성과 상이성 그리고 대립은 그것들의 진리인 반성 규정, 모순으로 이행한다.[42]

모순에 이르는 반성 규정들의 이러한 도정은 동일성과 구별의 관계의 발전이다. 동일성과 구별은 '구별 일반', '자체적으로도 대자적으로도 존재하는 구별 전체'의 계기들인데, 왜냐하면 단순한 것으로서의 구별은 구별이 아니기 때문이다. 그것은 동일성에 대한 관계에서야 비로소 구별이다.[43] 상이성에서 이 구별들은 무관심하게 뿔뿔이 흩어진다. 대립에서 그것들은 자립적인 반성 규정들이다.[44] "그러나 긍정적인[적극적인] 것과 부정적인[소극적인] 것은 정립된 모순인데,[45] 왜냐하면 그것들은 부정적 통일들로서 그 자신이 자기들의 정립이며, 그 점에서 그것들 각각은 자기의 지양이자 자기의 반대의 정립이기 때문이다."[46] 헤겔은 지금까지 고찰된 반성 규정들, 즉 긍정적인 것과 부정적인 것의 본성, 즉 그것들의 진리가 오직 그것들의 서로에 대한 관계 속에서만, 따라서 각각이 그것들의 개념 자신 안에 다른 규정을 포함한다는 데에 존립한다는 것을 통찰하고 견지하는 것이야

●　●
41. *Log.* II 23/4.505/6.36.
42. *Log.* II 58/4.545/6.74.
43. *Log.* II 33/4.516/6.46; *Enz.* § 120.
44. *Log.* II 48, 49/4.535, 536/6.64, 65.
45. 여기서 '존재'에 관한 학설에 대한 관련이 취해져 긍정적인 것은 정립되고 반성된 존재이며, 부정적인 것은 정립되고 반성된 무라고 하는 것이 상기될 수 있다.(*Log.* I 69, 70/4.91/5.86.) 그러므로 우리는 그 자체에서 존재하는 모순과 정립된 모순의 비교에서, 모든 것에서는 하나의 개념이 실체적인 것인 까닭에, '본질'의 발전에서는 '존재'의 발전에서와 동일한 규정들이 출현하지만 반성된 형식에서 그리한다는 것에 대한 예를 우리 앞에 지닌다.(*Enz.* § 114) 헤겔의 파악에 있어 특징적인 것은 그가 예를 들어 모순에 대해 "그것이 존재의 영역에서 나타나는 바와 같이" 이야기한다는 점이다.(*Log.* II 59/4.546/6.75.)
46. 앞의 각주 44)를 참조.

말로 가장 중요한 인식들 가운데 하나라고 표현한다. 이러한 인식이 없이는 본래적으로 철학에서는 단 한 걸음도 내딛어질 수 없다는 것이다.47

정립된 모순은 하나의 명제로 파악될 수 있다. "모든 사물은 자기 자신에서 모순적이다." 이 명제는 사물들의 진리와 본질을 표현한다.48

"그러나 마치 모순이 동일성만큼이나 본질적이고 내재적인 규정은 아니라는 것처럼 여기는 것은 지금까지의 논리학과 일상적 표상의 근본적 선입견들 가운데 하나다. 아니, 만약 등급에 대해 말하고 두 규정이 분리된 것들로 견지될 수 있다면, 모순이 좀 더 심오하고 본질적인 것으로 여겨져야 할 것이다. 왜냐하면 동일성은 모순에 맞서서는 단지 단순한 직접적인 것의, 즉 죽은 존재의 규정일 뿐이기 때문이다. 그러나 모순은 온갖 운동과 생동성의 뿌리다. 오직 어떤 것이 자기 자신 안에 모순을 지니는 한에서만, 그것은 스스로 운동하며 충동과 활동성을 지니는 것이다."49

"그러나 보통의 경험은 최소한 일단의 모순되는 사물들, 모순되는 제도들 등이 존재하며, 그것들의 모순은 단지 외적인 반성에서가 아니라 그것들 자신 안에 현존한다는 사실 자신을 언표한다. 그러나 더 나아가 모순은 단순히 그저 여기저기서 출현하는 비정상으로서 받아들여져서는 안 된다. 오히려 그것은 그 본질적 규정에서의 부정적인 것, 즉 그것의 표현 이외에 그 어디에도 존립하지 않는 모든 자기 운동의 원리다. 외면적인 감성적 운동 자신은 모순의 직접적 현존재다. 어떤 것이 운동하는 것은 다만 그것이 바로 이 지금에는 여기에 있고 다른 지금에는 저기에 있음으로써가 아니라 그것이 하나의 동일한 지금에 여기에 있고 여기에 있지 않으며, 그것이 바로 이 여기에서 동시에 있으면서 있지 않기도 함으로써 뿐이다. 우리는 고대의 변증론자들에 대해 그들이 운동에서 드러내 보이는 모순들

..
47. *Log.* II 56/4.544/6.73.
48. *Log.* II 58/4.545/6.74.
49. *Log.* II 58/4.546/6.75.

을 시인해야만 하지만, 그로부터는 바로 그런 까닭에 운동이 있지 않다는 것이 아니라 운동은 현존재하는 모순 자신이라는 것이 따라 나온다.

그와 마찬가지로 내적 자기 운동, 본래적인 자기 운동, 충동 일반(즉 모나드의 욕구나 의욕, 절대적으로 단순한 본질의 현실태$^{Entelechie}$)이란 다름 아닌 어떤 것이 하나의 동일한 견지에서 자기 자신 안에 있으면서 결함, 즉 그 자신의 부정적인 것이라는 것이다. 자기와의 추상적 동일성은 아직은 생동성이 아니다. 오히려 긍정적인 것 자체 자신이 부정성인바, 그에 의해 긍정적인 것은 자기를 벗어나 스스로를 변화 속에 정립한다. 그러므로 어떤 것은 오직 그것이 모순을 자기 안에 포함하고, 그것도 모순을 자기 안에 거머쥐고 견디어낼 수 있는 힘인 한에서만 살아 있다. 그러나 만약 어떤 실존하는 것이 그것의 긍정적인 규정에서 동시에 그것의 부정적인 규정을 포월包越하여 하나를 다른 것 속에 견지할 수 없다면, 즉 모순을 그 자신 안에 지닐 수 없다면, 그것은 살아 있는 통일 그 자신, 근거인 것이 아니라 모순 속에서 몰락한다.”[50]

“일반적으로 모순의 본성에 대한 고찰로부터 떠오른 것은, 만약 어떤 사태에서 모순이 제시될 수 있다 할지라도, 그것은 그 자체로 그 사태의 이른바 손해나 결함 또는 오류가 아니라는 점이다. 오히려 각각의 모든 규정, 각각의 모든 구체적인 것, 각각의 모든 개념은 본질적으로 구별되고 구별될 수 있는 계기들의 통일인바, 이들 계기는 규정된 본질적 구별에 의해 모순되는 것으로 이행한다. 이 모순되는 것은 물론 무로 해소되어 그것의 부정적인 통일로 되돌아간다. 그런데 사물, 주관, 개념은 바로 이러한 부정적 통일 자신이다. 그것은 자기 자신에서 모순되는 것이지만, 똑같은 정도로 해소된 모순이다. 그것은 자기의 규정들을 포함하고 담지하는 근거다. 사물, 주관 또는 개념은 그 각각의 영역 속에서 자기 안으로 반성된 것으로서 그 각각의 해소된 모순이다. 그러나 그 각각의 영역

50. *Log.* II 59/4.546, 547/6.75, 76.

전체는 또다시 하나의 규정된 상이한 영역이다. 그래서 각각의 영역은 유한한 영역이거니와, 이것은 모순적인 영역을 뜻한다. 그 영역 자신은 이러한 좀 더 고차적인 모순의 해소가 아니라 하나의 좀 더 고차적인 영역을 자기의 부정적 통일로, 자기의 근거로 지닌다. 따라서 그 무관심한 다양성 속에 있는 유한한 사물들은 일반적으로 다음과 같은 것, 즉 자기 자신에서 모순적인바, 자기 안에서 와해되어 자기의 근거로 되돌아가는 것이다."[51]

　　모순은 스스로를 해소한다. — "긍정적인 것과 부정적인 것은 자립성의 정립된 존재를 이룬다. 그것들 자신에 의한 그것들의 부정은 자립성의 정립된 존재를 지양한다. 이것은 참으로는 모순 속에서 몰락하는 바로 그것이다."[52] 대립은 여기서 몰락할 뿐만 아니라 자기의 근거로 되돌아간다.[53] 우선은 자립적인 규정들, 긍정적인 것과 부정적인 것은 단지 규정들일 뿐인 그러한 것들로 격하된다. 그리고 그렇듯 정립된 존재가 정립된 존재로 만들어진다는 점에서, 그것은 일반적으로 그것의 자기와의 통일 속으로 귀환되어 있다. 그것은 단순한 본질이지만, 근거로서의 본질이다.[54] "그러므로 해소된 모순은 근거, 즉 긍정적인 것과 부정적인 것의 통일로서의 본질이다."[55/56]

• •

51. *Log.* II 61, 62/4.550/6.78, 79.

52. *Log.* II 51/4.537, 538/6.67.

53. *Log.* II 52/4.539/6.68.

54. 앞의 각주 52)를 참조.

55. *Log.* II 53/4.540/6.69.

56. 정립된 모순에 대해 헤겔은 『논리의 학』의 여기에서는 매우 커다란 의미를 두는 데 반해, 『엔치클로페디』 제3판에서는 그것에 대해 그저 지나치는 김에 언급할 뿐이다. 실제로 정립된 모순도 그 자체에서 존재하는 모순과 마찬가지로 다만 존재자의 순수한 개념, 객관적 논리학의 대상일 뿐이다. 논리학이 또한 모든 사물이 자기 자신에게 모순된다고 말할 때, 이 모순은 돌에서는 그것이 몰락하는 데로도, 그것이 근거로 되는 데로도 나아가지 않는다.

# 근거

"본질은 자기 자신을 근거로서 규정한다."[57] 본질은 그 자신이 오직 그것의 현존재의 근거로서만 존재한다.[58]

근거는 그 자신이 본질의 반성 규정들 가운데 하나이지만, 최종적인 규정이고, 오히려 다만 지양된 규정이라고 하는 바의 규정일 뿐이다. 우리는 다음의 것을 이미 인용한 바 있다. "반성 규정은 그것이 몰락함으로써 자기 자신 안에서의 그것의 절대적 반격이라고 하는 그것의 참다운 의미를 획득하는바, 요컨대 본질에 속하는 정립된 존재는 다만 지양된 정립된 존재로서만 있으며, 역으로 오직 자기를 지양하는 정립된 존재만이 본질의 정립된 존재인 것이다."[59] "그러므로 근거로서의 본질은 스스로를 본질로서 정립하거니와, 그것이 스스로를 본질로서 정립한다는 것에 그것의 규정 작용이 존립한다."[60]

우리가 자기 안에서 가현하는 본질에서 관계해야 했던 반성은 순수한 매개 일반이었던 데 반해, 우리가 이제 고찰하는 근거는 본질의 자기와의 실재적 매개다.[61] 근거는 실재적 매개인데, 왜냐하면 그것은 반성을 지양된 반성으로서 포함하기 때문이다. 그것은 그것의 비존재에 의해 자기 안으로 귀환하고 자기를 정립하는 본질이다. (반성이 무에 의한 자기 안으로의 귀환이었다면, 여기서는 비존재에 의한 귀환이 문제가 된다.) 지양된 반성의 이러한 계기에 따르면 정립된 것은 직접성의 규정, 즉 관계나 자기의

· ·
57. *Log.* II 63/4.551/6.80.
58. *Prop.* III 2. § 42.
59. *Log.* II 63/4.552/6.80.
60. *Log.* II 64/4.552/6.81.
61. *Log.* II 64/4.553/6.81.

가상 바깥에서 자기와 동일한 그러한 것의 규정을 얻는다.62

헤겔은 그에 맞서 과학들, 주로 물리학에 의한 근거들의 전적으로 다른 종류의 제시를 지적하는데, 그것에서는 단순한 동어 반복이 문제가 된다. 예를 들어 행성들이 태양 주위를 운동하는 것에 대한 근거로서 지구와 태양의 서로에 대한 인력이 제시된다면, 그것에서는 내용에 따라서는 그 현상, 요컨대 이 물체들의 운동에서의 그것들의 서로에 대한 관계가 포함하는 것 이외에 다른 것이 언표되고 있지 않은데, 다만 자기 안으로 반성된 규정, 즉 힘의 형식에서 언표되고 있을 뿐인 것이다. "과학들이 그에 대한 특권을 지니는 이러한 원인론들$^{Ätiologien}$은 일상적 삶에서는 바로 그것들이 그것인 바의 것으로, 즉 동어 반복적이고 공허한 잡담으로 여겨진다. 만약 왜 이 사람이 도시로 여행하는가라는 물음에 대해 도시에는 그를 거기로 추동하는 인력이 있기 때문이라는 근거가 제시된다면, 학문들에서 인가되어 있는 이러한 대답 양식은 어리석은 것으로 여겨진다."63 뉴턴의 인력은 현상 자신 이외에 다른 내용을 지니지 않는다. 그러나 근거는 설명되어야 할 것과는 다른 내용을 가져야만 한다. 이러한 형식주의에 의해 어떤 것이 설명되지 않는 것은 사람들이 식물은 식물이라거나 식물은 그 근거를 식물들을 산출하는 힘 속에서 지닌다고 말할 때 식물의 본성이 인식되지 않는 것과 마찬가지다. ― "근거는 한편으로는 그것이 근거지우는 현존재의 자기 안으로 반성된 내용 규정으로서의 근거이며, 다른 한편으로 그것은 정립된 것이다. 근거는 바로 그것으로부터 현존재가 파악되어야 하는 그것이다. 그러나 역으로 현존재로부터 근거로 추론이 이루어져 근거가 현존재로부터 파악된다. 요컨대 이러한 반성의 주요 과업은 현존재로부터 근거들을 발견하는 것, 다시 말하면 직접적인 현존재를 반성된 존재의 형식으로 옮겨 놓는 것에 존립하는 것이다. 그리하여 근거는

• •
62. *Log.* II 64/4.553/6.82.
63. *Log.* II 79/4.570, 571/6.99.

자체적이고도 대자적이며 자립적인 대신에 오히려 정립된 것이자 도출된 것이다. 그런데 이러한 방도에 의해서는 근거가 현상에 따라서 정리되어 있고 그것의 규정들은 이 현상에 기반하기 때문에, 이 현상은 물론 전적으로 순조롭고 순풍에 따라 그것의 근거로부터 흘러나온다. 그러나 인식은 이에 의해서는 좀처럼 진척되지 않는다. 인식은 이러한 방도 자신이 전도시키고 지양하는 형식의 구별 속에서 이리저리 떠돌아다니는 것이다."[64] 헤겔은 과학이 그것의 설명들 자신에서 완전한 만족을 발견한다는 것을 지적한다. "근거들로부터의 이러한 설명방식의 형식적 과업에서 우리는 동시에 또한 잘 알려져 있는 힘들과 물질들로부터의 온갖 설명에도 불구하고 우리가 이 힘들과 물질들 자신의 내적 본질을 알지 못한다는 이야기를 다시 듣는다. 여기서는 다만 이러한 근거지우기가 자기 자신에 전적으로 불충분하며, 그것 자신이 그러한 근거들과는 전혀 다른 것이라고 하는 고백을 볼 수 있을 뿐이다. 그 경우에는 다만 도대체 이러한 설명을 위한 이러한 노력이 무엇을 위해 이루어지는 것인지, 왜 다른 것이 추구되거나 저 설명이 최소한 제거되어 단순한 사실들에 머무르게 되지 않는 것인지 알 수 없을 뿐이다."[65]

우리가 자세하게 고찰할 필요가 없을 아주 긴 논의에서 헤겔은 형식과 본질, 형식과 질료, 형식과 내용의 관계들을 가지는 '절대적' 근거를, 그 다음으로는 형식적 근거와 실재적 근거 그리고 완전한 근거로서의 '규정된' 근거를 상세하게 다룬다. 그리고 나서 헤겔은 조건에, 그리고 조건과 근거가 형성하는 전체에 도달한다. "한편으로는 그 조건들에 의해 그리고 다른 한편으로는 그 근거에 의해 정립된 사태의 운동은 다만 매개의 가상의 소멸일 뿐이다. 이리하여 사태의 정립됨은 튀어 나옴, 즉 실존에로의 단순한 자기―드러냄, 사태의 자기 자신으로의 순수한 운동이다. / 하나의 사태의

··
64. *Log.* II 80/4.572/6.100.
65. *Log.* II 82/4.574/6.102.

모든 조건이 현존할 때, 사태는 실존에로 들어선다.”66 “사태는 근거로부터 생겨난다. 사태는 근거가 여전히 밑에 머무르는 식으로 근거에 의해 근거지어지거나 정립되는 것이 아니다. 오히려 정립은 근거가 자기 자신을 향해 표출되는 운동이자 근거의 단순한 소멸이다. 근거는 조건들과의 합일에 의해 외면적인 직접성과 존재의 계기를 얻는다.”67 “근거와 조건에 의해 매개되고 매개의 지양에 의해 자기와 동일적인 이러한 직접성은 실존이다.”68

# B. ‘현상하는 본질’

‘본질’에 관한 학설의 제2편, ‘현상’에서 헤겔은 “직접성으로 전진한 본질성”69을 다룬다.

자기 안에서 가현하는 본질이 아직 무였다면, 현상하는 본질은 “실재적 가상”70이다. 이 제2편에서는 실존하는 깃, 즉 사물, 힘, 물질이 다루어진다. 그리고 감각적 세계71와 우주72에 대해 말해진다.

고찰의 주요 대상은 본질적인 것과 현상하는 것의 관계다. 본질적인 것과 현상하는 것은 요컨대 여기서 단지 불완전하게만 합일되어 있다.73

● ●
66. *Log.* II 99/4.594/6.121, 122.
67. *Log.* II 100/4.595, 596/6.122, 123.
68. *Log.* II 100/4.596/6.123.
69. *Log.* II 101/4.598/6.124.
70. *Log.* II 123/4.623/6.149.
71. *Log.* II 132/4.633/6.158.
72. *Log.* II 128, 136/4.628, 638/6.154, 163.

(본질적인 것과 현상하는 것의 "완전한 삼투"는 제3편에서 다루어지는 '현실성'에서야 비로소 주어진다.[74])

*　　*
*

근거에 관한 학설은 사태가 근거로부터 생겨나거나 실존에로 들어서는 것과 더불어 종결되었다. '본질'에 관한 학설이 다루는 존재는 "본질적 존재, 실존이다. 이것은 부정성과 내면성으로부터 밖으로 나와 있음이다."[75]

"직접성으로 전진한 본질성은 우선은 실존과 실존하는 것 또는 사물이다."[76]

실존$^{Existenz}$은 그 표현의 말 그대로의 의미에서 '밖으로 나와 있음'으로서 이해되어야 한다. "존재의 진리는 최초의 직접적인 것이 아니라 직접성 속으로 나타난 본질이어야 한다."[77] 모든 현존재하는 것은 나타난 것이다. "존재하는 모든 것은 실존한다."[78]

그러므로 실존은 본질의 술어로서나 규정으로서, 즉 '본질은 실존하거나 실존을 지닌다'에 관한 명제가 말하는 것으로서 받아들여져서는 안 된다. ― 오히려 본질은 실존에로 이행해 있다. 실존은 본질의 절대적 외화인바, 본질은 그 외화 저편에 남아 있지 않다.[79]

'존재'에 관한 학설에서 우리는 어떤 것과 관계했었다. '본질'에 관한

· ·
73. *Log.* II 102/4.598/6.125.
74. *Log.* II 102/4.598/6.125.
75. *Log.* II 101/4.597/6.124.
76. *Log.* II 101/4.598/6.124.
77. *Log.* II 102/4.598/6.125.
78. 같은 곳.
79. *Log.* II 105/4.602/6.128.

학설에서는 앞에서 언급했듯이 '존재'에 관한 학설에서와 동일한 규정들이, 그렇지만 반성된 형식으로 출현한다. "그러나 실존하는 어떤 것은 존재하는 어떤 것과는 구별되어 있다. 전자는 본질적으로 매개의 자기 자신 안으로의 반성에 의해 성립한 그러한 직접성이다. 그래서 실존하는 어떤 것은 사물이다."[80]

"사물은, 어떤 것이 그것의 존재와 구별될 수 있듯이, 그것의 실존과 구별된다. 사물과 실존하는 것은 직접적으로 하나의 동일한 것이다. 그러나 실존이 존재의 최초의 직접성이 아니라 그 자신에서의 매개의 계기를 지니기 때문에, 사물에 대한 실존의 규정과 양자의 구별은 이행이 아니라 본래적으로 하나의 분석이거니와, 실존 그 자체는 그것의 매개의 계기 속에 이러한 구별 자신을, — 즉 사물 자체와의 그리고 외면적 실존과의 구별을 포함한다."[81]

"사물 자체는 지양된 매개에 의해 현존하는 본질적인 직접적인 것으로서의 실존하는 것이다."[82] 사물 자체는 실존하고 본질적인 실존이지만, 매개된 존재는 사물의 비본질적인 실존이다. 사물 자체는 그것에 외면적인 반성에 대한 관계 속에 서 있는데, 그 관계 속에서 그것은 다양한 규정들을 지닌다. 이러한 것이 자기 자신으로부터 다른 사물 자체로의 그것의 밀쳐냄이다. 그렇지만 관계의 양극을 이루는 두 개의 사물 자체는 하나로 합류한다. "외면적 반성 속에서 스스로 자기 자신에 관계하는 것은 단 하나의 사물 자체이거니와, 그것의 규정성을 이루는 것은 그것의 타자에 대한 것으로서의 자기에 대한 고유한 관계다."[83]

사물 자체의 규정성은 사물의 특성이다. — '존재'에 관한 학설은 반성되

80. *Log.* II 105, 106/4.602/6.129.
81. *Log.* II 106/4.603/6.129.
82. *Log.* II 106/4.603/6.129.
83. *Log.* II 108, 109/4.606, 607/6.133.

지 않은 규정성으로서의 질을 다룬다. '본질'에 관한 학설이 다루는 특성 Eigenschaft은 반성된 질이다. '존재'에 관한 학설에서 질이 타자 일반에 대한 관계이었던 데 반해, '본질'에 관한 학설에서 질은 본질적으로 그 자신이 매개와 관계. 그것은 타자에 대한 것으로서의 자기에 대한 관계, 직접적으로 그러한 만큼이나 자기와의 동일성인 매개다.[84]

사물은 특성들을 지닌다. 특성들은 첫째로 타자에 대한 사물의 규정된 관계들이다. 그러나 둘째로 사물은 이러한 정립된 존재 속에서도 그 자체에서 존재한다. 사물은 타자에 대한 관계 속에서 자기를 보존한다. 그러므로 물론 실존이 스스로를 존재의 생성과 변화에 내맡기는 것은 다만 표면일 뿐이다. 특성은 그 속에서 상실되지 않는다. "사물은 그것의 특성들에 의해 원인이 되거니와, 원인은 다음과 같은 것, 즉 스스로를 결과로서 유지하는 것이다. 그렇지만 여기서 사물은 처음에는 다만 많은 특성들을 지닌 정지된 사물일 뿐, 아직은 현실적인 원인으로서 규정되어 있지 않다. 그것은 처음에는 다만 그 자체에서 존재하는 반성일 뿐, 아직은 그 자신이 자기의 규정을 정립하는 반성이 아니다."[85/86]

"그러므로 사물 자체는 지금까지 밝혀졌듯이 본질적으로 단지 그것의 특성들이 외면적인 반성의 정립된 존재인 바의 사물 자체인 것이 아니다. 오히려 이들 특성은 사물 자체가 그것들에 의해 일정한 방식으로 스스로 태도를 취하는 바의 그것의 고유한 규정들이다. 사물 자체는 사물의 외면적 실존 저편에 자리 잡은 몰규정적인 기초가 아니라 그것의 특성들 속에서 근거로서 현존하는바, 다시 말하면 그것의 정립된 존재 속에서 자기와의 동일성이다. ― 그러나 동시에 그것은 조건지어진 근거로서 현존하는바, 다시 말하면 그것의 정립된 존재는 그와 마찬가지로 자기에게 외면적인

---

84. *Log.* II 109/4.607/6.133.
85. *Log.* II 110/4.607, 608/6.133, 134.
86. 가령 인간 정신과 구별되는 자연의 사물을 생각해 볼 수 있을 것이다.

반성이다. 사물 자체는 오직 그런 한에서만 자기 안으로 반성되어 있으며, 그것이 외면적인 한에서 자체적이다."[87]

헤겔은 특성들로부터 '물질'로 이행한다. 특성들은 참으로는 물질들인데, 왜냐하면 그것들은 본질적인 것이고 따라서 사물들의 참으로 자립적인 것이기 때문이다. "사물은 자립적인 물질들로부터 존립하는데, 이 물질들은 사물 속에서의 자기들의 관계에 대해 무관심하다. 따라서 이 관계는 다만 그것들의 비본질적인 결합일 뿐이거니와, 하나의 사물의 다른 사물들과의 구별은 과연 특수한 물질의 다수가 그 사물 속에 자리 잡고 있는가 하는 것에 그리고 어떠한 양으로 그리하는지에 의거한다."[88]

*    *<br>*

사물의 근거가 본질적으로 반성이기 때문에, 그것의 직접성은 지양된다. 사물은 스스로를 정립된 존재로 만든다. 그래서 그것은 현상이다. 현상은 사물 자체인 것 또는 사물의 진리다.[89] 현상은 우선은 자기의 실존 속의 본질이다. 본질은 직접적으로 그 실존에서 현존한다. 실존이 직접적인 실존으로서 있는 것이 아니라 반성된 실존이라는 것, 이것은 실존에서의 본질의 계기를 이룬다. 또는 본질적 실존으로서의 실존이 현상이다.[90]

"본질은 우선은 그 자신 안에서, 즉 그것의 단순한 동일성 속에서 가현한다. 그래서 본질은 추상적 반성, 즉 무로부터 무에 의해 자기 자신에게로 되돌아가는 순수한 운동이다. 본질은 현상하며, 그래서 그것은, 가상의

• •
87. *Log.* II 110/4.608/6.134.
88. *Log.* II 116/4.615/6.141.
89. *Log.* II 101, 102/4.598/6.124, 125.
90. *Log.* II 122/4.622/6.148.

계기들91이 실존을 지닌다는 점에서, 이제부터 실재적 가상이다."92 현상은 가상과 실존의 통일이다.93

현상은 첫째로 동시에 상이한 내용 규정들을 포함하는 자기와 단순한 동일성인바, 이 동일성은 그와 마찬가지로 그 내용 규정들의 관계로서 그 자신이 현상의 변천 속에서 자기에게 동등하게 머무르는 것 — 현상의 법칙 — 이다.94 따라서 법칙은 현상의 저편에서가 아니라 현상 속에서 직접적으로 현재적이다. 법칙의 나라는 실존하거나 현상하는 세계의 정지해 있는 모상이다. 그러나 오히려 양자는 하나의 총체성이거니와, 실존하는 세계는 그 자신이 법칙의 나라인데, 단순한 동일적인 것으로서의 그 나라는 동시에 정립된 존재 속에서나 자기 자신을 해소하는 실존의 자립성 속에서 자기와 동일적이다. 실존은 그것의 근거로서의 법칙으로 복귀한다. 현상은 이 양자, 즉 단순한 근거와 이 근거가 그것의 본질성인 현상하는 우주의 해소하는 운동을 포함한다.95

법칙은 본질적인 현상이다. 현상은 법칙의 내용에 맞서 아직 다른 내용, 즉 비본질적인 내용을 지닌다. "법칙의 나라는 현상의 정지해 있는 내용이다. 현상은 동일한 내용이지만, 불안정한 변천 속에서 그리고 타자 안으로의 반성으로서 자기를 내보이고 있다. 현상은 부정적이고 단적으로 스스로 변화하는 실존으로서의, 즉 대립된 것으로의 이행의, 자기-지양과 통일로의 복귀의 운동으로서의 법칙이다. 불안정한 형식이나 부정성의 이 측면은 법칙을 포함하지 않는다. 따라서 현상은 법칙에 맞서는 총체성인데, 왜냐하면 현상은 법칙을 포함하지만, 또한 더 많은 것을, 요컨대 자기 자신을

----

91. 가상의 두 계기는 존립으로서의 허무함과 계기로서의 존재, 또는 그 자체에서 존재하는 부정성과 반성된 직접성이다. *Log.* II 11/4.490/6.21, 22.
92. *Log.* II 123/4.623/6.148, 149.
93. 같은 곳.
94. *Log.* II 123/4.623/6.149.
95. *Log.* II 127, 128/4.628/6.153, 154.

운동시키는 형식의 계기도 포함하기 때문이다."96 "따라서 법칙은 분명 본질적 형식이지만, 아직도 내용으로서의 그것의 측면들로 반성된 실재적 형식은 아니다."97

"실존하는 세계는 스스로를 고요하게 법칙들의 나라로 고양시킨다. 실존하는 세계의 다양한 현존재의 허무한 내용은 타자 속에서 자기의 존립을 지닌다. 따라서 그것의 존립은 그것의 해소다. 그러나 이 타자 속에서도 현상하는 것은 자기 자신과 함께 간다. 그래서 현상은 그것의 변전 속에서 또한 머묾이거니와, 현상의 정립된 존재$^{Gesetztsein}$는 법칙$^{Gesetz}$이다."98

이전에 법칙이었던 것은 더 이상 단지 전체의 하나의 측면으로 그 전체의 다른 측면이 현상 그 자체인 그러한 것이 아니라 그 자신이 전체다. 그것은 현상의 본질적인 총체성이며, 그리하여 그것은 이제 또한 비본질성의 계기도 포함하지만, 그러나 반성된, 즉 그 자체에서 존재하는 비본질성으로서, 다시 말하면 본질적인 부정성으로서 포함한다. "법칙들의 나라는 오직 실존하는 세계의 단순하고 불변적이지만 상이한 내용을 포함할 뿐이다. 그러나 그 나라가 이 실존하는 세계에 대한 총체적 반성이라는 점에서, 그 나라는 그 세계의 본질이 결여된 다양성의 계기도 포함한다."99 "이러한 자체적으로도 대자적으로도 존재하는 세계는 또한, 실존하는 세계가 감성적 세계로서, 요컨대 직관, 즉 의식의 직접적 태도에 대해 존재하는 그러한 세계로서 규정되는 한에서, 초감성적 세계라고도 불린다. ― 초감성적 세계도 마찬가지로 직접성, 실존을 지니지만, 반성되고 본질적인 실존을 지닌다."100

• •
96. *Log.* II 128/4.629/6.154, 155.
97. *Log.* II 129/4.630/6.156.
98. *Log.* II 129, 130/4.631/6.156.
99. *Log.* II 131/4.633/6.158.
100. *Log.* II 132/4.633/6.158, 159.

헤겔은 여기서 여기에 이르기까지의 자기 안에서 가현하는 본질의 발전을 짧게 돌이켜 본다. "본질은 아직도 현존재가 아니다. 그러나 그것은 있으며 존재보다 더 깊은 의미에서 그렇다. 사물은 반성된 실존의 시작이다. 사물은 아직도 본질적이거나 반성된 것으로서 정립되어 있지 않은 직접성이다. 그러나 사물은 참으로는 존재적인 직접적인 것이 아니다. 사물들은 다른 초감성적 세계의 사물들로서 비로소, 첫째로 참다운 실존들로서 그리고 둘째로 존재자에 맞서 참된 것으로서 정립되어 있다."101

"자체적으로도 대자적으로도 존재하는 세계는 실존의 총체성이다. 그 세계 바깥에는 다른 아무것도 없다. 그러나 그 세계가 그 자신에서 절대적 부정성이나 형식이라는 점에서, 그것의 자기–내–반성은 자기에 대한 부정적 관계다. 그 세계는 대립을 포함하며, 스스로를 본질적 세계로서의 자기 속으로 그리고 타자 존재의 세계 또는 현상의 세계로서의 자기 속으로 밀쳐낸다."102 법칙들의 나라는 이제 현상하는 세계의 내용의 총체성과 그 세계의 모든 다양성의 근거다.103

법칙들의 나라는 단지 다음과 같은 것, 즉 하나의 내용의 정립된 존재가 다른 내용의 정립된 존재라는 것이 아니다. 오히려 이 동일성은 본질적으로 또한 부정적 통일이기도 하다. 법칙의 두 측면들 가운데 각각은 부정적 통일 속에서 그 자신에서 그것의 다른 내용이다. 법칙들의 나라가 총체성으로서 스스로를 자기 자신으로부터 자체적으로도 대자적으로도 존재하는 세계와 현상하는 세계 속으로 밀쳐낸다는 점에서, 양자의 동일성은 대립의 본질적 관계다.104

그러나 두 세계의 이러한 대립에서 그것들의 구별이 사라졌다. 자체적으

• •
101. *Log.* II 132/4.633, 634/6.159.
102. *Log.* II 132/4.634/6.159.
103. *Log.* II 133/4.635/6.160.
104. *Log.* II 133, 134/4.635/6.160.

로도 대자적으로도 존재하는 세계이어야 했던 것은 그 자신이 현상하는 세계이며, 역으로 이 현상하는 세계는 그 자신에서 본질적인 세계다.[105] 현상의 법칙이 출발점을 이루었었다. 이 법칙은 하나의 상이한 내용과 다른 하나의 내용의 동일성이며, 그리하여 한 내용의 정립된 존재는 다른 내용의 정립된 존재다. 그러나 이제부터 법칙은 실재화되어 있다. 법칙의 내적 동일성은 동시에 현존재하는 동일성이거니와, 역으로 법칙의 내용은 관념성으로 고양되어 있다. 그래서 법칙은 본질적 관계다.[106]

　본질적인 것으로서 뿐만 아니라 또한 현상하는 것으로서의, 다양성의 형식 없는 총체성으로서의 세계는 다양성이 단순히 상이한 것이기를 그만 두었다는 점에서 몰락했다. 그래서 세계는 아직도 총체성 또는 우주만물이지만, 본질적 관계로서 그러하다. 현상 속에서 내용의 두 개의 총체성이 성립해 있다. 처음에는 그것들이 서로에 대한 무관심한 자립적인 것들로서 규정되어 있으며, 물론 형식을 각각 그 자신에서 지니지만, 서로에 대해서는 그렇지 않다. 그러나 이 형식은 스스로를 그것들의 관계로서 보여주었거니와, 본질적 관계는 그것들의 형식 통일의 완성이다.[107]

＊　　＊
＊

　'실존'과 '현상' 후에 좀 더 넓은 의미에서의 현상에 관한 학설은 이제 '본질적 관계'를 다루는데, 그러므로 좀 더 정확하게는 본질적 세계와 현상하는 세계의 총체성, 우주를 본질적 관계로서 다룬다.

　"현상의 진리는 본질적 관계다. 본질적 관계의 내용은 직접적 자립성을

· ·
105. *Log.* II 134, 135/4.636, 637/6.162.
106. *Log.* II 135, 136/4.638/6.163.
107. *Log.* II 135, 136/4.638, 639/6.163, 164.

지니거니와, 그것도 존재적인 직접성과 반성된 직접성 또는 자기와 동일적인 반성을 지닌다.…… 관계는 측면들을 지니는데, 왜냐하면 그것은 타자–안으로의–반성이기 때문이다. 그래서 관계는 자기 자신의 구별을 자기에게서 지니거니와, 그것의 측면들은 그것들이 서로에 대한 그것들의 무관심한 상이성 속에서 자기 자신 안으로 굴절되어 있다는 점에서 자립적인 존립이며, 그리하여 각각의 측면의 존립은 그와 마찬가지로 자기의 의미를 오직 다른 측면에 대한 관계 속에서나 그것들의 부정적 통일 속에서만 지닌다."108

관계$^{Verhältnis}$가 포함하는 동일성은 단지 하나의 관계$^{Beziehung}$일 뿐인바, 그것의 자립성은 그 관계 바깥에, 요컨대 측면들에 속한다. 아직은 저 동일성과 자립적 실존들의 반성된 통일이 현존하지 않는바, 아직은 실체$^{Substanz}$가 현존하지 않는다.109

본질적 관계의 개념은 반성된 자립성과 직접적 자립성의 통일이라는 것이다. 이 개념은 처음에는 그 자신이 아직 직접적이다.

본질적 관계는 직접적으로 전체와 부분의 관계, — 반성된 자립성과 직접적 자립성의 관계이며, 그리하여 양자는 동시에 다만 스스로를 상호적으로 조건지우고 전제하는 것으로서만 존재한다.110 전체는 자체적으로도 대자적으로도 존재하는 세계를 이루는 자립성이다. 다른 측면, 즉 부분들은 현상하는 세계였던 직접적 실존이다. 양 측면은 물론 계기들로서 정립되어 있지만, 그와 마찬가지로 실존하는 자립성들로서 존재한다. 전체는 다만 외면적인 관계일 뿐이다.111 부분들이 자립적인 것이기 때문에, 이 관계는 다만 부분들이 그에 대해 자체적으로도 대자적으로도 무관심한 외면적인

• •
108. *Log.* II 136, 137/4.639/6.164.
109. *Log.* II 138/4.640/6.165.
110. *Log.* II 138/4.641/6.165.
111. *Log.* II 139/4.642/6.166, 167.

계기일 뿐이다. 그러나 동시에 다양한 실존으로서의 부분들은 자기 자신 속으로 붕괴하는데, 왜냐하면 다양한 실존이란 반성을 지니지 않는 존재이기 때문이다. 부분들은 그것들의 자립성을 오직 반성된 통일 속에서 지니는데, 그 통일은 이러한 통일일 뿐만 아니라 또한 실존하는 다양성이기도 하다. 다시 말하면 부분들은 자립성을 오직 전체 속에서만 지니지만, 동시에 전체는 부분들에게 다른 자립성인 것이다.112

"이 관계 속에서는 아직 두 측면 가운데 어느 쪽도 다른 측면의 계기로서 정립되어 있지 않으며, 따라서 그것들의 동일성은 그 자신이 하나의 측면이다. 또는 그 동일성은 그것들의 부정적 통일이 아니다. 그런 까닭에 둘째로 이 관계는 한 측면이 다른 측면의 계기이고, 자기의 근거, 즉 양자의 참으로 자립적인 것으로서의 타자 속에 존재하는 것에로 이행하는데, — 이것이 바로 힘과 그 발현의 관계다."113

"힘은 전체와 부분들의 모순이 바로 그 속으로 해소된 부정적 통일, 저 최초의 관계의 진리다. 전체와 부분들은 표상이 우선 착상하는 몰사상적인 관계다. 또는 객관적으로 그 관계는 죽은 기계적 집합인데, 그 집합은 물론 그것의 자립적인 물질의 다양성이 그에 의해 통일 속에서 관계되는 형식 규정들을 지니지만, 그 통일은 물질의 다양성에 외면적이다. — 그러나 힘의 관계는 자기 안으로의 좀 더 고차적인 귀환인바, 거기서는 자립적인 타자 존재의 관계를 이루었던 전체의 통일이 이러한 다양성에 대해 외면적이고 무관심한 것이기를 그만둔다."114

이전에 직접적 자립성과 반성된 직접성이 그 자체로 존립하는 측면들이나 양극이라고 하는 것으로 규정되었던 본질적 관계는 이제부터는 직접적 자립성과 반성된 직접성이 지양된 것들로서나 계기들로서 정립되어 있다

· ·

112. *Log.* II 140/4.643/6.168.

113. *Log.* II 138/4.641/6.166.

114. *Log.* II 144/4.648/6.172, 173.

고 규정된다.

힘은 존재하는 직접성의 계기를 스스로에게서 지닌다. 그에 반해 힘 자신은 부정적 통일로서 규정되어 있다. 그러나 직접적 존재의 규정 속에 있는 이 힘은 실존하는 어떤 것이다. 이러한 직접적 존립으로서의 힘은 사물 일반의 정지해 있는 규정성이다. 즉, 그것은 자기를 발현[외화]시키는 것이 아니라 직접적으로 외면적인 것이다. 그래서 힘은 또한 물질이라고 표현된다.[115] — 사물이나 물질이 힘을 가지는 것에 어떻게 도달하는가라는 물음이 제기된다면, 힘은 외면적으로 그것들과 결부된 것으로서 나타난다. 여기서는 이제 힘이 그것에 있어야 했던 사물이란 더 이상 아무런 의미도 지니지 못한다는 것이 제시되었다. 오히려 힘 자신은 "실존으로서 현상하는 외면성의 정립"이다.[116]

힘은 반성된 존립과 직접적 존립의 통일이거나 형식 통일과 외면적 자립성의 통일이다. 힘은 하나 속의 양자다. 그래서 힘은 스스로를 자기 자신으로부터 밀쳐내는 모순이다. 그것은 활동적이다.[117] 힘의 활동성은 자기에게 타자인 것으로서의 자기 자신에 의해, 즉 힘에 의해 조건지어져 있다. 힘은 이러한 방식으로 그 속에서는 각각의 측면이 다른 측면과 동일한 관계다. 관계 속에 서 있고, 그것도 본질적으로 서로에 대해 관계하는 것은 힘들이다. 그래서 다른 힘에 의해 조건지어져 있음은 그 자체에서 힘 자신의 행위다. 힘은 조건지어져 있는데, 왜냐하면 힘이 포함하는 직접적 실존의 계기는 다만 하나의 정립된 것으로서만 존재하지만, — 그것이 동시에 직접적인 것이기 때문에 그 속에서는 힘이 자기 자신을 부정하는 전제된 것이기 때문이다. 따라서 힘에 대해 현존하는 외면성은 바로 그 힘의 고유한 전제하는 활동성 자신인바, 그 활동성은 우선은 다른 힘으로서 정립되어

• •
115. *Log.* II 145/4.649, 650/6.173, 174.
116. *Log.* II 146/4.650/6.174.
117. *Log.* II 146/4.650/6.174, 175.

있다.[118] 두 힘은 유발함과 유발됨의 교호 관계 속에 서 있지만, 그럼에도 그 관계에는 유발하는 규정이나 유발되는 규정인 어떠한 규정도 현존하지 않는다. "그러므로 힘에 대해 다른 힘에 의한 충격이 벌어지고, 그런 한에서 힘은 수동적으로 태도를 취하지만, 그에 대해 이러한 수동성으로부터 능동성으로 이행하게 되는바, ─ 이것이 힘의 그 자신 안으로의 복귀다. 힘은 자기를 발현시킨다. 발현은 힘이 외면성을 자기의 고유한 계기로서 정립하며 그리하여 그 외면성이 다른 힘에 의해 유발되었다고 하는 것을 지양한다는 의미에서 반작용이다. 따라서 양자는 하나, 즉 그에 의해 힘이 자기 자신에 대한 그것의 부정적 활동에 의해 자기에게 타자를─위한─현존재를 부여하는 힘의 발현이자, 자기 자신에 대한 이러한 외면성 속에서 무한한 귀환인바, 그리하여 힘은 그 속에서 오직 자기에게만 관계한다."[119]

힘이 참으로 발현하는 것은 다음의 것, 즉 타자에 대한 그것의 관계가 자기 자신에 대한 그것의 관계라는 것, 그것의 수동성이 그것의 능동성 자신 속에 존립한다는 것이다. 힘은 다음의 것, 즉 그것의 외면성이 그것의 내면성과 동일하다는 것을 발현한다.[120]

힘과 그 발현의 관계의 부등성은 최종적 관계, 즉 내적인 것과 외적인 것의 관계에서 지양된다. 외적인 것과 내적인 것은 이 두 규정들의 각각이 다른 것을 전제하여 자기의 진리로서의 그것에로 이행할 뿐만 아니라, 또한 각각이 다른 것의 이러한 진리인 한에서 각각이 계속해서 규정성으로서 정립되어 있고 양자의 총체성을 지시한다고 정립된 규정성이다.[121]

• •
118. *Log.* II 147/4.651/6.175, 176.
119. *Log.* II 149/4.654/6.178.
120. *Log.* II 150/4.655/6.179.
121. *Log.* II 152/4.657, 658/6.181, 182.

# C. '현실적으로 존재하는 본질'


'현상'에 관한 학설은 '현존재로 벗어나온' 본질을 다루었다. 타자 존재로의 반성과 자기 안으로의 반성 사이에는 양자의 '아직은 불완전한 합일'로서의 '본질적 관계'가 자리 잡고 있었다.

'현실성'에 관한 학설은 타자 존재로의 반성과 자기 안으로의 반성의 '완전한 삼투'가 주어져 있는 그러한 현존재로 벗어나온 본질을 다룬다.

본질은 그것의 발전의 첫 번째 단계에서 자기 자신 안에서 가현했다. 두 번째 단계에서 그것은 현상했다. 이제 세 번째 단계에서 그것은 자기를 '계시$^{offenbart}$'한다.[122]

"현실성은 본질과 실존의 통일이다. 현실성 속에서 형태 없는 본질과 불안정한 현상이, 또는 몰규정적인 존립과 지속성을 지니지 못하는 다양성이 그것들의 진리를 지닌다."[123]

'현상'의 단계에서는 내용의 두 세계, 두 총체성이 있었는데, 그것들 가운데 하나는 자기 안으로 반성된 것으로서, 다른 하나는 타자 안으로 반성된 것으로서 규정되었다. '본질적' 관계는 그것들의 형식 관계를 내보였는데, 그 관계의 완성이 내적인 것과 외적인 것의 관계였다. 이제 '현실성' 단계에서는 두 세계가 하나의 절대적 총체성이라는 것이 정립되어 있다. "내적인 것과 외적인 것의 이러한 통일은 절대적 현실성이다."[124]

122. *Log.* II 6/4.484/6.16. 이 '계시한다'는 것에 대해서는 뒤에서의 논의를 참조. 그것은 요컨대 절대자는 발현[외화]이되, 내적인 것을 지니지 않거나 타자에 맞서서 그런 것이 아니라는 것, 절대자는 오직 자기 자신을 위한 자기 현현으로서만 존재한다는 것, 그래서 절대자는 현실성이라는 것이다.
123. *Log.* II 156/4.662/6.186.
124. *Log.* II 156/4.662/6.186.

　헤겔은 절대자의 개념을 '현실성'의 개념성에로 들여온다.125 이 절대자
는 스피노자의 실체에 상응한다. 그에 상응하여 헤겔은 또한 속성Attribut과
양태Modus를 다룬다. 그렇지만 이에 관한 헤겔의 상세한 논의는 하나의
규정 작용이 아니며 또한 외적 반성도 아니다. 오히려 그것은 어떻게 절대자
가 — 자기의 절대적 동일성으로 시작하여 속성으로 이행하고 그로부터
양태로 나아가는 식으로 자기의 계기를 관통하면서 — 자기 자신을 개현<sup>開顯</sup>
해 보이는지를 서술한다.126

---

125. '절대자'의 관점 하에서 제3편 '현실성'은 절대자 그 자체, 절대자의 반성 그리고
　　　절대자와 그의 반성의 통일에 대한 고찰들로 나누어진다. 『엔치클로페디』에서의 '현실
　　　성'에 대한 취급에서는 절대자가 더 이상 출현하지 않는다. 어쨌든 여기에서는 '절대자'
　　　개념이 '현실성'의 개념성의 본질적인 구성 요소가 아니라는 것이 보인다. '절대자'
　　　개념과 '현실성'의 개념성의 결합은 객관적 논리학에 따라 '현실성'에서 이해되어야
　　　할 것에 대한 이해를 어렵게 만든다. — '절대자' 개념이 객관적 논리학 자신의 본질적
　　　구성 요소가 아니라 헤겔 철학의 좀 더 커다란 연관 속에서 비로소 자기의 역할을
　　　수행하는 까닭에, 그런 한에서 '논리학'에 그것을 끼워 넣음으로써 헤겔의 관념론에
　　　대한 논리학의 무차별성이나 논리학의 '초입장성'(앞의 머리말에서의 논의를 참조)이
　　　드러나지 않는다.

126. 헤겔은 한 주해에서 — Log. II 164 ff./4.672 ff./6.195 ff. — 비교될 수 있는 다른 철학들,
　　　요컨대 스피노자의 실체 개념, 자기 자신을 비추어 밝히는 빛으로서의 절대자라는
　　　동양의 표상들 그리고 라이프니츠의 모나드론을 언급한다. — 객관적 논리학에서 제시
　　　되는 바의 절대자의 개념과 절대자에 대한 반성의 관계에는 스피노자의 실체 개념이
　　　상응한다. 절대자에 대한 스피노자의 해명은 그것이 절대자로부터 시작하여 그것을
　　　속성이 뒤따르고 양태로 끝나는 한에서 분명 완전할 것이다. 그러나 이 세 가지는
　　　단지 계기적으로만 발전의 내적 연속으로서 열거된다. 이 점은 스피노자의 사유가
　　　단지 외면적 지성으로서만 활동하고 있다는 것에로 환원될 수 있을 것이다. — 유출이라
　　　는 동양적 표상들에서 절대자는 자기 자신을 비추어 밝히는 빛이다. 하지만 그것은
　　　자기를 비추어 밝힐 뿐만 아니라 흘러나온다. 생성은 전진하는 상실로서 존재한다.
　　　그래서 존재는 점점 더 어두워진다. — 절대자에 대한 스피노자의 해명 및 유출설
　　　자체가 지니는 자기 내 반성의 결여를 라이프니츠의 모나드 개념이 보완한다. 그러나

"그러나 이 현실성은 우선은 절대적인 것 그 자체인바, — 현실성이 그 속에서 형식이 지양되어 내적인 것과 외적인 것의 공허하거나 외적인 구별로 되어 있는 그러한 통일로서 정립되어 있는 한에서 그러하다."127 절대자는 그것이 추상적 동일성이 아니라 내적인 것과 외적인 것의 동일성이기 때문에만 절대자다.128

내적인 것과 외적인 동일성은 절대자를 근거로 지닌다. 가상에 존립을 부여하는 것은 절대자 자신이다. 가상은 무가 아니라 반성, 절대자에 대한 관계다. 또는 가상은 절대자가 그 속에서 가현하는 한에서 가상이다. 그래서 유한자는 절대자의 표현이자 모상이다. 유한자는 투명하며, 절대자가 자기를 통해 투시될 수 있게 한다. "그러나 오직 절대자만을 자기를 통해 투시될 수 있게 하는 유한자의 투명성은 완전한 사라짐에서 끝난다. 왜냐하면 유한자에서는 그것에게 절대자에 대한 구별을 유지할 수 있게 할 수 있는 것은 아무것도 없기 때문이다. 유한자는 그것을 통해 가현하는 것에 의해서 흡수되는 매체다."129

헤겔은 여기서 그것의 형식에서 자기 안으로 귀환한 절대자, 즉 그 형식이 자기의 내용과 동등한 절대자를 표현하기 위해 또한 절대적으로—절대적인 것으로서의 절대자에 대해 이야기한다. 그에 반해 속성은 단지 상대적일 뿐인 절대자, 즉 형식 규정에서의 절대자 이외에 다른 아무것도 의미하지 않는 결합이다. 속성은 절대자의 내용 전체다. 속성인 바의 총체성은 절대자의 참되고 유일한 존립으로서 정립되어 있지만, 절대자가 그 속에 있는

• •
그것의 규정들에서도 철학적 발전 없이 방치되고 사변적 개념들로 고양되지 못한 일상적 표상들이 모습을 드러냈다. 여기서 제시된 개념들은 본질 자신으로부터 또는 절대적 방식으로 나온 것이 아니라 이치 추정적이고 교조적인 반성에 속했으며, 따라서 내적 일관성에 이르지 못했다. — 그러므로 헤겔은 여기서도 다시 한 번 자기의 논리학의 사유와 이성 철학의 양식을 선행하는 지성 철학으로부터 구별해 보인다.

127. *Log.* II 156/4.662, 663/6.186.
128. *Log.* II 160/4.667/6.191.
129. *Log.* II 159, 160/4.666/6.190.

규정은 비본질적인 것으로서 정립되어 있다.130

"속성은 첫째로 자기와의 단순한 동일성 속에 있는 것으로서의 절대자다. 둘째로 속성은 부정이거니와, 부정으로서의 부정은 형식적인 자기-내-반성이다. 이 양 측면은 우선은 속성의 두 극을 이루는데, 속성이 절대자일 뿐더러 또한 규정성이기도 하다는 점에서 속성 자신이 그 두 극의 중심이다. ― 이들 양극 가운데 두 번째 것은 부정적인 것으로서의 부정적인 것, 절대자에 외면적인 반성이다."131

절대자의 외면성은 양태, 외면성으로서 정립된 외면성, 단순한 양식과 방식, 그리하여 가상으로서의 가상 또는 형식의 자기 안으로의 반성인바, ― 그리하여 절대자인 바의 자기와의 동일성이다. 실제로 양태에서야 비로소 절대자는 절대적 동일성으로서 정립되어 있다. 절대자는 오직 스스로 자기와 관계하는 부정성으로서만, 즉 가현으로서 정립되어 있는 가현으로서만 절대자인 바의 것, 요컨대 자기와의 동일성이다.132 "따라서 양태의 참다운 의미는 그것이 절대자의 반성하는 고유한 운동이라는 것이다. 그것은 규정 작용이지만, 절대자가 그에 의해 타자가 되는 규정 작용이 아니라 다만 절대자가 이미 그것인 바의 것의 규정 작용이며, 절대자 자신의 보여줌인 투명한 외면성이고, 자기로부터 벗어나는 운동이지만, 이러한 밖을-향한-존재는 그에 못지않게 내면성 자신이며, 따라서 그에 못지않게 단순히 정립된 존재가 아니라 절대적 존재인 바의 정립인 그러한 운동이다."133

"개현의 이러한 자기 자신을 담지하는 운동으로서의 절대자, 그것의 자기 자신과의 절대적 동일성인 바의 양식과 방식으로서의 절대자는 발현

• •

130. *Log.* II 160, 161/4.668/6.190, 191, 192.

131. *Log.* II 162/4.669, 670/6.193.

132. *Log.* II 162, 163/4.670/6.193.

133. *Log.* II 163/4.671/6.194.

[외화]이지만, 내적인 것의 발현이나 타자에 반하는 발현이 아니라 다만 스스로를 자기 자신에 대해 절대적으로 현현시키는 것으로서만 존재한다. 그래서 절대자는 현실성이다."134

*　　*

*

　헤겔의 지금까지의 고찰은 절대자 그 자체에 관련되었다. 헤겔은 이제 절대자의 반성을, 우선은 절대자의 반성 일반을 취급한다(아직은 — 다음 장에서 다루어지는 — 절대자와 그의 반성의 통일을 다루고 있지 않다).
　절대자의 반성에 대한 고찰은 가능성과 현실성 그리고 그것들의 관계를 다룬다.
　절대자가 절대자의 현현이라는 것 이외에 아무것도 아니고 그 어떤 내용도 지니지 않는다고 하는 현현으로서의 절대자는 절대적 형식이다. 현실적인 것은 그것의 외면성에 의해 변화의 영역 속으로 끌려들지 않으며, 또한 그것은 어떤 타자 속에서의 그것의 가현도 아니라 스스로 현현한다. 다시 말하면 그것은 그것의 외면성 속에서 그것 자신이며, 오직 외면성 속에서만, 요컨대 오직 자기를 자기로부터 구별하고 규정하는 운동으로서만 그것 자신이다.135
　현실성과 가능성 그리고 필연성은 절대자의 형식적 계기들을 이룬다. 그 자신이 내적인 것과 외적인 것의 직접적인 형식 통일로서의 현실성은 가능성에 대립되는 현실성이다. — 우선은 현실적인 것과 가능적인 것이 형식적인 구별들이라는 점에서, 그것들의 관계도 마찬가지로 다만 형식적일 뿐이며, 오직 하나가 다른 것과 마찬가지로 정립된 존재라는 것에서만,

· ·
134. *Log.* II 164/4.671, 672/6.194, 195.
135. *Log.* II 170/4.679/6.201.

또는 우연성 속에서만 존립한다. — 이제 우연성 속에서 현실적인 것이 가능적인 것인 것과 마찬가지로 정립된 존재라는 것과 더불어 그것들은 스스로에게서 규정을 얻었다. 그에 의해 둘째로 실재적 현실성이 생성되는데, 그와 더불어 마찬가지로 실재적 가능성과 상대적 필연성도 생겨난다. — 셋째로 상대적 필연성의 자기 안으로의 반성이 절대적 필연성을 부여하는데, 이것은 절대적 가능성과 절대적 현실성이다.136

\*　　\*

\*

'현실성'에 관한 헤겔의 학설의 제3장, 즉 객관적 논리학의 마지막 장은 절대자와 그의 반성의 통일을 다룬다. 절대자와 그의 반성의 통일은 절대적 관계 또는 오히려 자기 자신에 대한 관계로서의 절대자, — 실체다.137

절대적 관계는 우선은 실체성의 관계이며, 다음으로는 인과성 관계이고, 마지막으로는 교호 작용으로서 정립되어 있다.138

• •

136. *Log.* II 170/4.679, 680/6.202.

137. *Log.* II 157/4.663/6.186, 187.

138. 헤겔이 여기서 연관 속에서 삼단계 진행으로서 다루는 소재는 오로지 그것의 마지막 부분에서만 '현실성' 단계에 속한다. 좀 더 나은 이해를 위해 우리는 이 삼단계 진행, 즉 실체성 관계–인과성 관계–교호 작용을 자기 안에서 가현하는 본질–현상하는 본질–현실적으로 존재하는 본질의 삼단계 진행 옆에 세워 놓을 수 있을 것이다. 실체성의 관계에서 실체는 오직 그것의 동일성의 형식 속에 있으며, 자기 안에서 가현하는 본질에 비교될 수 있다. 인과성의 관계에서야 비로소 절대적 관계는 실재적인 것으로서 규정된다. 그것은 실존과 현상의 단계에 대한 평행성 속에 존립한다. (좀 더 정확하게는 '규정된 인과성', 다시 말하면 '그것의 실재성과 유한성 속의 인과성 관계', 바꿔 말하면 '유한한 인과성 또는 기계론'이 이 단계에 상응한다.) 교호 작용에서 능동적 실체와 수동적 실체로서의 실체의 구별이 지양되었으며, 그것은 완전히 투명한 가상이다. 능동적인 것과 수동적인 것의 동일성이 존립한다. 우리는 절대적 현실인 바의 내적인 것과 외적인 것의 통일과 동등한 통일을 우리 앞에서 보고 있다. '현실성'의 단계에 '교호 작용'이 존립한다.

우리는 '본질'에 관한 학설에서 언제나 거듭해서 본질의 타자 — 가상, 현상(사물의 외면적 실존, 현상하는 세계, 힘의 발현) — 가 본질의 고유한 타자라는 것, 다시 말하면 본질이란 자기 자신으로부터 자기의 밀쳐냄이라는 것을 보아 왔다. 그래서 거기서는 또한 실체성의 관계와 인과성의 관계 그리고 교호 작용이 본질의 자기의 고유한 타자 — 작용[결과]의 우유적인 것들, 즉 수동적 실체 — 에 대한 관계를 내보인다.

본질과 존재의 최종적 통일은 실체다. 실체는 있기 때문에 있는 존재, 자기 자신과 스스로의 절대적 매개로서의 존재다. 실체는 모든 존재 속의 존재인바, — 반성되지 않은 직접적인 것도, 또한 실존과 현상 배후에 자리 잡고 있는 추상적인 직접적인 것도 아니라 직접적 현실성 자신이거니와, 자기 안으로 절대적으로 반성되어 있음으로서의, 즉 자체적으로도 대자적으로도 존재하는 존립으로서의 이러한 직접적 현실성이다.[139] 존재와 반성의 이러한 통일로서의 실체는 본질적으로 그것들의 가현이자 정립된 존재다. 가현은 스스로 자기와 관계하는 가현이며, 그래서 그것은 존재한다. 이러한 존재가 실체 그 자체다. 역으로 이러한 존재는 오직 자기와 동일적인 정립된 존재이며, 그래서 그것은 가현하는 총체성, 즉 우유성이다.[140] 실체와 우유적인 것들의 관계, 즉 실체성의 관계는 절대적 가상의 자기 자신 안에서의 직접적인 사라짐과 생성이다. 실체성 관계의 우유성은 정립된 존재로서의 실체다.

절대적 관계의 이러한 최초의 규정, 즉 바로 실체성의 관계에서 실체는 아직은 그것의 개념 전체에 따라서 현현되어 있지 않다. 실체성은 다만 그것의 동일성의 형식 속에서만 존재한다. 실체는 다만 우유성만을 자기의 형태나 정립된 존재로 지니지 자기 자신을 지니는 것은 아닌바, 그것은 실체로서의 실체가 아니다.[141]

● ●
139. *Log.* II 185/4.697, 698/6.219.
140. *Log.* II 185, 186/4.698/6.219.

절대적 관계의 뒤따르는 규정에서 실체는 타자에 맞선 대자 존재로 규정되며 또는 절대적 관계는 실재적인 것으로서, 즉 인과성의 관계로서 규정된다.[142] '본질'의 개념성 전체에서 본질의 타자가 본질의 고유한 타자이듯이, 실체가 그에 맞서 자기를 대자 존재로 규정하는 타자는 그것의 고유한 타자다. 실재적 관계는 자기의 결과에 대한 원인의 관계다. "실체는 위력이고 자기 안으로 반성된 위력인바, 단순히 이행하는 위력이 아니라 규정들을 정립하고 자기로부터 구별하는 위력이다. 자기의 규정 작용에서 스스로 자기 자신에 관계하는 것으로서 실체 자신은 자기를 부정적인 것으로서 정립하거나 정립된 존재로 만드는 바로 그것이다. 그리하여 이 정립된 존재는 일반적으로 지양된 실체성, 단지 정립되었을 뿐인 것, 결과다. 그러나 대자적으로 존재하는 실체는 원인이다."[143]

우리는 여기서 헤겔이 '인과성'이라고 하는 것에서 '인과성'에서 보통 널리 이해되는 것과는 다른 것을 이해하고 있다는 것을 볼 수 있다. 한편으로 인과성에 관한 헤겔의 진술들은 '절대적 관계', 다시 말하면 존재의 자기 자신과의 절대적 매개로서의 존재, 바꿔 말하면 실체 자신에 관계된다. 다른 한편으로 인과성에 관한 헤겔의 서술들은 객관적 논리학이 인과성의 본성을 명료하게 만들고 개념 파악될 수 있게 한다는 점에 의해 그 밖의 경우에 '인과성'에 대해 말해지는 것과 구별된다. 근거에 관한 헤겔의 학설에 대한 설명에서 우리는 과학들에 의한 근거들의 제시가 근거에 관한 객관적 논리학의 진술과 전혀 다른 종류의 것이며, 거기서는 헤겔에 따르면 단지 동어 반복들만이 문제로 된다는 것을 보여준 바 있다.[144] 그에 상응하여 헤겔은 여기서[145] 인과성을 취급하는 가운데 객관적 논리학

• •
141. *Log.* II 188/4.700, 701/6.222.
142. *Log.* II 185/4.697/6.218.
143. *Log.* II 189/4.701, 702/6.222.
144. 앞의 '근거'에 관한 논의를 참조.
145. *Log.* II 192 ff./4.705 ff./6.225 ff.

의 진술들이 주관적 이해의 동어 반복적인 고찰에 대해 지니는 구별을 지적하는데, 주관적 이해는 현상을 결과로서 규정하고 그로부터 그것의 원인으로 상승하여 그것을 개념 파악하고 설명하는바, 거기서는 단지 하나의 동일한 내용이 반복될 뿐이어서 우리는 원인에서 결과에서와 다른 것을 아무것도 지니지 못한다. (이러한 고찰방식은 또한 물리적–유기적 생명과 정신적 생명의 관계에 적용될 수 있을 것인데, 왜냐하면 살아 있는 것에 작용하는 것은 이 살아 있는 것으로부터 자립적으로 규정되어 변화되고 전환되는바, 다시 말하면 원인으로서는 지양되기 때문이다.)

객관적 논리학의 관점에서 인과성 관계는 우선은 다만 이미 제시된 원인과 결과의 관계일 뿐이다. 그래서 그것은 형식적 인과성 관계다. 그것은 자기의 결과에서 원인의 자기와의 동일성이다.

형식적 인과성에 뒤이어 또는 그로부터 규정된 인과성이 뒤따라 나온다. 이것은 그 실재성과 유한성에서의 인과성 관계다. 그것은 주어진 내용을 지니며, 그것의 규정들 속에서 하나의 동일한 실체인 이러한 동일적인 것에서 외면적인 구별로서 전개된다.[146] 그런 한에서 내용은, 반성되어 있음이 여기서 또한 직접적인 현실성이기도 한 까닭에, 현실적이지만 유한한 실체다.[147] 유한한 실체는 자기의 원인성에 맞서 직접적인 것으로서 규정되어 있는 실체다.[148] 규정된 인과성에서는 작용이 가해지는 실체 — 바꿔 말하면 유한한 실체 — 는 자기의 작용을 다시 하나의 다른 실체 안으로 정립하며, 그에 의해 작용들의 무한 진행이 발생한다.[149] "유한한 인과성에서 스스로 작용하며 서로에 대해 관계하는 것은 실체들이다. 기계론은 인과성의 이러한 외면성에 존립하는바, 자기의 결과에서 원인의

· ·
146. *Log.* II 191/4.705/6.225.
147. *Log.* II 191/4.705/6.225.
148. *Log.* II 195/4.709/6.229.
149. *Log.* II 201/4.717/6.236, 237.

자기 안으로의 반성은 동시에 밀쳐내는 존재이거나 또는 원인적인 실체가 자기의 결과 속에서 지니는 자기와의 동일성에서 그 원인적인 실체는 그와 마찬가지로 직접적으로 외면적인 것에 머물며 결과는 다른 실체로 이행해 있다.[150]

(단순히) 규정된 인과성을 조건지어진 인과성이 뒤따른다. 원인은 타자, 즉 수동적 실체로서의 자기에 대해 작용하는데,[151] 이 수동적 실체는 자기편에서 그저, '규정된' 인과성 관계에서처럼, 결과가 자기 속에 정립된다는 것에 반해 작용할 뿐만 아니라 저 작용하는 것에 대해 반작용한다. 조건지어진 인과성에서 원인은 결과 속에서 스스로 자기 자신에 관계하는데, 왜냐하면 원인은 조건으로서, 즉 전제된 것으로서 자기의 타자이고, 그에 의해 원인의 작용은 타자의 생성인 만큼이나 또한 타자의 정립과 지양이기 때문이다. 이것은 '현실성'의 개념성의 최종 개념에로, 따라서 객관적 논리학의 최종 개념, 즉 교호 작용에로 이어진다. 교호 작용에서 절대적 관계는 그것이 포함하는 규정들에 따라 정립되어 있다.[152]

교호 작용에서 기계론은 지양되어 있다. 유한한 인과성 속에서 악무한적인 진행으로 귀착되는 작용은 구부러져 자기 안으로 귀환하는 무한한 교호 작용이 되었다.[153] 교호 작용에서는 전제된, 즉 자기를 조건지우는 실체들의 상호적인 인과성이 존립한다. 각각은 다른 것에 대해 동시에 능동적이고 동시에 수동적인 실체다.[154] "따라서 교호 작용은 오직 인과성 자신일 뿐이다. 원인은 결과를 가질 뿐만 아니라 결과 속에서 그것은 원인으

• •
150. *Log.* II 202/4.717/6.237.
151. *Log.* II 199/4.714/6.234.
152. *Log.* II 185/4.697/6.218.
153. 우리는 여기서 대자 존재에 대한 현실성의 평행성을 생각해 볼 수 있는데 — 대자 존재와 현실성은 본래 실재성에서 합치된다—, 요컨대 거기서 규정성은 대자 존재의 무한한 통일 속으로 '구부려져' 있는 것이다. *Log.* I 149/4.186/5.176.
154. *Log.* II 202/4.718/6.238.

로서 자기 자신과 관계하는 것이다."155

*　　*

*

　'본질'에 관한 학설에 대한 고찰의 끝에 도달한 후, 우리는 이미 서두에서 언급한 물음으로 되돌아오고자 한다. '현상'에 관한 학설이 이미 사실상 현상하는 것을 다루는가 아니면 우리는 헤겔이 현실성에 대해 이야기하고 실체와 인과성을 다루는 '현실성'에 관한 학설에서야 비로소 거기에 있는 것인가? '현상'은 다만 자기 내 가현으로부터 현실성에 이르는 본질의 발전 도정에서의 사상적인 중간역일 뿐인가? 우리의 세계에서는 각각의 모든 사물이 현실적인 것이라는 점에서 단순한 현상들은 존재하지 않는가?

　이 물음은 앞에서의156 물음, 즉 단순한 현존재가 존재하는가 아니면 오직 대자 존재만이 존재하는가 하는 물음과 마찬가지로 대답될 수 있다. 헤겔이 '현실성'을 다루는 절에서야 비로소 실체와 인과성을 다루는 까닭에 '본질'에 관한 객관적 논리학의 학설은 현실 존재와 더불어 — 좀 더 정확하게는 하나의 현실 존재와 더불어 — 자연이 비로소 시작된다는 것으로 이해되어야 한다.

　앞의 논의들에 대한 또 다른 상응에도 불구하고 이러한 진술은 오직 조건부로만 올바른데, 왜냐하면 다른 고찰방식에서는 자연이 단순한 현상과 더불어 시작되고, 그것의 뒤를 비로소 현실성이 따르기 때문이다. 돌과 유기체는 둘 다 물체로서 현실적인 것이다. 그렇지만 좀 더 특수한 고찰에서 돌은 단순한 현상일 뿐인데, 왜냐하면 여기서는 본질과 현상은 — 아직 — 서로로부터 분리되어 있기 때문이다. 그에 반해 유기체는 현실적인

•　•
155. *Log.* II 203/4.718, 719/6.238.
156. 앞의 '대자 존재'에 관한 논의를 참조

것인데, 왜냐하면 그것에서는 본질이 자기의 현상에 삼투하여 그것과 통일을 형성하는 것이기 때문이다.157 그와 마찬가지로 — 현실적으로 존재하는 — 유기체들의 나라에서는 본질의 단지 단순한 현상들일 뿐인 그러한 유기체들과 현실적으로 존재하는 본질인 인간들이 존재한다.158

우리는 여기서 존재자에 대한 개념적 파악을 위해 분명히 너무도 의미심장한 헤겔 논리학의 진술을 우리 앞에 지닌다. 즉, 사실적으로 현존재하는 것의 두 종류 — 달리 표현하면 '현존재 속으로 들어선 본질'의 두 종류 —, 요컨대 단순한 현상인 사실적으로 현존재하는 그러한 것과 현실적인 것인 사실적으로 현존재하는 그러한 것이 존재한다는 것이다.159

157. 다른 좀 더 커다란 척도에서는 헤겔과 직접적으로 관련하여 다음과 같이 말할 수 있다. 헤겔에 따르면 자연 전체가 단지 이념의 단순한 현상이고 인간 정신에서야 비로소 이념의 현실성이 들어서는 까닭에(*Enz.* §§ 247-251), 자연의 각각의 모든 사물은 단지 단순한 현상일 뿐이다. 우리가 앞에서 헤겔에 따르면 돌이 현실적인 것이라고 규명했다면, 우리는 지금은 그와 마찬가지로 헤겔에 따르면 돌은 그것이 자연의 부분이기 때문에 다만 단순한 현상일 뿐이라는 것을 보고 있는 것이다.

158. 단순히 현상할 뿐인 것과 현실적으로 존재하는 것의 이러한 특수한 단계화와 연쇄는 이 책의 '머리말' 각주 7에서 제시된 필자의 저술, 『인간이 세계를 바라보는 방식들과 과학적 이성의 시각에서 본 세계 또는 세계의 본성(*Die Weltsichtweisen des Menschen und die Welt in der Sicht der wissenschaftlichen Vernunft oder Die Natur der Welt*)』, Mainz, 1976, ISBN 3-416-01230-5에서 좀 더 상세하게 진술되어 있다.

159. 이것은 무엇보다도 우선 헤겔의 다른 저작들로부터 잘 알려진 학설이다. 그것은 모든 실존하는 것이 단적으로 현실적인 것은 아니라는 것, 시간적인 것, 무상한 것은 분명 실존하지만 '참다운 현실성'이 아니라는 것, 보통의 삶에서는 모든 것이 현실적이지만, 참으로는 현상 세계와 현실성 사이에 구별이 있다는 것(Hegel, *Sämtliche Werke*, 'Jubiläumsausgabe', Bd. 18, S. 274, 275), 이념에 적합한 것만이 현실성을 지닌다는 것, 그 밖에 현실성이라 불리는 것은 분명 가현할 수 있지만 자체적으로도 대자적으로도 현실적이지 않은 부패한 것으로 고찰되어야 한다는 것(『세계사의 철학에 관한 강의』(*Vorlesungen über die Philosophie des Weltgeschichte*), herausgegeben von Lasson, 2. Aufl. S. 55), "일반적으로 현존재는 부분적으로 현상이며 단지 부분적으로만 현실이라는 것……"(*Enz.* §§ 6) 등등에서 잘 알려져 있다. 또한 헤겔의 주관적 논리학도 참조될 수 있다. "대상, 즉 객관적 세계와 주관적 세계는 일반적으로 이념과 단지 일치해야 하는 것이 아니다. 오히려 그것들은 그 자신이 개념과 실재성의 일치다. 개념에 상응하지 않는 실재성이란 단순한 현상, 진리가 아닌 주관적이고 우연적이며 자의적인 것이

　　우리가 헤겔의 객관적 논리학을 '존재자의 순수한 개념들의 체계'로서 알게 된 후에는 그것으로 우리에게 무엇이 주어져 있는가 하는 물음이 제기될 것이다.

　　한편으로 존재 개념들의 이러한 체계는 우리에게 존재자를 정신적인 향유를 지니고서 직관할 수 있게 하고, 세계를 과학에게 있어 가능한 것보다 더 깊이 개념 파악할 수 있게 해주는 존재자의 상$^{Bild}$이다.

　　그러나 이러한 상에는 그것에서는 다만 세계의 아직 특수화되지 않은 일반적이고, 그런 한에서 공허한 존재만이 파악된다는 결함이 달라붙어 있다. "논리의 체계는 그림자의 나라, 즉 온갖 감성적 구체화로부터 해방된 단순한 본질성들의 세계다."[160]

　　그렇지만 객관적 논리학은 여전히 범주들의 학문과는 다른 의미를 지닌다.

　　우리가 보았듯이 보통의 과학은 주관적 학문이며, 그것들이 근거들과 원인들을 제시하는 데서 참으로 다루어지는 것은 다만 동어 반복일 뿐이다. 우리는 헤겔이 이로부터 끌어내는 결론을 상기해 볼 수 있다.[161] 즉, 과학은 그러한 양식으로 설명하고자 하는 자기의 노력으로부터 거리를 취하고

･･

　　다.…… 국가나 교회와 같은 전체는, 만약 그것의 개념과 그것의 실재성의 통일이 해소되어 있다면, 실존하기를 그만둔다. 인간과 살아 있는 것은, 만약 영혼과 육체가 그것 속에서 분리되면, 죽는다."(*Log.* II 409/5.238, 239/6.464.) (헤겔의 잘 알려진 진술, 즉 모든 현실적인 것이 이성적이라는 것은 이러한 연관 속에 서 있는바, 오직 이러한 제한 하에서만 이해되어야 한다.)

160. *Log.* I 41/4.57/5.55.
161. 앞의 '근거'에 관한 논의를 참조.

단순한 사실들에 머물러야 한다는 것이다. ― 그러나 우리 세계의 다양성에 대한 그러한 몰개념적인 직관은 우리를 만족시키지 못한다. 오히려 관건이 되는 것은 과학에 의해 발견된 '단순한 사실들'에 보통의 과학의 주관적 개념들이 아니라 헤겔의 객관적 논리학에서 모습을 드러낸 객관적 개념들을 적용하는 것이다. 이러한 방식으로 과학은 비로소 개념 파악하는 학문인 바의 객관적 과학162으로서 새롭게 제시될 수 있다.163 그 경우 논리학의 개념들은 더 이상 공허하지 않으며, 그 경우 과학의 직관들은 더 이상 맹목적이지 않다.164 그렇다면 존재자는 더 이상 그림자의 나라로서가 아니라 빛을 발하는 현실성으로서 나타날 것이다.165

. .
162. 이러한 객관적 과학은 자연 철학과 구별된다. 자연 철학은 경험으로부터 출발하며, 그리고 나서 필연적 개념을 규명하고, 마지막으로 경험적 현상이 실제로 개념 규정에 상응한다는 것을 보여준다(*Enz.* §§ 246을 참조). 그에 반해 객관적 과학의 개념들의 유래는, 바로 그것들이 객관적 논리학으로부터 나오는 까닭에, 좀 더 고차적인 것이다. 이 개념들은 포괄적인 체계를 형성하며, '자기 자신을 규정하는 개념'이다.

163. 이 과학은 가령 보통의 과학의 자리를 대신하는 것이 아니라 그것과 더불어 존립하며 그것 위에 선다. 두 과학, 즉 지성의 학문과 이성의 학문 사이에는 ― 일반적으로 지성과 이성 사이에서 그러한 것이 지배적이어야 하듯이 ― 상호적으로 열매 맺게 하는 관계가 존재해야 한다.

164. 우리는 "내용 없는 사상은 공허하고, 개념 없는 직관은 맹목이다"(『순수 이성 비판』 B 75)라는 칸트의 말을 생각할 수 있다. 따라서 필요한 것은 그의 개념들에 직관에서의 대상을 덧붙이는 것만큼이나 그의 직관들을 개념들 아래로 가져오는 것이다.

165. 필자는 ('머리말'의 각주 7에서 제시한 논고에서) 헤겔의 객관적 논리학을 세계에 관한 우리의 오늘날의 지식에 적용했으며, 여기서 놀랍게도 세계가 이러한 방식으로 다시 코스모스로서 나타난다는 것을 발견했다. 이것은 자석 위에 한 장의 종이를 놓고 거기에 쇳가루를 뿌려 놓으면 자력선을 볼 수 있게 되는 것과 비슷하다. 요컨대 그와 마찬가지로 만약 세계에 관한 경험 과학들의 성과들이 객관적 논리학의 사상적인 힘의 장 안으로 가져와지게 되면, 그것들은 세계의 주기적인 체계로 정돈되는 것이다.
　　이러한 세계상에서는 헤겔의 삼단계 진행이 커다란 연속, 즉 논리적인 것―자연―정신에서보다 더 작은 척도에서 나타난다. 요컨대 거기서는 다음과 같은 세 개의 삼단계 진행, 즉 물체성의 발전과 단계화의 삼단계 진행, 감성의 발전과 단계화의 삼단계 진행 그리고 정신성의 발전과 단계화의 삼단계 진행이 잇따라 나오는 것이다. 이에 따르면 단순히 현존재하는 내지 단순히 현상하는 물체성(살아 있지 않은 물체)과 감성(살아 있지 않은 감성적 의식) 및 정신성(살아 있지 않은 정신적 의식) 그리고 대자 존재하고 현실적으로 존재하는 물체성(유기체)과 감성(감성적 자아) 그리고 정신성(정신적 인격)이 존재한다.

  필자가 믿기로는 세계에 관한 우리의 과학적 지식에 대한 헤겔 논리학의 이러한 — 필자가 생각하기에는 자유분방한 — 적용 가능성에서는 바로 여기서 사상 — 바로 객관적 논리학 — 과 존재가 일치한다는 것이 드러난다. 심지어 우리는 거기서 프리드리히 엥겔스와 더불어(*Ludwig Feuerbach und der Ausgang der deutschen klassischen Philosophie*(『루트비히 포이어바흐와 독일 고전 철학의 종언』), in *Marx–Engels Werke*, Bd. 21, Berlin 1962, S. 293.) 외부 세계 및 사유의 법칙들이 바로 개념성 자신이 단지 현실적 세계의 변증법적 운동의 의식적 반영일 뿐인 까닭에 동일하다고 생각할 수 있기까지 할 것이다.

# 제3부 주관적 논리학: '진리 자신'에 관한 학설

# 1. 대자적으로 존재하는 개념

## — '개념'의 논리학

개념은 대자적으로
존재하는 실체적 위력으로서의
자유로운 것이다.
*Enz.* § 160.

 

헤겔은 자기의 『논리의 학』의 세 번째 부분에 붙인 머리말에서1, "개념에
관한 학설을 포함하고 전체의 세 번째 부분을 이루는 논리학의 이 부분도
주관적 논리학의 체계라는 특수한 표제 하에 간행되거니와, 이는 처음
두 부분에서 다루어진 또 다른 논리적 대상들에 대해서보다 여기서 다루어
지고 통상적으로 논리학이라 불리는 것의 범위에 포괄되는 소재에 대해
더 커다란 관심을 가지는 데 익숙해져 있는 이 학문의 친구들의 편의를
위한 것이다"라고 언급한다.2 헤겔이 편의를 도모하기 위해 '주관적 논리학'

---

1. *Log.* II 211/5.3/6.243.
2. 그러나 이러한 근거지우기는 오직 주관적 논리학의 세 부분들 가운데 첫 번째 것, 요컨대
주관적 또는 개념과 판단 그리고 추론에 관한 학설에만 관계된다. (헤겔은 *Enz.* § 162에서
좀 더 적절하게 다음과 같이 말한다. "통상적 논리학은 오로지 여기서 전체의 세 번째

165

이라는 명칭을 사용할 때, 그의 생각에 따르면 이러한 명칭에서는 사태의 본래적인 본질이 표현되지 않는다. 사실상 이 명칭은 ―『논리의 학』의 세 번째 부분으로서의 ― 헤겔의 이른바 '주관적 논리학'에서도 문제가 되는 것이 객관적 사유라는 것을 감춘다.

더 나아가 미리 말해야 하는 것은 헤겔의 '주관적 논리학'이 보통의 의미에서의 주관적 논리학, 요컨대 올바른 사유에 관한 학설이 아니라 진리에 관한 학설이라는 점이다.[3] 우리는 헤겔이 『논리의 학』 ― 전체(!) ― 에 대한 서론에서 논리학은 순수 사상의 나라이며, 그것의 내용은 자연과 유한한 정신의 창조에 앞서 그의 영원한 본질 속에 존재하는 신의 서술이라고 말했다는 것을 기억한다.

헤겔의 『논리의 학』의 입장에서는 존재자와 인간 사유 사이의 구별이 아직 현존하지 않는다. (그러므로 '주관적 논리학' 제1편에서의 개념과 판단 그리고 추론에 관한 헤겔의 학설도 역시 자기의식적인 사유에 관한 학설이 아니라 존재의 논리적 본성에 관한 학설이다. 우리가 앞으로 보게 되듯이 여기서 개념과 판단 그리고 추론은 전적으로 보편적으로 받아들여진다. 즉, 각각의 모든 사물은 개념(다시 말하면 보편자, 특수자, 개별자), 판단(다

─────────────────────

부분의 한 부분으로서 출현하는 소재들만을, 그 밖에 위에서 출현한 이른바 사유의 법칙들과 응용 논리학에서는 사유의 저 형식들이 도대체 유한하여 그 자체로 더 이상 충분하지 않는 까닭에 심리학적이고 형이상학적이며 그 밖에 경험적인 자료가 그에 결부되는 인식에 관한 몇 가지를 포함한다. 그렇지만 그로 인해 이 학문은 확고한 방향을 상실했다.")

3. 헤겔(*Log.* II 211/5.3/6.243.)은 자신의 '주관적 논리학'을 전개하는 작업에 대해 다음과 같이 언급하고 있다. "이 이전의 부분들을 위해 나는 내게 전진의 발판과 재료들 그리고 실마리를 제공할 수 있었을 사전 작업들이 거의 없었던 까닭에 공정한 판정자들의 관용을 요구할 수 있었다. 현재의 부분에서 나는 이러한 관대함을 오히려 대립된 이유에서 요구할 수 있을 것인데, 요컨대 개념의 논리학을 위해서는 완전히 마무리되고 확고해진, 아니 화석화되었다고도 말할 수 있는 재료가 존재하여, 과제란 바로 그것을 유동화하고, 살아 있는 개념을 그러한 죽은 소재 속에서 다시 불타오르게 하는 데 존립하는 것이다." *Log.* II 211/5.3/6.243.

시 말하면 개별화되어 있는 보편자) 그리고 추론(다시 말하면 특수성에 의해 개별성과 결합되어 있는 보편자)인 것이다.)4

다른 한편으로 '주관적 논리학'이라는 명칭은 전혀 다른 의미에서 개념에 관한 학설로서의 『논리의 학』의 세 번째 부분의 내용을 묘사하는데, 왜냐하면 이 학설은 대자 존재하는 개념을 다루기 때문이다. 실체 — '객관적 논리학'의 최종적 대상 — 의 완성은 더 이상 실체 자신이 아니라 "좀 더 고차적인 것, 개념, 주체다."5 특히 '주관적 논리학'이라는 명칭은 여기서 서술되는 대자 존재하는 개념의 발전이 이 개념이 자아 또는 순수한 자기의식 이외에 다른 아무것도 아닌 그러한 실존에 다다른 데로 나아가는 한에서 적절하다.6

*　　*
*

『논리의 학』은 그 전체에서 진리를 다루지만,7 '주관적 논리학'은 "진리 자신"8을 다룬다. 그것은 '존재'와 '본질'의 진리9이고 "실체의 진리"10인 '개념'을 다룬다. ('주관적 논리학' 내부에서는 '이념'에 관한 학설이 비로소 '참된 것 그 자체'를 다룬다. "이념은 적합한 개념, 객관적인 참된 것 또는 참된 것 그 자체다."11)

4. 마찬가지 것이 '객관적 논리학'에서 서술된 존재자의 순수한 개념들, 곧 존재와 사유의 근본 형식들, 범주들에 대해 적용된다.
5. *Log.* II 216/5.9/6.249.
6. *Log.* II 220/5.13, 14/6.253.
7. 예를 들어 *Log.* I 31/4.45, 46/5.44.
8. *Log.* II 211/5.4/6.244.
9. *Log.* II 213/5.5/6.245.
10. *Log.* II 214/5.6/6.246.
11. *Log.* II 407/5.236/6.462.

『논리의 학』 전체가 진리를 다루지만 '주관적 논리학'이 비로소 진리 자신을 다루듯이, 또는 『논리의 학』 전체가 개념을 다루지만 '주관적 논리학'이 비로소 개념 자신을 다루듯이,12 또한 『논리의 학』 전체는 논리학을 서술하지만, 그럼에도 '주관적 논리학'이 비로소 그리고 그것만이 논리학 자신이다.

'객관적 논리학'이 존재와 비존재('비존재 일반' 내지 '고유한 비존재')를 다루는 데 반해, '주관적 논리학'은 사유와 사유의 자기 외 존재의 관계를 다룬다.

'객관적 논리학'에서의 개념의 전진이 타자로의 이행 내지 가현이라면, '주관적 논리학'에서 개념의 전진은 발전이다.13

'객관적 논리학'이 존재자 개념들의 체계의 생성으로서의 개별적 존재 개념들의 생성에 대한 위에서 내려다보는[조감적인]$^{draufsichtige}$ 파악이라면, '주관적 논리학'은 대자 존재하는 개념의 생성에 대한 그 안을 들여다보는[통찰적인]$^{einsichtiges}$ 파악이다.14/15

'주관적 논리학'은 형식적 개념의 실제적 개념에로의, 그리고 실제적 개념의 실재적 개념에로의 발전을 다룬다.16/17 여기서 개념은 주관성으로

· ·
12. '존재'와 '본질'에 관한 '객관적 논리학'의 학설은 다만 "개념의 발생적 해명"을 이룰 뿐이다. *Log.* II 213/5.6/6.245.
13. *Enz.* § 161을 참조.
14. *Enz.* § 161. "형태 변화$^{Metamorphose}$는 오로지 개념 그 자체에게만 속하는데, 왜냐하면 개념의 변화만이 발전이기 때문이다." *Enz.* § 249.
15. 통찰에는 '주관적 논리학'이 개념에로 해방된 실체와 자기 자신에게 투명한 명확함을 다루는 것이 상응한다. "인과 관계 속에 서 있는 실체들의 서로에 대한 어두움은 사라졌는데, 왜냐하면 그것들의 자기 존립의 근원성은 정립된 존재로 이행해 있고 그에 의해 자기 자신에게 투명한 명확함으로 되었기 때문이다." *Log.* II 219/5.12/6.251. '주관적 논리학'에서 서술된 개념의 발전은 또다시 절대 이념이 자기에게 완전히 투명하다는 데서 정점에 이른다. "이념이 스스로를 그것으로 규정하는 단순한 존재는 이념에게 완전히 투명하게 머물며, 자기의 규정 속에서 자기 자신 곁에 머무는 개념이다." *Log.* II 505/5.353/6.573. 또한 *Log.* II 485/5.328, 329/6.549, 550도 참조.

부터 객관성에로 이행하며, 마침내 주관—객관이 된다.[18] (우리는 '주관적 논리학'에서 '주관적 논리학'의 두 부분에서와 동일한 전진, 즉 실재적이지 않은 단계로부터 실재화 일반의 단계로 그리고 그로부터 절대적인 것으로 서의 실재화의 단계로 나아가는 전진을 본다.)

이미 앞에서[19] 선취적으로 언급되었듯이, '주관적 논리학', 즉 개념에 관한 학설은 존재를 다시 한 번 — 아래에서부터 위에 이르기까지 — '존재' 에 관한 학설과 '본질'에 관한 학설보다 더 높은 수준에서 고찰한다.

주관적 논리학은 '객관적 논리학'처럼 존재의 개념들이 아니라 개념의 개념을 포함한다. (그것은 개념들이 아니라 개념의 개념을 — 그것의 발전에 서 — 서술한다.) 그것은 더 이상 실체가 아니라 실체의 진리로서의 '개념'을 다룬다. 그것은 인과성 대신에 인과성 관계의 진리로서의 '기계론'을[20], 교호 작용 대신에 목적론을,[21] 필연성 대신에 필연성의 진리로서의 '자유'를 다룬다. 그것은 실체들 대신에 '객관들'에 대해 이야기하며, 사물들을 '개념', '판단' 그리고 '추론'으로서 다룬다.[22]

우리가 주관적 논리학은 존재를 다시 한 번 — 이는 객관적 논리학이 이미 두 차례 행한 것이다 — 아래로부터 위에 이르기까지 고찰한다고 말할 때, 다른 한편으로 간과해서는 안 되는 것은 주관적 논리학이 『논리의

••
16. 우리는 위에서 존재자의 순수한 개념들에 대해 헤겔의 '객관적 논리학'에서는 개념들이 단순히 열거되는 것이 아니라 그것들의 살아 있는 연관 속에서 제시된다고 말했다. '주관적 논리학'에서도 그와 마찬가지다. 이 점은 특히 그것의 첫 번째 부분에서 분명해진 다. 보통의 주관적 논리학에서는 개념과 판단 그리고 추론의 종류들이 열거되는 데 반해, 헤겔의 주관적 논리학에서는 개념들과 판단들 그리고 추론들이 우리가 그것들을 개념 파악하게 되는 살아 있는 연관 속에서 서술된다.

17. 예를 들어 *Log.* II 236/5.33/6.271과 *Log.* II 408/5.237/6.462, 463을 참조.

18. 예를 들어 *Log.* II 236/5.33/6.271과 *Log.* II 411/5.241/6.466을 참조.

19. '3. 헤겔 '논리학'의 삼분법과 이분법 및 그 전체'의 앞부분 논의에서.

20. *Log.* II 364/5.186/6.415.

21. 매개의 무한한 진행으로서. *Log.* II 401/5.229/6.456, *Log.* II 404/5.233/6.459.

22. *Enz.* § 167, *Log.* II 314/5.126/6.359.

학』의 커다란 삼단계 진행, 즉 개념 자체 — 정립된 개념 — 대자 존재하는 개념의 세 번째 단계를 나타낸다고 하는 전진하는 연관이다. 첫 번째 단계가 규정성을, 두 번째 단계가 첫 번째 단계에서 정립된 것의 정립을 다룬다면, 세 번째 단계는 첫 번째 단계에서 규정된 것과 두 번째 단계에서 정립된 것의 대자 존재를 다룬다. 대자적으로 존재하는 개념은, 우리가 곧이어 좀 더 상세하게 보게 되듯이, 정립된 존재, 실체를 전제로 지닌다. 주관적 논리학은 바로 개념으로 해방된 실체, 즉 대자적으로 존재하는 실체적 위력을 다룬다.

주관적 논리학을 읽어 나가는 데서도 우리는 다시 하나의 대상이 상이한 크기 질서들 아래 고찰될 때 상이한 서로 배제하는 개념들에 속한다고 하는 어려움에 부딪힌다. 그래서 '개념'과 '판단' 그리고 '추론'을 다루는 '주관적 논리학'의 제1편에서 판단과 추론은 바로 개념이 아닌 데 반해, 상위의 고찰방식에서는 '주관적 논리학' 전체 — 아니 『논리의 학』 전체 — 가 개념을 다루며, 판단과 추론도 개념인 것이다(판단은 정립된 형식적 개념, 추론은 완전히 정립된 형식적 개념이다). '이념'의 경우도 비슷한데, '주관적 논리학'의 제3편이 '이념'을 다루고, 그리하여 선행하는 편들은 아직 이념을 대상으로 지니지 않는 데 반해, 다른 한편으로 『논리의 학』 전체가 '자체적이고도 대자적인 이념'을 다룬다.23

현상들에 대한 연결, 즉 '객관적 논리학'에서 서술된 존재자의 순수한 개념들에 구체적으로 경험적 세계에서 상응하는 것을 발견하여 파악하는 것이 '객관적 논리학'을 읽어나가는 데시의 주요 닌점인 데 반해, '주관적 논리학'에서는 이러한 광범위한 물음이 떠오르지 않는데, 왜냐하면 여기서는 개념이 자기의 소재를 자기 자신에서 지니기 때문인바, 바꿔 말하면 주관적 논리학은 객관적 논리학처럼 추상적이지 않기 때문이다.24/25

· ·
23. *Enz.* § 18.
24. '주관적 논리학'의 주요 대상들, 즉 '개념', '판단', '추론', '기계론', '화학론', '목적론',

필자는 물론 헤겔이 '객관적 논리학'에서처럼 '주관적 논리학'에서도
— 그러므로 『논리의 학』 전체에서도 똑같은 방식으로 — 스스로를 추상
적 관계들에 한정해야 하며, 논리적 대상들을 실재성의 대상들과 등치시켜
서는 안 된다는 견해를 지닌다. 명칭과 서술의 이러한 구별되는 취급에
대해서는 '논리학' 내부에서는 어떠한 사태적인 근거지우기도 존재하지
않는다. 덧붙여지는 것은 헤겔이 여기서 중대한 오류를 범한다는 것인데,
이에 대해서는 우리가 나중에 제시하게 될 것이다. 존재에 관한 학설이
존재와 비존재의 관계의 발전으로서, 본질에 관한 학설이 본질과 가상의 관계의
발전으로서 묘사되어 있듯이, 그와 마찬가지로 개념에 관한 학설도 사유와
사유의 자기 외 존재의 관계의 발전으로서 묘사될 수 있었을 것이다. 그렇다면
(질로서의) 존재에 관한 학설이 '대자 존재'에서 그리고 본질에 관한 학설이
'현실성'에서 정점에 도달하듯이, 개념에 관한 학설은 사유와 사유 외 존재의
통일에서, 즉 '주체–객체'에서 정점에 도달하지 이념에서 그러한 것이 아닌데,
필자가 파악하기에는 이념은 『논리의 학』에는 꼭 들어맞지 않는다.

*　　*<br>*

개관을 획득하기 위해 주관적 논리학에서 서술되는 개념의 발전을 미리
짧게 일별해 보자.

••
　'생명', '인식', '절대 이념'을 생각해 볼 수 있을 것이다.
25. 덧붙여지는 것은 객관적 논리학의 개념들이 구별되는 여러 관계들에 적용될 수 있는
　데 반해(가령 '현상' 개념은 물체성과 감성 및 또한 정신성에 적용될 수 있다), 주관적
　논리학은 형식적 개념으로부터 절대 이념에 이르는 발전 연관을 서술한다는 것이다.
　(다만 이것의 몇 가지 예외가 간간이 삽입되어 있다. 그래서 예를 들어 '기계론'에
　관한 헤겔의 상론들은 헤겔이 분명히 언급하고 있듯이(*Log.* II 365/5.187/6.416.) 또한
　정신적 관계들, 예를 들어 정신적 전달에, '화학론'에 관한 진술들은(*Log.* II 377/ 5.201/
　6.429.) 또한 성관계나 사랑의 정신적 관계에 관계되는 등등이다.)

첫 번째 단계에서 개념은 아직 실재화되어 있지 않은바, 형식적 개념이다.[26] 두 번째 단계에서 개념은 그것의 내면성으로부터 걸어 나와 현존재로 이행해 있는바, 실제적 개념이다.[27] 세 번째 단계에서 개념은 단적으로 자기에게 적합한 실재화에 도달하며, 그것은 실재적 개념이다.[28]

## '개념 일반'에 대하여
### (개념의 본성에 대하여)

주관적 논리학은 우선은 개념 일반 또는 개념의 본성을 다룬다.

개념은 존재와 본질의 통일이다. "본질은 존재의 최초의 부정이며, 존재는 그에 의해 가상으로 되었다. 개념은 두 번째 부정 또는 이 부정의 부정이며, 그러므로 회복된 존재이지만, 그것의 자기 자신 안에서의 무한한 매개와 부정성으로서의 존재다. ─ 따라서 존재와 본질은 개념 속에서 더 이상 그것들이 존재와 본질로서 있는 규정을 지니지 않으며, 또한 그것들은 각각이 타자 속에서 가현하는 그러한 통일 속에만 있는 것도 아니다. 따라서 개념은 이러한 규정들로 구별되지 않는다. 개념은 존재와 본질이 그 속에서 그것들의 충족된 자립성과 서로를 관통하는 규정을 획득하는 실체적 관계의 진리다."[29]

개념은 실체를 자기의 직접적 전제로 지닌다. 실체는 개념이 현현된 깃으로서 그것인 바의 것이다. 개념은 실체의 진리다. 실체의 규정된 관계방식이 필연성이라는 점에서, 자유는 필연성의 진리로서 그리고 개념의 관계

26. *Prop.* III 1을 참조. § 56 앞의 표제.
27. *Log.* II 236/5.33/6.271.
28. *Log.* II 237/5.33/6.271.
29. *Log.* II 235/5.31/6.269.

방식으로서 나타난다.[30] 개념에로 건너 나아가는 실체에 대한 해명은 실체의 폭로다.[31] "따라서 개념 속에서 자유의 나라가 열렸다. 개념은 자유로운 것인데, 왜냐하면 실체의 필연성을 이루는 자체적으로도 대자적으로도 존재하는 동일성이 동시에 지양된 것으로서나 정립된 존재로서 있고, 이 정립된 존재가 스스로 자기 자신과 관계하는 것으로서 바로 저 동일성이기 때문이다. 인과 관계 속에 서 있는 실체들의 서로에 대한 어두움은 사라졌는데, 왜냐하면 그것들의 자기 존립의 근원성은 정립된 존재로 이행해 있고 그에 의해 자기 자신에게 투명한 명확함으로 되었기 때문이다. 근원적 사태는 그것이 오직 그 자신의 원인일 뿐이라는 점에서 이러한 것이거니와, 이것은 개념으로 해방된 실체다."[32]

개념의 전진 규정이 정립된 개념으로부터 동시에 또한 정립되어 있는 것이기도 한 대자적으로 존재하는 개념에로 이어진다는 점에서, 그리고 개념에로 건너 나아가는 실체에 대한 해명이 실체의 폭로라는 점에서, 나아가 여기서 사태가 개념에로 해방된 실체라는 점에서 너무도 분명히 드러나는 것은, 오인되어서는 안 되는 것이지만, 헤겔의 '주관적 논리학'이 그 발전을 다루는 개념이 존재자라고 하는 것이다. "개념은 자기에 대해 존재하는 실체적 위력으로서의 자유로운 것이다."[33] 개념의 논리적 형식들은, 개념의 논리학이 일상적으로 단지 형식적일 뿐인 학문으로서 이해되듯이, 사상의 죽고 효력이 없는 무관심한 그릇이 아니라 역으로 현실적인 것의 살아 있는 정신이며, 현실적인 것 중에서 오직 이러한 형식들에 힘입어, 즉 그 형식들에 의해 그리고 그것들 속에서 참된 것만이 참되다.[34]

"자체적이고도 대자적인 존재가 직접적으로 정립된 존재로서 있기 때문

• •
30. *Log.* II 213, 214/5.6/6.246.
31. *Log.* II 218/5.11/6.251.
32. *Log.* II 218, 219/5.12, 13/6.251.
33. *Enz.* § 160.
34. *Enz.* § 162.

에, 자기 자신에 대한 단순한 관계 속에 있는 개념은 절대적 규정성이지만, 이 규정성은 그와 마찬가지로 스스로 오직 자기와만 관계하는 것으로서 직접적으로 단순한 동일성이기도 하다. 그러나 규정성의 자기 자신에 대한 이러한 관계는 규정성의 자기와의 합치로서 그러한 만큼이나 규정성의 부정이거니와, 개념은 이러한 자기 자신과의 동등성으로서 보편적인 것이다. 그러나 이러한 동일성은 마찬가지로 부정성의 규정을 지닌다. 그것은 스스로 자기에게 관계하는 부정 또는 규정성이다. 그래서 개념은 개별적인 것이다. 그것들의 각각은 총체성이며, 각각은 타자의 규정을 자기 안에 포함하거니와, 그런 까닭에 이 총체성들은 그와 마찬가지로 단적으로 오직 하나의 총체성일 뿐이며, 이러한 통일로서 이러한 이원성의 자유로운 가상에로의 그 자신의 분리인데 — 이 이원성은 개별적인 것과 보편적인 것의 구별 속에서 완전한 대립으로서 현상하지만, 그 대립은 하나가 개념 파악되고 언표됨으로써 그 속에서 다른 것이 직접적으로 개념 파악되고 언표되는 만큼이나 가상이다.

방금 진술된 것은 개념의 개념으로서 고찰될 수 있다."35

헤겔은 이러한 개념의 개념이 사람들이 보통 개념에서 이해하는 것으로부터 벗어나는 것으로 보일 수 있다면, 여기서 개념으로서 밝혀진 것이 다른 표상들과 설명들에 어떻게 포함되어 있는지가 제시될 것이 요구될 수 있을 것이라고 말한다.36


# A. '주관성'

('형식적 개념'의 논리학)

• •
35. *Log.* II 218, 219/5.12, 13/6.251, 252.
36. *Log.* II 219 ff./5.13 ff./6.252 ff.

주관적 논리학의 제1편에서 헤겔은 개념과 판단 그리고 추론을 다룬다. 이 표제들을 읽게 되면, 일차적인 인상으로서 다가오는 것은 헤겔이 여기서 통상적 논리학을 주관적 사유의 학설로서 제시한다고 하는 것이다. 그렇지만 이러한 생각은 버려져야 한다. 개념과 판단 그리고 추론에 관한 헤겔의 학설은 오히려 객관적 사유 속에서 개념, 판단, 추론의 개념 연관을, 그것도 개념으로부터 판단에로의, 판단으로부터 추론에로의 발전을 서술한다. 헤겔은 여기서 개념의 개념과 판단의 개념 그리고 추론의 개념을 제시한다. 통상적 논리학도 개념과 판단 그리고 추론에서 무엇을 이해해야 할 것인지를 해명한다. 그렇지만 통상적 논리학의 이러한 해명들은 단지 정의들만을 제시한다. 그에 반해 헤겔은 여기서 개념과 판단 그리고 추론을 객관적 개념들로서 살아 있는 연관 속에서 전개한다.

"그러므로 처음에 개념은 단지 그 자체에서만 진리다. 개념이 단지 내적인 것일 뿐이기 때문에, 그것은 그러한 만큼이나 단지 외적인 것일 뿐이다. 개념은 처음에는 일반적으로 직접적인 것이거니와, 이러한 형태 속에서 그것의 계기들은 직접적이고 고정된 규정들의 형식을 지닌다. 그것은 규정된 개념으로서, 단순한 지성의 영역으로서 나타난다. — 개념이 스스로 자기 자신에게 관계하는 자유로운 것인 까닭에 이러한 직접성의 형식은 개념의 본성에 아직 적합하지 않는 현존재이기 때문에, 이 형식은 개념이 그 속에서 자체적으로도 대자적으로도 존재하는 것으로서 아니라 단지 정립되었을 뿐인 것이거나 주관적인 것으로서 여겨질 수 있는 외면적인 형식이다. — 직접적인 개념의 형태는 그에 따르면 개념이 주관적인 사유, 또는 사태에 외면적인 반성인 바의 입장을 이룬다. 따라서 이 단계는 주관성 또는 형식적 개념을 이룬다. 개념의 외면성은 그것의 규정들의 고정된 존재 속에서 현상하며, 그에 의해 각각의 규정은 그 자체로 오직 자기의 타자에 대한 외적인 관계 속에서만 존재하는 고립된 것, 질적인 것으로 등장한다."[37]

'존재'에 관한 학설과 '본질'에 관한 학설이 무와 더불어 시작되듯이, '개념'에 관한 학설도 '형식적 개념'과 더불어, 즉 무와 더불어, 다시 말하면 아직 실재화되지 않은 개념과 더불어 시작된다. '개념'의 발전의 두 번째 단계에서야 비로소, 즉 '객관성'의 단계에서야 비로소 우리는 "개념의 내면성으로부터 튀어 나와 현존재로 이행한 실제적 개념"을 우리 앞에 지닌다.38

시원에서 개념의 구별 또는 정립된 존재는 다만 가상, 개념 그 자체일 뿐이다. 다음 단계에서 형식적 개념은 스스로를 부정적인 것 또는 그 자신의 타자로서 정립한다. 자립적이고 무관심한 것으로서 정립된 그것의 계기들의 관계로서의 그것은 판단이다. 형식적 개념의 발전의 세 번째 단계에서는 개념의 자립적 계기들 속에서 상실된 개념의 통일성이 정립되어 있다. 판단의 변증법적 운동에 의해 판단은 **추론**으로, 즉 완전히 정립된 형식적 개념으로 되었는데, 왜냐하면 추론에서는 자립적인 양극들로서의 개념의 계기들뿐만 아니라 또한 그것들의 매개하는 통일이 정립되어 있기 때문이다. 우리는 형식적 개념의 발전과 단계화, 즉 개념–판단–추론이 또다시 삼단계 진행을 나타낸다는 것을 보고 있다.


## a. '개념'
### (형식적 개념 그 자체)


개념은 보편성, 특수성, 개별성의 세 개의 계기를 포함한다. 처음에 개념은 순수 개념 또는 보편성의 규정이다. 둘째로, 개념은 그에 의해 이러한 특수한 것으로서 또는 타자에 맞서 구별된 것으로서 정립되어 있는 규정된

37. *Log.* II 236/5.32, 33/6.270, 271.
38. *Log.* II 236/5.33/6.271.

개념으로서 존재한다. 셋째로, 개별성은 구별로부터 절대적 부정성 속으로 스스로 반성하고 있는 개념이다.

## 보편적 개념

개념은 처음에는 자기에 대한 순수한 관계, 즉 개념의 보편성이다.[39] 보편적인 것은 단순한 것인바, 그것은 그러한 만큼이나 자기 자신 안에서 가장 풍부한 것이기도 하다.

보편적인 것은 단지 개념의 발전에서 하나의 지나가는 단계가 아니라 지속하는 것이다. 보편자는 구체적인 것의 영혼인바, 그것은 구체적인 것에 내재하고 구체적인 것의 다양성과 상이성 속에서도 방해받지 않고서 자기 자신과 동등하다. 보편자는 생성 속에 함께 휘말려드는 것이 아니라 생성에 의해 흐려지지 않은 채 연속하고, 불변적이고 불사적인 자기 보존의 힘을 지닌다.[40]

"따라서 보편자는 자유로운 위력이다. 그것은 그것 자신이고 자기의 타자를 포월한다. 그러나 보편자는 폭력적인 것으로서가 아니라 오히려 그 타자 속에서 고요하며 자기 자신 곁에 존재한다. 보편자가 자유로운 위력으로 불렀듯이 그것은 또한 자유로운 사랑과 한없는 축복이라고도 불릴 수 있을 것인데, 왜냐하면 보편자는 오직 자기 자신에 대한 것으로서의 구별된 것에 대한 자기의 태도이기 때문이다. 이 구별된 것 속에서 보편자는 자기 자신에게로 귀환해 있다."[41/42]

• •
39. *Log.* II 240/5.37/6.274, 275.
40. *Log.* II 242/5.38, 39/6.276.
41. *Log.* II 242, 243/5.39, 40/6.277.
42. 헤겔이 순수한 개념의 논리적 보편자가 아니라 삼위일체적인 신으로서의 보편자를 다루는 이 논의와 뒤따르는 논의는 논리학이 아니라 종교 철학에 속한다.

비록 개념이 여기서 처음에는 단지 보편자로서만 존재하고 단지 자기와 동일적일 뿐이어서 아직 규정성으로 전진해 있지 않을지라도, 보편자에 대해서는 좀 더 상세하게는 특수성과 개별성인 규정성 없이 말해질 수 없다. "왜냐하면 보편자는 자기의 자체적이고도 대자적인 부정성 속에서 규정성을 포함하기 때문이다. 그러므로 규정성은 보편자에서 그에 대해 말해질 때 밖으로부터 그것에로 취해지지 않는다. 부정성 일반으로서 또는 최초의 직접적인 부정에 따라 보편자는 규정성 일반을 자기에게서 특수성으로서 지닌다. 두 번째 것, 즉 부정의 부정으로서의 보편자는 절대적 규정성 또는 개별성과 구체화다. ─ 그리하여 보편자는 개념의 총체성인바, 그것은 구체적인 것이고, 공허한 것이 아니라 오히려 자기의 개념에 의해 내용 ─ 즉 보편자가 단지 그 속에서 자기를 보존하는 것이 아니라 오히려 보편자에게 고유하고 내재적인 내용을 지닌다. 내용은 분명 사상될 수도 있다. 그러나 그렇게 해서는 우리는 개념의 보편적인 것이 아니라 오히려 개념의 고립되고 불완전한 계기이자 아무런 진리도 지니지 않는 추상적인 것을 획득한다."[43]

"생명, 자아, 정신 절대적 개념은 단지 좀 더 고차적인 유들로서의 보편자들이 아니라 그 규정성들이 또한 단지 종들이나 하위의 유들이 아니라 자기의 실재성 속에서 단적으로 오직 자기 안에 있고 그에 의해 충만해 있는 구체적인 것들이다. 생명, 자아, 유한한 정신도 분명 다만 규정된 개념들일 뿐인 한에서, 참으로 절대적인 개념으로서, 무한한 정신의 이념으로서 파악될 수 있는 것과 같은 보편자 속에는 그것들의 절대적 해소가 존재하는바, 이 무한한 정신의 정립된 존재는 그 속에서 정신이 자기의 창조와 자기 자신을 직관하는 무한하고도 투명한 실재성이다."[44]

• •
43. *Log.* II 243/5.40/6.277, 278.
44. *Log.* II 244, 245/5.41, 42/6.279.

# 특수적 개념

"자기 안에서 직접적으로 특수성인 만큼이나 또한 개별성이기도 한 참다운 무한한 보편자는 이제 우선은 좀 더 상세하게 특수성으로서 고찰되어야 한다. 그러한 보편자는 스스로를 자유롭게 규정한다. 그것의 유한화는 오직 존재의 영역에서만 행해지는 이행이 아니다. 그것은 스스로 자기 자신에 관계하는 절대적 부정성으로서의 **창조적 위력**이다. 보편자는 그러한 위력으로서 자기 안에서의 구별 작용이거니와, 이 구별 작용은 구별 작용이 보편성과 하나인 것에 의해 **규정 작용**이다. 그리하여 보편자는 보편적이고 스스로 자기와 관계하는 것들로서의 구별들 자신의 정립이다. 이에 의해 구별들은 고정되고 고립된 구별들이 된다. 유한자의 고립된 존립, 즉 이전에 유한자의 대자 존재로서, 또한 사물성으로서, 실체로서 규정되었던 것은 그것의 진리에서는 보편성인바, 무한한 개념은 그 보편성의 형식을 자기의 구별들에게 부여하는데, ― 그 형식은 바로 개념의 구별들 자신 가운데 하나다. 이 점에 오직 개념 자신의 이러한 가장 내적인 것 속에서만 파악될 수 있는 개념의 창조가 존립한다."[45]

특수성인 바의 개념의 규정성은 한계가 아니며, 그리하여 그것은 자기의 저편으로서의 타자에 관계하는 것이 아니라 오히려 방금 제시되었듯이 보편자의 고유한 내재적 계기다. 따라서 보편자는 특수성 속에서 타자 곁에 있는 것이 아니라 단적으로 자기 자신 곁에 존재한다.


# 개별적인 것

추상은 스스로 자기를 거기로 고양시키는 그것의 좀 더 고차적이고

---

45. 같은 곳.

가장 고차적인 보편자가 더욱더 내용 없게 되는 표면이라는 점에서 개념의 도정으로부터 떨어져 나와 진리를 방기한다. 추상은 생명, 정신, 신을 파악할 수 없는데, 왜냐하면 그것은 자기의 산물에게 개별성, 즉 개성과 인격성의 원리가 다가오지 못하게 함으로써 다름 아닌 생명 없고 몰정신적이며 생기 없고 내실 없는 보편성들에 도달하기 때문이다.

참으로는 이러한 추상에 의해 무시된 개별성이야말로 개념이 그 속에서 자기 자신을 파악하여 개념으로서 정립되어 있는 깊음이다.[46] 보편성과 특수성은 한편으로는 개별성의 생성의 계기들로서 나타난다. 그러나 그것들은 또한 그 자신에서의 총체적 개념이며, 그리하여 그것들은 개별성 속에서 타자로 이행하는 것이 아니라 오히려 개별성 속에는 오직 자체적으로도 대자적으로도 개별성인 것만이 정립되어 있다.

개별적인 것은, 그것이 개념으로부터 생겨나고 그리하여 보편자로서, 자기와의 부정적 동일성으로서 정립되어 있다는 점을 제외하면, 현실적인 것인 바의 것과 동일하다. 개념의 개별성은 단적으로 작용하는 것이거니와, 그것도 또한 더 이상 가상을 지니는 원인처럼 타자에게 작용하는 것이 아니라 오히려 자기 자신의 작용자다.[47]


## b. '판단'
### (자기 자신의 타자로서 정립된 형식적 개념)


그러고 나서 헤겔은 형식적 개념이 어떻게 '정립된' 형식적 개념으로, 다시 말하면 판단으로 되는지와 '판단의 전진 규정'에 의해 필연적으로 어떠한 판단들과 판단들의 어떠한 하위 종류들이 존재하게 되는지를 진술

• •
46. *Log.* II 260/5.60/6.297.
47. *Enz.* § 163.

한다.

개념 그 자체가 절대적 부정성이기 때문에, 그것은 자기를 분리하며 자기를 부정적인 것으로서 또는 자기 자신의 타자로서 정립한다. (개념은 바로 일반적으로 그것이 자기 자신에서 지니는 부정적인 것에 의해 자기를 더 멀리 이끌어간다.) 개념이 처음에는 직접적인 것인 까닭에 이러한 정립이나 구별은 계기들이 서로에 대해 무관심하고 각각이 대자적으로 된다고 하는 규정을 지닌다. 개념의 통일은 이러한 분할 속에서 다만 아직은 외적인 관계일 뿐이다. 그렇듯 자립적이고 무관심한 것으로서 정립된 그것의 계기들의 관계로서의 개념은 판단이다.48

"판단은 통상적으로 주관적인 의미에서, 즉 단지 자기의식적인 사유에서만 출현하는 조작이나 형식으로서 받아들여진다. 그러나 이 구별은 논리적인 것에서는 아직 현존하지 않는바, 판단은 전적으로 보편적으로 받아들여져야 한다. 즉, 모든 사물은 판단이다, — 다시 말하면 그것들은 자기 안에서 보편성 또는 내적 본성인 개별적인 것들이거나 또는 개별화되어 있는 보편자다. 보편성과 개별성은 그것들에서 구별되지만, 동시에 동일하다."49

판단의 전진 규정은 네 개의 판단들로 나아간다. 현존재의 판단(이는 긍정 판단, 부정 판단, 무한 판단의 하위 종류들을 지닌다), 반성의 판단(이는 단칭 판단, 특칭 판단, 전칭 판단의 하위 종류들을 지닌다), 필연성의 판단(이는 정언 판단, 가언 판단, 선언 판단의 하위 종류들을 지닌다), 그리고 개념의 판단(이는 단언[실연] 판단, 개연 판단, 필증[필연] 판단의 하위 종류들을 지닌다)이 그것들이다.

헤겔의 『논리의 학』에 대한 전체적 이해를 위해 헤겔에 의해 서술된 판단들은 개별적으로는 의미를 지니지 않는다. 그런 까닭에 우리는 여기서는 그것들을 더 이상 고찰하지 않고, 'V. 헤겔『논리의 학』에서 개념들의

· ·
48. *Log.* II 238/5.34/6.272.
49. *Enz.* § 167.

사용'에서 그것들을 좀 더 상세하게 설명하고자 한다.


## c. '추론'
### (완전히 정립된 형식적 개념)

마지막으로 헤겔은 '정립된' 형식적 개념이 어떻게 '완전히 정립된' 형식적 개념으로, 다시 말하면 판단이 어떻게 추론으로 되고 '추론의 전진 규정'에 의해 어떠한 추론들과 추론들의 하위 종류들이 필연적으로 존재하게 되는지를 진술한다.

판단은 분명 자기의 자립적 계기들 속으로 상실된 개념의 통일을 포함하지만, 이 통일은 정립되어 있지 않다. 그것은 판단의 변증법적 운동에 의해 정립되는데, 판단은 이에 의해 추론으로, 즉 완전히 정립된 형식적 개념으로 되어 있는데, 왜냐하면 추론에서는 바로 개념의 계기들뿐만 아니라 또한 자립적인 양극이, 그리고 또한 그 양극의 매개하는 통일이 정립되어 있기 때문이다.[50]

주관성의 발전이라는 이러한 입장에서 사태 자신은 추론이다. "모든 사물은 추론, 즉 특수성에 의해 개별성과 결합된 보편자다."[51]

추론의 전진 규정은 세 개의 추론들로 이어진다. 현존재의 추론(이는 네 개의 하위 종류들 내지 격들, 즉 $E - B - A, B - E - A, E - A - B, A - A - A$를 지닌다), 반성의 추론(이는 전체성의 추론, 귀납의 추론, 유비의 추론이라는 하위 종류들을 지닌다), 그리고 필연성의 추론(이는 정언 추론, 가언 추론, 선언 추론이라는 하위 종류들을 지닌다)이 그것들이다.

••
50. *Log.* II 238/5.34/6.272.
51. *Log.* II 314/5.126/6.359.

헤겔의 『논리의 학』에 대한 이해를 위해 위에서 언급된 추론들은 의미를 지니지 않는 까닭에, 그것들은 여기서 서술되지 않는다. 그렇지만 그것들은 'V. 헤겔『논리의 학』에서 개념들의 사용'에서 좀 더 상세하게 설명된다.

# B. '객관성'
('실제적 개념'의 논리학)

주관적 논리학의 제1편 '주관성'에서 개념은 주관적 사유, 사태에 외면적인 반성이었다.[52] 제2편은 이제 자체적으로도 대자적으로도 존재하는 사태를 다룬다. 주관성, 즉 개념의 대자 존재는 개념의 자체 존재, 즉 객관성으로 이행해 있다. 대자적으로 존재하는 동일성으로서의 개념은 자기의 그 자체에서 존재하는 객관성으로부터 구별되어 있으며, 그에 의해 개념은 외면성을 지닌다.[53] "그것의 객관성 속의 개념은 자체적으로도 대자적으로도 존재하는 사태 자신이다."[54] (객관적인 것은 자체적으로도 대자적으로도 존재하는 것을 의미한다.) 개념은 객관성인 바의 그러한 실재성을 획득했다.[55]

헤겔은『철학적 예비학』에서 이 절에 '개념의 실재화'라는 표제를 붙인다. 객관성에 관한 헤겔의 학설은 더 이상 형식적 개념이 아니라 실제적 개념을, 다시 말하면 자기의 내면성으로부터 튀어 나와 현존재로 이행한

52. *Log.* II 236/5.32/6.271.
53. *Log.* II 405/5.235/6.461.
54. *Log.* II 236/5.33/6.271.
55. *Log.* II 351/5.170/6.401.

개념을 다룬다.56

우리는 삼단계 진행의 두 번째 단계에서야 비로소 일반적으로 실재화가 시작된다는 우리의 나중의 총괄적으로 요약하는 논의57를 지적하고자 한다. 우리는 여기서 다시 한 번 앞에서의 도식58을 살펴볼 수 있다. 그로부터 우리는 이 객관성 단계가 '현존재' 내지 '현상하는 본질'의 단계에 상응한다는 것을 보게 된다. ― 여기서 '존재'의 발전에서 존재와 무가, '본질'의 발전에서 본질과 현상이 아직 분리되어 있듯이, '개념'의 발전에서는 주관적 개념과 객관성이 아직 분리되어 있다.

자체적이고도 대자적인 개념이 주관적 개념으로서 객관성과 함께 지니는 객관성과의 동일성이 여기서 아직 정립되어 있지 않기 때문에, '객관성' 단계에는 개념성과 더불어 몰개념적인 다양성이 존립한다.

객관성에 관한 헤겔의 학설은 객체들을 다루며, 객체들의 관계의 발전 단계들로 나누어진다. 객체들은 우선은 서로 분리되어 있다(기계론). 그리고 나서 개념의 통일이 객체들 자신의 내재적 법칙으로서 드러난다는 점에서, 그것들의 자립성이 지양된다(화학론). 마지막으로 객체들의 본질적 통일이 그것들의 자립성과 구별된 것으로서 정립되어 있다(목적론).

이미 언급했듯이,59 기계론과 화학론에 대한 헤겔의 논의들은 물질적 대상들과 과정들뿐만 아니라 정신적 대상들과 과정들에도 관계된다. 그것들은 더 나아가 운명과도 관계된다.60

## a. '기계론'

● ●
56. *Log.* II 236/5.33/6.271.
57. 뒤의 '헤겔의 삼단계 진행에 대한 회고'를 참조.
58. 앞에서의 '헤겔 '논리학'의 삼분법과 이분법 및 그 전체'를 참조.
59. 이 장의 조금 앞의 각주 25)를 참조.
60. *Log.* II 370/5.192/6.421.

기계론에서 "구별된 것들은 완전하고 자립적 객체들인바, 따라서 객체들은 그것들의 관계 속에서도 서로에 대해 단지 자립적인 것들로서만 관계하며 각각의 결합 속에서 외면적으로 머문다. ― 다음과 같은 것이 기계론의 성격을 이루는바, 결합된 것들 사이에서 어떤 관계가 발생하든지 간에 이 관계는 그것들에게 그것들의 본성과 아무런 상관도 없는 낯선 것이며, 그 관계가 비록 하나라는 가상과 결합되어 있을지라도 여전히 접합, 혼합, 집적 등등 이상의 것이 아닌 것이다. 물질적 기계론과 마찬가지로 또한 정신적 기계론도 정신 속에서 관계된 것들이 서로에게나 정신 자신에게 외면적으로 머문다는 데 존립한다. 기계적 표상방식, 기계적 기억, 습관, 기계적 행동방식이란 정신이 파악하거나 행하는 바로 그것에 정신의 특유한 뚫고 들어감과 현재성이 결여되어 있다는 것을 의미한다."[61]

## 기계적 객관

기계적 객관은 그것이 자기에게서 어떠한 규정된 대립도 지니지 않는 한에서 우선은 무규정적이다. 기계적 객관은 무규정적인, 다시 말하면 몰관계적인 다양성으로서의 규정성을 자기에게서 지닌다. 기계적 객관에게서 구별될 수 있는 측면들, 부분들은 외적 반성에 속한다. 무규정적인 구별은 다만 다수의 객관들이 존재하는바, 그것들 각각은 자기의 규정성을 오직 그것의 보편성 안으로 반성된 채로만 포함하며 밖을 향해 가현하지 않는다고 하는 것이다. 기계적 객관에게 이러한 무규정적인 규정성이 본질적이기 때문에, 그것은 자기 자신 안에서 그러한 다수성이며, 따라서 접합된 것으로서, 집합으로서 고찰되어야만 한다.

• •

61. *Log.* II 360/5.180/6.409, 410.

기계적 객관은 개별적인 것들로서의 규정들에 대해 무관심하다. 따라서 그 규정들은 그것으로부터도 서로로부터도 개념 파악될 수 없다. 부분들과 측면들의 혼합이나 순서, 일정한 배열은 그렇게 관계된 것들에게 무관심한 결합들이다.

기계적 객관은 자기의 총체성의 규정성을 자기 바깥에서, 다른 객관들에서 지니는바, 그 다른 객관들도 마찬가지로 자기들 바깥에서 그리하며, 그렇게 무한히 계속된다. 이러한 무한한 넘어감의 자기 안으로의 귀환은 물론 마찬가지로 가정되어야만 하고, 총체성으로서, 세계로서 표상되어야만 하지만, 그 세계는 무규정적인 개별성에 의해 자기 안에 완결된 보편성, 즉 우주다.


## 기계적 과정


객관들의 서로에 대한 완전한 무관심성과 그것들의 규정성의 동일성 사이에는 모순이 존립한다. 이 모순은 통일 속에서 단적으로 서로를 밀쳐내는 객관들의 부정적 통일, — 즉 기계적 과정이다.

단순한 기계론에서 대상들은 제3의 폭력에 의해 결합되거나 변화되며, 그리하여 이러한 결합과 변화는 사전에 이미 그것들의 본성 속에 놓여 있는 것이 아니라 그것들에게 외면적이고 우연적인바, 따라서 그것들은 그러한 결합과 변화 속에 자립적으로 머문다.


## 절대적 기계론


기계론의 최고의 단계는 절대적 기계론이다.

서로에 대해 기계적으로 작용하는 여러 객관들 사이에는 실제적 중심이 존립하는바, 그것에 의해 객관들은 자체적으로도 대자적으로도 결합되어 있다.

물질적 세계에서 유이지만 개별적 객체들과 그것들의 기계적 과정의 개체적 보편성인 것은 중심 물체$^{Zentralkörper}$다.

정신적인 것에서 중심 및 그것과의 하나임은 좀 더 고차적인 형식들을 가정한다. 여기서 우선은 기계적 중심성인 개념의 통일과 그 통일의 실재성은 거기서도 근본 규정을 이루어야만 한다. ― 정부는 그 속에서 개별자들의 극이 그들의 외면적 존립과 결합되는 절대적 중심이다. 그와 마찬가지로 개별자들도 저 보편적 개체로 하여금 외면적인 실존에 대해 활동하게 하고 그것의 윤리적 본질을 현실성이라는 극으로 옮겨 놓는 중심이다.

우리가 이전에 죽은 기계론과 관계했다면, 여기서는 자유로운 기계론이 주어져 있다. 죽은 기계론은 직접적으로 자립적인 것으로서 나타났지만 바로 그런 까닭에 참으로는 비자립적이고 자기의 중심을 자기 바깥에 지니는 객체들의 기계적 과정이었다. 정지로 이행하는 이러한 과정은 우연성과 무규정적인 동등성이나 형식적 동형성을 보여준다. 이러한 동형성은 분명 하나의 규칙이지만, 법칙은 아니다. 오로지 자유로운 기계론만이 법칙, 즉 순수한 개체성이나 대자적으로 존재하는 개념의 고유한 규정을 지닌다. 법칙은 자기 자신에서의 구별로서 자기 자신을 불태우는 운동의 불멸의 원천이며, 자기의 구별의 관념성 속에서 스스로 오직 자기에게만 관계한다는 점에서 자유로운 필연성이다.


## b. '화학론'

중심성은 서로에 대해 부정적이고 긴장된 객관성들의 관계로 발전된다. 그래서 자유로운 기계론은 화학론으로 규정된다.

## 화학적 객관

화학적 객관은 기계적 객관으로부터 후자가 규정성에 대해 무관심한 총체성이라는 점에 의해 구별된다. 그에 반해 화학적 객관에서는 규정성이, 그리하여 타자에 대한 관계와 이러한 관계의 양식과 방식이 그것의 본성에 속한다.

객관성의 차이의 관계를 위한 화학론이라는 표현에서는 단지 본래적으로 화학론이라고 불리는 것만이 생각되고 있는 것이 아니다. 생명체에서의 성관계가 이 도식 하에 서 있으며, 그와 마찬가지로 또한 사랑과 우정 등등의 정신적 관계들에 대해서도 그것은 기초를 이룬다.

## 화학적 과정

긴장된 객체들의 각각이 자기의 개념에 의해 자기의 실존의 고유한 일면성에 대한 모순 속에 서 있고, 그리하여 이 일면성을 지양하려고 노력한다는 점에서, 그 속에는 직접적으로 다른 객관의 일면성을 지양하고자 하는 노력이 정립되어 있다. 상호적인 보완 이후 과정은 사라지며, 중립적인 산물이 주어진다.

## c. '목적론'
### (외적 합목적성)

기계론과 화학론 이후 객관성의 발전 내지 객체들의 관계의 발전의 세 번째 단계는 목적론이다.

개념이 객체로서 그 속에 침잠해 있던 외면성과 직접성의 부정에 의해 개념은 목적으로서 저 외면성과 직접성에 대해 자유롭게 대자적으로 정립되어 있다.[62]

목적이 자기 자신에서 스스로 객관성에 관계하고 주관적이라고 하는 자기의 결함을 자기에 의해 지양하는 것으로서 정립되어 있는 개념이라는 점에서, 우선은 외적인 합목적성은 목적의 실재화에 의해 내적인 합목적성과 이념이 된다. 철학에 대한 칸트의 위대한 공헌들 가운데 하나는 그가 상대적 내지 외적 합목적성과 내적 합목적성 사이에 세워 놓은 구별에 존립한다. 후자에서 그는 생명의 개념, 즉 이념을 해명했다.[63]

기계론 및 화학론은 자연 필연성 하에 총괄되는바, 전자에서 개념은 객체가 기계적인 것으로서 자기규정을 포함하지 않는 까닭에 객체에서 실존하지 않지만, 후자에서 개념은 긴장되고 일면적인 실존을 지니거나 아니면 개념이 중립적 객체를 양극으로 긴장시키는 통일로서 출현하는 한에서, 그리고 개념이 이러한 분리를 지양하는 한에서, 개념은 자기 자신에게 외면적이다. 개념의 이러한 부자유에는, 즉 외면성 속으로의 이러한 침잠해 있음에는 목적으로서의 자유로운 실존 속의 개념이 맞서 있다.[64]

목적론에서는 내용이 중요해지는데, 왜냐하면 목적론은 하나의 개념을, 즉 자체적으로도 대자적으로도 규정된 것, 따라서 스스로 규정하는 것을 전제하기 때문이다. 목적은 그 형식에 따라 자기 안에서 무한한 총체성이다.[65]

목적 관계는 객관성에 의해 자기 자신과 결합되는 자립적이고 자유로운 개념의 **추론**이다.[66]

● ●

62. *Enz.* § 203.
63. *Log.* II 359/5.179, 180/6.409, *Log.* II 387/5.213/6.440.
64. *Log.* II 385/5.210/6.438.
65. *Log.* II 386/5.212/6.439.
66. *Log.* II 390/5.216/6.444.

## 주관적 목적

목적은 스스로를 외면적으로 정립하고자 하는 본질적인 노력이자 충동으로서의 주관적 개념이다. (그것은 발현되는 힘도, 우유적인 것들과 결과들에서 현현하는 실체와 원인도 아니다.)

목적은 객관성에서 자기 자신에 도달되는 개념이다. 그것은 그것에게 객관성이 맞서 있고, 그에 반해 이 객관성이 기계적이고 화학적인, 아직은 목적으로 규정되고 삼투되지 않은 전체로서 그것에 맞서 있는 한에서, 여전히 참으로 세계 외적인 실존을 지닌다.

목적은 그 자신 속에서 자기의 실재화의 충동이다. 개념은 자기를 자기 자신으로부터 밀쳐낸다. 이러한 밀쳐냄은 부정적 통일의 자기에 대한 관계의 결단 일반인바, 바로 그에 의해 부정적 통일은 배타적 개별성이다. 그러나 이러한 배타 작용에 의해 부정적 통일은 _스스로_ 결단하거나 _스스로_를 개현하는데, 왜냐하면 배타 작용은 바로 자기규정, 자기 자신의 정립이기 때문이다.


## 수단

목적에서의 최초의 직접적 정립은 동시에 내면적인 것, 다시 말하면 **정립된** 것으로서 규정된 것의 정립이며, 동시에 목적 규정에 대한 무관심한 객관적 세계를 전제하는 것이다. 이러한 정립은 완수된 목적의 시원이다. 그렇게 규정된 객관이 비로소 수단이다.

목적은 수단에 의해 객관성과, 그리고 이 객관성 속에서 자기 자신과 결합한다. 수단은 추론의 중심[매사]이다.

개념과 객관성은 수단에서 단지 외면적으로만 결합되어 있다. 그런 한에서 수단은 한갓 기계적일 뿐인 객관이다. ― 객관은 목적에 맞서서는 무력하고 그것에 봉사한다고 하는 성격을 지닌다. 목적은 객관의 주관성 또는 영혼인바, 이러한 주관성이나 영혼은 객관에서 자기의 외면적 측면을 지닌다.

## 완수된 목적

목적은 수단에 대한 그것의 관계에서 이미 자기 안으로 반성되어 있다. 그러나 완수된 목적에서야 비로소 그것의 자기 안으로의 객관적 귀환이 정립되어 있다.

목적이 자기를 객관과의 간접적 관계 속으로 정립하고 자기와 바로 그 객관 사이에 다른 객관을 끼워 넣는다는 것은 이성의 간지로서 간주될 수 있다. 그러나 그렇듯 목적이 객관을 수단으로서 밖에 내놓고 그것으로 하여금 자기 대신에 외면적으로 일하게 한다면, 목적은 객관을 소모에 내맡기고 그 객관 배후에서 기계적 폭력에 맞서 자기를 유지한다.[67] 인간이 비록 그의 목적들에 따라서는 외면적 자연에 오히려 종속되어 있다 할지라도, 그는 자기의 도구들에서는 외적인 자연에 대한 위력을 소유한다.[68]

목적론적 과정은 분명하게 개념으로서 실존하는 개념을 객관성 속으로 옮겨놓는 것이다. 드러나는 것은 전제된 타자 속으로 이렇게 옮겨놓는 것이야말로 개념이 자기 자신에 의해 자기 자신과 합치하는 것이라는 점이다.[69]

● ●

67. *Log.* II 398/5.226/6.452, 453.
68. *Log.* II 398/5.226/6.453.
69. *Log.* II 399/5.227/6.454.

우리가 목적론적 활동에 대해 말할 수 있는 것은, 그 속에서는 오직 끝이 시작이며 귀결이 근거이고 결과가 원인이라는 것, 그러한 활동이란 생성된 것의 생성이라는 것, 그 속에서는 오직 이미 실존하는 것만이 실존 속으로 들어온다는 것 등등인바, 다시 말하면 일반적으로 반성이나 직접적 존재의 영역에 속하는 모든 관계 규정들이 그것들의 구별을 상실했다는 것과, 끝, 귀결, 결과 등등과 같은 타자로서 언표되는 것이 목적 관계에서는 더 이상 타자의 규정을 지니는 것이 아니라 오히려 단순한 개념과 동일한 것으로서 정립되어 있다고 하는 것이다.[70]

이와 더불어 결과로서 나타나는 것은 이제야 비로소 목적론의 형식을 지니는 외적인 합목적성은 본래적으로 오직 수단들에 도달할 뿐, 객관적 목적에는 다다르지 못한다는 것인바, — 왜냐하면 주관적 목적은 외면적인 주관적 규정으로서 머물기 때문이다. 또는 주관적 목적이 활동하고 비록 단지 수단 속에서만 일지라도 스스로를 실행하는 한에서, 그것은 아직도 직접적으로 객관성과 결부되어 그 객관성 속으로 침잠해 있다. 목적은 그 자신이 하나의 객관이거니와, 우리는 그런 한에서 목적이 수단에 도달하지 못한다고 말할 수 있는데, 왜냐하면 수단은 목적의 실행이 수단에 의해 성립할 수 있기 전에 이미 그 목적의 실행을 필요로 하기 때문이다.

그러나 실제로 결과는 단지 외적인 목적 관계일 뿐만 아니라 그 외적인 목적 관계의 진리, 즉 내적인 목적 관계이자 객관적 목적이다.


# C. '이념'
## ('실재적 개념'의 논리학)


70. *Log.* II 399, 400/5.228/6.454, 455.

우리가 위에서[71] 상세히 논의했듯이, 『논리의 학』 전체가 이념을 다루지 제3책의 이 제3편이 비로소 이념을 다루는 것이 아니다. 이 제3편에 '이념'이라는 표제가 달려 있을 때, 그것이 의미하는 것은 이 편이 이념의 개념을 다룬다고 하는 것이다.

'이념'의 영역에서 개념은 "단적으로 자기에게 걸맞은" 실현을 지닌다.[72] 우선은 형식적 개념이었던 개념은 그 다음으로 스스로를 실제적 개념으로 발전시켰고, 더 나아가 자기를 실재적인 또는 적합한 개념으로 발전시켰다.[73] 그것은 순수한 사유, 즉 주관성으로부터 사유의 자기 외 존재, 즉 — 죽은 — 객관성을 거쳐 사유와 사유의 자기 외 존재의 통일, 즉— 살아 있는— 주체–객체로 나아가는 발전이다.[74]

이념은 우선은 직접적이고, 그 다음으로 대자적으로 자유롭게 실존하고 있지만 여전히 유한하며, 마지막으로 절대적이다.


## a. '직접적 이념'

이념의 발전의 첫 번째 단계는 직접적 이념이다.

"이념, 즉 자체적으로도 대자적으로도 참된 것은 본질적으로 논리학의 대상이다. 그것이 처음에는 그 직접성 속에서 고찰되어야 하는 까닭에, 이념은 그 이념에 대한 고찰이 무언가 공허하고도 몰규정적인 것이 아니기 위해서는 그것이 생명이라고 하는 이러한 규정성 속에서 파악되고 인식되

71. I부의 2.1절, "헤겔 '논리학'의 중심 대상으로서의 '개념'"에서.
72. *Log.* II 237/5.33/6.271.
73. *Log.* II 407, 408/5.236, 237/6.462, 463.
74. *Log.* II 411/5.241/6.466.

어야 한다."75

여기서 '생명'에서는 유기적 생명이 이해되어야 한다. "요컨대 여기서 생명은 일반적으로 그것의 본래적인 의미에서 자연적 생명으로서 받아들여져야 한다."76 "개념은 육체 속의 영혼으로서 실현되어 있다."77

헤겔의 『논리의 학』이 여기서 비로소 생명을 다루는 것은 아니다. 특히 존재의 논리학에서의 '대자 존재' 장과 본질의 논리학에서의 '현실성' 장은 생명과 관계하며, 개념의 논리학에서 다루어진 '목적론'도 마찬가지다 ('생명'의 개념적인 선행 단계로서의 목적론은 그것이 또한 실재성에서 비로소 유기적 생명과 더불어 등장할 때 생명으로 나아간다). 다른 한편으로 '생명'을 다루는 이 논의들에 이어지는 장들도 생명을 다루는데, 왜냐하면 자유롭게 실존하는 유한한 이념과 절대 이념도 생명, 즉 정신적 생명이며, 절대 이념은 심지어 "불멸의 생명"78이기 때문이다.

이념은 여기서는 처음에는 직접적인 것으로서만 또는 오직 그것의 개념 속에서만 존재한다. 객관적 실재성은 물론 개념에 걸맞지만, 아직은 개념으로 해방되어 있지 않거니와, 그것은 대자적으로 개념으로서 실존하지 않는다. 생명은 이념의 아직은 자기 자신에서 실재화되지 않은 개념으로서의 이념이다. 개념은 그렇듯 물론 영혼이지만, 영혼은 직접적인 것의 방식에서 존재하는바, 다시 말하면 그것의 규정성은 그것 자신으로서 있지 않으며, 그것은 자기를 영혼으로서 파악하지 못했고, 자기 자신 속에서 자기의 객관적 실재성을 지니지 않는다. 개념은 아직은 영혼으로 가득 차 있지 않은 영혼이다.

생명으로서의 이념은 개념, 즉 자기의 객관성으로부터 구별되고, 자기

· ·
75. *Log.* II 414/5.245/6.470.
76. *Log.* II 415/5.246/6.471.
77. *Enz.* § 216.
78. *Log.* II 484/5.328/6.549.

안에서 단순하며, 자기의 객관성을 삼투하고, 자기 목적으로서 그 객관성에서 자기의 수단을 지니며 그것을 자기의 수단으로서 정립하지만, 이러한 수단 속에 내재하고 그 속에서 자기와 동일한 실재화된 목적인 바의 개념이다.

이러한 이념은 그것의 직접성으로 인해 개별성을 자기 실존의 형식으로 지닌다.[79]

생명은 첫째로 살아 있는 개체인데, 그것은 대자적으로 주관적 총체성이며, 자기에게 무관심한 것으로서 대립하는 객관성에 대해 무관심한 것으로서 전제되어 있다.

둘째로, 생명은 자기의 전제를 지양하고 자기에 대해 무관심한 객관성을 부정적인 것으로서 정립하고 스스로를 그 객관성의 위력과 부정적 통일로서 실현하는 생명 과정이다. 그리하여 생명은 스스로를 자기 자신과 자기의 타자의 통일인 보편자로 만든다. 따라서 생명은 셋째로, 자기의 개별화를 지양하여 자기 자신으로서의 객관적 현존재에 대해 관계하는 유의 과정이다.[80]


## b. '자유롭게 대자적으로 실존하는 유한한 이념'

이념 발전의 두 번째 단계로서 객관적 실재성이 개념에로 해방되어 그것이 대자적으로 개념으로서 실존한다. 이념은 더 이상 자연적 생명이 아니라 정신이다. 그것은 처음에는 주관적인 유한한 정신이다.

"생명을 넘어서는 개념의 고양은 개념의 실재성이 보편성에로 해방된 개념 형식이라고 하는 것이다."[81]

• •
79. *Log.* II 412/5.242, 243/6.468.
80. *Log.* II 417/5.248/6.473.
81. *Log.* II 429/5.263/6.487.

개념은 그것이 자유롭게 추상적 보편성으로서나 유로서 실존하는 한에서 대자적 개념으로서 존재한다.[82]

이러한 단계에서 이념은 인식, 즉 개념의 자기 자신을 파악함이다. 그러나 그것은 처음에는 유한한 이념, 단지 유한할 뿐인 인식이다.

생명에서는 이념의 실재성이 개별성으로서 존재한다. 보편성 또는 유는 내적인 것이다. 따라서 절대적인 부정적 통일로서의 생명의 진리는 추상적 개별성 또는 동일한 것이지만 직접적 개별성을 지양하는 것이며, 동일적인 것으로서는 자기와 동일하고, 유로서는 자기 자신과 동등한 것이다. 이러한 이념은 이제 정신이다.[83]

그래서 이념은 참된 것의 이념과 선의 이념이며, 인식 그 자체와 의욕으로서 존재한다.

이념은 그것의 발전의 이러한 두 번째 단계에서, 참된 것과 선이 아직은 구별되고 참된 것과 선이 처음에는 목표로서 존재한다는 점에서, 유한한 인식 그 자체와 유한한 의욕이다.

개념은 우선은 자기를 자기 자신으로 해방시켰으며, 처음에는 다만 추상적 객관성만을 자기에게 실재성으로 부여했다. 그러나 이러한 유한한 인식과 행동의 과정은 우선은 추상적인 보편성을 총체성으로 만들며, 그에 의해 보편성은 완전한 객관성이 된다. — 또는 다른 측면에서 고찰하면, 유한한 정신, 다시 말해 주관적 정신은, 마치 생명이 그러한 전제를 지니듯이, 객관적 세계를 스스로의 전제로 삼는다. 그러나 그러한 정신의 활동성은 이러한 전제를 지양하여 그것을 정립된 것으로 만드는 것이다. 그래서 유한한 정신의 실재성은 그 유한한 정신에게 있어 객관적 세계이며, 또는 역으로 객관적 세계는 유한한 정신이 그 속에서 자신 자신을 인식하는 관념성이다.[84]

..
82. *Log.* II 429/5.262/6.487.
83. *Log.* II 435/5.270/6.494.

# 이론적 이념
## (참된 것의 이념)

이념 발전의 이 단계에서 인식 그 자체, 추구하는 인식, 진리를 향한 앎의 충동, 이념의 이론적 활동은 이미 이야기했듯이 유한한 인식이다.[85]

유한한 인식 그 자체, 즉 이 단계의 인식은 우선은 분석적이며, 그러고 나서는 종합적이다.

분석적 인식은 추론 전체의 첫 번째 전제, — 즉 객관에 대한 개념의 직접적 관계다. 따라서 동일성이 그 분석적 인식이 자기의 것으로서 인식하는 규정이거니와, 분석적 인식이란 다만 존재하는 것의 파악일 뿐이다. 종합적 인식은 존재하는 것의 개념 파악에로 나아가는바, 다시 말하면 규정들의 다양성을 그것들의 통일성에서 파악하는 것에로 나아간다.[86]

종합적 인식의 좀 더 상세한 규정들은 정의와 구분 그리고 정리다.

대상이 인식으로부터 우선은 규정된 개념 일반의 형식 속으로 데려와짐으로써 그것의 유와 그것의 보편적 규정성이 정립되면, 그것은 정의다. 정의의 재료와 근거지우기는 분석적 방법에 의해 조달된다. 그렇지만 규정성은 단지 하나의 징표, 다시 말하면 대상에 외면적인, 단지 주관적일 뿐인 인식을 위한 것이어야 한다.[87]

두 번째 개념 계기, 즉 특수화로서의 보편자의 규정성을 제시하는 것은 모종의 외면적 고려에 따른 구분이다.[88]

●●

84. *Log.* II 413/5.243/6.468, 469.

85. *Enz.* § 225.

86. *Log.* II 450/5.288/6.511.

87. *Enz.* § 229.

88. *Enz.* § 230.

개념 규정들에 따라 전진하는 이러한 인식의 세 번째 단계는 개별성에로의 특수성의 이행이다. 이 개별성이 정리의 내용을 이룬다.[89]

## 실천적 이념
### (선의 이념)

이념 발전의 이 두 번째 단계에서 선의 완성을 향한 선의 충동, 이념의 실천적 활동은 처음에는 유한한 의욕이다.[90] 이것은 이미 말했듯이 참된 것과 선이 아직은 구별되고 선이 처음에는 목표로서 존재한다는 것을 의미한다.

"자체적으로도 대자적으로도 규정된 것이자 자기 자신에게 동등한 단순한 내용으로서의 주관적 이념이 선이다. 자기를 실현하고자 하는 이념의 충동은 참된 것의 이념에 대해 역전된 관계를 지니며, 오히려 현전하는 세계를 자기의 목적에 따라 규정하는 데로 나아간다."[91]

## c. '절대 이념'

이념 발전의 세 번째 단계로서 사변적이거나 절대적인 이념 속에는 이론적 이념과 실천적 이념의 동일성, 인식과 행동의 동일성이 존립하며, 참된 것과 선은 더 이상 목표로서 존재하지 않는다.

현전하는 현실은 동시에 완수된 절대적 목적으로서 규정되어 있지만,

---

89. *Log.* II 464/5.304/6.526.
90. *Enz.* § 225.
91. *Enz.* § 233.

추구하는 인식에서처럼 단순히 개념의 주관성을 지니지 않는 객관적 세계로서가 아니라 오히려 그 내적 근거와 현실적 존립이 개념인 바의 객관적 세계로서 규정되어 있다.92 정신은 이념을 자기의 절대적 진리로서, 자체적으로도 대자적으로도 존재하는 진리로서 인식한다. 즉 인식과 행위가 그 속에서 균일화되고 자기 자신의 절대적 앎인 무한한 이념으로서 인식하는 것이다.93

절대 이념은 자기의 실재성 속에서 오직 자기 자신과만 합치하는 이성적 개념이다.94 "개념은 한갓 영혼일 뿐 아니라, 오히려 대자적이고 따라서 인격성을 지니는 자유로운 주관적 개념이며, ― 실천적이고 자체적으로도 대자적으로도 규정된 객관적 개념인바, 인격으로서의 그러한 개념은 관통될 수 없는 원자적인 주관성이지만, 그와 마찬가지로 배타적인 개별성이 아니라 대자적으로 보편성과 인식이며 자기의 타자 속에서 자기의 고유한 객관성을 대상으로 지닌다. 그 밖의 모든 것은 오류, 흐릿함, 의견, 노력, 자의와 무상함이다. 오로지 절대 이념만이 존재, 불멸의 생명, 그리고 자기를 아는 진리이며, 모든 진리다."95

절대 이념은 철학의 유일한 대상이자 내용이다. 절대 이념이 모든 규정성을 자기 안에 포함하고, 그것의 본질은 다음과 같은 것, 즉 스스로의 자기규정 내지 특수화에 의해 자기에게로 귀환하는 것이라는 점에서, 그것은 상이한 형태화들을 지니거니와, 철학의 과업은 절대 이념을 이러한 형태화들 속에서 인식하는 것이다. 자연과 정신은 일반적으로 절대 이념의 현존재를 나타내는 구별된 방식들이며, 예술과 종교는 절대 이념이 자기를 포착하여 자기에게 걸맞은 현존재를 부여하는 상이한 방식들이다. 철학은 예술

· ·
92. *Log.* II 483/5.327/6.548.
93. *Log.* II 413/5.243/6.469.
94. *Log.* II 484/5.327/6.549.
95. *Log.* II 484/5.328/6.549.

및 종교와 동일한 내용과 동일한 목적을 갖는다. 그러나 철학은 절대 이념을 포착하는 최고의 방식인데, 왜냐하면 철학의 방식은 최고의 방식, 즉 개념이기 때문이다.[96]

위에서 우리는 이념의 영역에서 개념이 단적으로 자기에게 걸맞은 실재화를 지니며, 이념은 주체–객체로 발전된 개념이라고 이념에 관해 일반적으로 확언한 바 있다. 그러므로 절대 이념은 단적으로 자기에게 걸맞은 실재화 속에 있는 개념이며, (앞에서 주관적 정신이 객관적 세계를 전제로 지니는 이념인 '인식'처럼 상대적 방식에서가 아니라) 절대적 방식에서의 주체–객체로서 존재한다. "절대 이념 속에서는 이행도 전제도 없고, 일반적으로 유동적이거나 투명하지 않은 규정성도 없기 때문에, 대자적으로 절대 이념은 자기의 내용을 자기 자신으로서 직관하는 개념의 순수한 형식이다. 절대 이념은 그것이 자기 자신을 자기로부터 관념적으로 구별하는 것이고 구별된 것들 가운데 하나가 자기와의 동일성인 한에서 자기에게 내용이지만, 이 동일성 속에는 형식의 총체성이 내용 규정들의 체계로서 포함되어 있다. 이 내용은 논리적인 것의 체계다. 여기서 형식으로서 이념에게 남아 있는 것은 다름 아닌 이 내용의 방법, ─ 이념의 계기들의 흐름에 관한 규정된 앎이다."[97]

『논리의 학』은 순수한 이념으로서의 절대 이념을 다룬다. 이 이념은 아직도 논리적인바, 그것은 순수한 사상들 속에 갇혀 있는, 오직 신적인 개념의 학문일 뿐이다.[98] "논리적 이념은 절대 이념이 단순한 동일성 속에서 자기의 개념 속에 갇혀 있고 아직은 형식 규정성에서의 가현에로 들어서 있지 않은 바의 그 순수한 본질 속에 있는 절대 이념 자신이다."[99] (순수

• •
96. *Log.* II 484/5.328/6.549.
97. *Enz.* § 237, *Log.* II 485/5.329/6.550.
98. *Log.* II 505/5.352/6.572.
99. *Log.* II 485/5.328/6.550.

이념은 외면적인 이념, 즉 자연에로 이행한다.100/101 "논리적인 것은 자연에로 생성된다."102 자연의 생성은 또다시 정신에로의 생성이다. 정신의 생성은 자기를 아는 이성, 즉 철학에서 정점에 다다르며, 철학의 이념에서는 스스로를 전진시키고 발전시키는 것이 사태의 본성, 즉 개념이라는 것과, 이러한 운동은 그와 마찬가지로 인식의 활동이라는 것이 합일되며, 자체적으로도 대자적으로도 존재하는 영원한 이념은 스스로를 영원히 절대 정신으로서 활동하게 하고 산출하며 향유한다.103 개념은 정신의 학문에서 자기의 해방을 완성하며, 자기를 개념 파악하는 순수한 개념으로서의 논리적 학문에서 자기 자신의 최고의 개념을 발견한다.104)

앞에서 말했듯이 절대 이념은 자기에게 내용이며, 이 내용은 논리적인 것의 체계이고, 이념의 형식으로서는 이 내용의 방법, 즉 사변적 방법 이외에 아무것도 남아 있지 않다.

방법은 자기 자신을 아는, 즉 주관적인 것일 뿐만 아니라 객관적인 것이기도 한 절대자로서의 자기를 대상으로 가지는 개념으로서, 그리하여 개념과 그것의 실재성과의 순수한 일치로서, 곧 개념 자신인 바의 실존으로서 출현해 있다.105

"이리하여 여기서 방법으로서 고찰되어야 할 것은 오로지 그 본성이 이미 인식되어 있는 개념 자신의 운동일 뿐이지만, 첫째로 이제부터는 개념이 모든 것이고, 개념의 운동은 보편적인 절대적 활동, 즉 자기 자신을

• •
100. *Log.* II 506/5.353/6.573.
101. "자연은 타자 존재 일반의 형태, 즉 무관심하고 외면적인 대상성과 자기의 계기들의 구체적이고 개체화된 실현 속에 있는 절대 이념이다. 또는 자기의 매개에 맞선 직접성 일반의 규정 속에 있는 절대적 본질이다. 자연의 생성은 정신에로의 생성이다." *Prop.* III 2. § 96.
102. *Enz.* § 575.
103. *Enz.* § 577.
104. *Log.* II 506/5.353/6.573.
105. *Log.* II 486/5.330/6.551.

규정하고 자신을 실재화하는 운동이라고 하는 의미를 지니는 그러한 운동이다. 그런 까닭에 방법은 제한 없이 보편적인, 내면적이고 외면적인 방식으로서 그리고 단적으로 무한한 힘으로서 인정될 수 있는바, 이 힘에 대해서는 어떠한 객관도 그것이 외면적인, 즉 이성과 소원하고 이성으로부터 독립적인 것으로서 현전하는 한에서 저항할 수 없으며, 그에 반하는 특수한 본성의 것일 수 없고 또 그 힘에 의해 삼투되지 않을 수도 없는 것이다. 그런 까닭에 방법은 영혼이자 실체이거니와, 그 무엇이든 어떤 것은 그것이 방법에 완전히 복종해 있는 한에서만 개념 파악되고 그 진리에서 알려져 있다. 방법은 각각의 모든 사태 자신의 고유한 방법인데, 왜냐하면 방법의 활동이 개념이기 때문이다. 이러한 것은 또한 방법의 보편성이 지닌 좀 더 참다운 의미이기도 하다. 반성의 보편성에 따라서는 방법은 오직 모든 것을 위한 방법으로서만 받아들여진다. 그러나 이념의 보편성에 따르자면 방법은 인식, 즉 주관적으로 자기를 아는 개념의 양식과 방식일 뿐만 아니라 또한 객관적인 양식과 방식 또는 오히려 사물들의 실체성, — 다시 말하면 개념들이 표상과 반성에게 우선은 타자로서 현상하는 한에서의 개념들의 실체성이기도 하다. 그런 까닭에 방법은 이성의 최고의 힘 또는 오히려 유일하고 절대적인 힘일 뿐만 아니라 또한 자기 자신에 의해 모든 것 속에서 자기 자신을 발견하고 인식하는 이성의 최고이자 유일한 충동이다."[106]

사변적 방법의 계기들은 시원과 전진이다.

시원은 존재 또는 직접적인 것이고, 그것이 시원이기 때문이라는 단순한 근거에서 대자적이다. 그러나 사변적 이념으로부터는 개념의 절대적 부정성 또는 운동으로서 근원 분할하여 스스로를 자기 자신의 부정적인 것으로서 정립하는 것은 이념의 자기규정이다.[107]

전진은 보편자가 자기 자신을 규정하고 대자적으로 보편자, 다시 말하면

• •
106. *Log.* II 486, 487/5.331/6.551, 552.
107. *Enz.* § 238.

그러한 만큼이나 개별자와 주체이기도 하다는 데에 존립한다.108 전진은 이념의 정립된 근원 분할이다. 직접적 보편자는 개념 자체로서 그 자신에서 자기의 직접성과 보편성을 계기로 격하시키는 변증법이다. 그리하여 시원의 부정적인 것 또는 최초의 것이 그 규정성에서 정립되어 있다. 그것은 일자에 대해 있으며, 구별된 것들의 관계, — 반성의 계기다.109

구별된 것들의 관계는 그것이 처음에 그것인 바의 것으로, 즉 그 자신에서의 모순으로 — 무한 진행 속에서 — 전개되는데, 이 모순은 차이 나는 것이 개념 속에서 그것인 바의 것으로서 정립되는 끝으로 해소된다. 끝은 최초의 것의 부정적인 것이고 최초의 것과의 동일성으로서 자기 자신의 부정성이다. 이리하여 이 두 최초의 것이 그 속에서 관념적이고 계기들로서, 지양된 것들로서, 다시 말하면 동시에 보존된 것들로서 존재하는 통일이다. 그리하여 개념은 자기의 자체 존재로부터 벗어나 자기의 차이와 그 차이의 지양을 매개로 하여 자기를 자기 자신과 결합시키는바, 이것이 실재화된 개념, 다시 말하면 자기의 규정들의 정립된 존재를 자기의 대자 존재 속에 포함하는 개념, — 곧 이념이다. 그런데 동시에 (방법에서) 절대적으로 최초의 것으로서의 이 이념에 대해 이러한 결말은 다만 시원이 직접적인 것이고 이념은 결과인 것처럼 보이는 가상의 소멸일 뿐이다. — 이것은 이념이란 하나의 총체성이라는 인식이다.110

이러한 방식으로 『논리의 학』은 자기 자신의 개념을 이념이 그에 대해 존재하는 순수 이념으로서 파악함으로써 종결한다.111

• •
108. *Log.* II 490/5.334/6.555, 556.
109. *Enz.* § 239.
110. *Enz.* § 242.
111. *Enz.* § 243.

# 제4부 헤겔의 삼단계 진행에 대하여

# 1. 헤겔의 삼단계 진행에 대한 회고

우리가 우리의 눈길을 되돌려 다시 한 번 헤겔의 『논리의 학』의 개념들의 체계가 그것들 속에서 그리고 그것들로 전개된 형식들에 주목하게 되면, 우리는 언제나 잘 알려진 헤겔의 삼단계 진행을 보게 된다.

이하에서 제시될 이러한 일반적인 삼단계 진행을 개념의 전진 규정 내부에서의 개별적 발전들의 다양성으로부터 끌어내는 것은 개별적 개념들의 살아 있는 연관을 파괴하는 것으로서, 그리고 이러한 풍부한 다양성에 맞선 빈곤화로서, 요컨대 "변증법의 단조로운 달가닥대는 소리"로서 비난받는 것의 서술과 그것으로의 제한으로서 간주될 수도 있을 것이다. 그러나 헤겔의 개별적인 발전 연관들의 보편적인 것에 대한 그러한 평가는 잘못된 길로 간다고 할 것인데, 왜냐하면 하나의 일반적인 삼단계 진행도 살아 있는 것인바, 그것은 형식적 추상이 아니라 근본 원리를 나타내기 때문이다.[1/2]

우리가 이하에서 헤겔의 삼단계 진행들이 지닌 공통적인 것을 제시하고

1. 이러한 의미에서 우리는 여기서 헤겔에 따르면(*Rel.* III, S. 13, 19) 신, 즉 절대 이념의 삼원성의 이념이란 신이 자기를 자기 자신으로부터 구별된 것으로 규정하지만 동시에 이러한 이 구별의 영원한 지양이라고 하는 것을 지시하고자 한다.
2. 헤겔 자신도 이러한 하나의 일반적인 삼단계 진행을 소묘하듯이 글로 서술한 바 있다.

상이한 개별적 삼단계 진행들을 하나의 유일한 삼단계 진행으로 환원하고자 할 때, 그것은 일차적으로 개관을 더 손쉽게 하는 데 이바지해야 한다.[3] 곧이어 어떻게 밝혀지든지 간에 이러한 개관이나 그에 의해 획득되는 조감은 지극히 중요한데, 왜냐하면 이를 통해 헤겔 '논리학'의 조탁이 지닌 두드러진 체계 난점들이 드러나게 되기 때문이다.[4]

*　　*
*

그러면 헤겔의 삼단계 진행은 어디에 존립하는가?

우리는 우선 그것이 대부분 그렇게 하듯이 정립–반정립–종합(These–Antithese–Synthese)의 삼단계 진행에서 수행되는 생성으로서 그 성격이 묘사될 수 없다는 점을 확인해 두고자 한다(이는 — 이미 운동의 객관적 성격과 관련하여 — 앞에서 언급했듯이 헤겔 자신이 행하지 않은 것이다).

상이한 개별적 삼단계 진행들의 공통적인 것을 부각시키고자 한다면,[5]

‥

3. 이하에서 제시되는 고찰과 더불어 분명해지는 것은 또한 상이한 크기 질서들의 삼단계 진행들이 존재한다는 점과, 따라서 하나의 실재적 대상이 어떠한 크기 질서 하에서 고찰되는가에 따라 다른 논리적 범주 하에 속할 수 있다는 것 내지 그 대상이 동시에 상이한 크기 질서들 하에서 고찰된다면 그것이 그 자체에서 서로 배제하는 여러 범주들 하에 속할 수 있다고 하는 점이다.

4. 요컨대 하나의 삼단계 진행이 헤겔의 삼단계 진행들의 공통적인 것에 상응하지 않는다는 것이 드러나면, 그 삼단계 진행에 대한 논리적 검토가 합당할 것이다.

5. 헤겔의 『논리의 학』에서 삼단계 진행들의 공통적인 것에 대한 진술이 어려운 까닭은 특히 '존재'와 '본질'과 '개념'에서 전진의 형식이 상이하기 때문이다. "전진의 추상적 형식은 존재에서는 타자와 타자로의 이행이며, 본질에서는 대립물에서의 가현이고, 개념에서는 개별자의 보편성과의 구별성인데, 이 보편성 그 자체는 그것과 구별된 것 속에서 연속하고 그 구별된 것과의 동일성으로서 존재한다." *Enz.* § 240.

더 나아가 여기서 인용될 수 있는 것은 몇 가지 삼단계 진행에서는 세 번째 단계가 내향(대자 존재, 자기 안으로 들어감, 자기 내 귀환, 자기 자신에 대한 무한한 관계, 자기 안으로 다시 구부러져 있음)을, 다른 삼단계 진행들에서는 외향(폭로된 필연성,

우리는 분명 헤겔『논리의 학』에서의 삼단계 진행이 일차적으로 모순의
추진력에 의해 전진하는 실재화를 대상으로 지닌다고 확언할 수 있을
것이다.6 (삼단계 진행을 정립–반정립–종합으로서 그 성격을 묘사하는
것은 존재적 계기, 즉 삼단계 진행의 두 번째 단계에서 명백히 '현존재',

••

본질의 계시, 자기 자신에 대해 자기를 절대적으로 현현시키는 것으로서의 발현, 자기
자신의 드러냄, 밖을 향해 있음이 그와 마찬가지로 내면성 자신인 바의 자기로부터
벗어나는 운동)을 나타낸다는 점이다. 그래서『엔치클로페디』에서 서술된 이념에 관한
학설에서는 세 번째 단계가 이념이 자기의 타자 존재로부터 자기 안으로 귀환함으로써
안을 향한다는 점에 존립하는 데 반해, 정립된 개념에 관한 학설에서는, 앞에서 우리가
보았듯이(앞의 "C. '현실적으로 존재하는 본질'"), 세 번째 단계가 계시된다는 점, 다시
말하면 밖을 향한다는 점에 존립한다(또한 Log. II 6/4.484/6.16을 참조).

삼단계 진행들을 하나의 공통분모로 가져오는 것이 얼마나 어려운가 하는 것은 헤겔
텍스트를 가장 잘 알고 있는 자들 가운데 한 사람인 라손의 논의들의 예에서 드러난다.
라손은 1923년 판 Log. I에서 헤겔이 삼단계 진행의 세 계기들을 너무도 자주 '자체적–대자
적–자체적이고도 대자적인'에 의해 특징짓고 있다고 말한다. 이에 따르면 '자체적이고도
대자적인 존재'라는 표현이 삼단계 진행의 세 번째 단계로 여겨지게 되는 데 반해,
헤겔은 우리가 보았듯이 그의『엔치클로페디』에서 이념의 커다란 삼단계 진행의 첫
번째 단계를 '자체적이고도 대자적인 이념'이라고 표현한다. '대자 존재'라는 표현을
우리는 라손의 진술과 대립되게 객관적 논리학에서 존재의 두 번째 단계가 아니라 세
번째 단계로 발견했었다. 그와 마찬가지로 주관적 논리학에서도 헤겔은 라손에 의해
언급된 순서와는 달리 첫 번째 단계('주관성')를 대자 존재로서, 두 번째 단계('객관성')를
자체 존재로서 표시하지만(Log. II 405/5.238/6.461.), 또한 자체적으로도 대자적으로도
있는 존재(Log. II 358/5.179/6.407.)라고도 표현한다. "이러한 존재는 자체적으로도 대자적
으로도 있는 사태, — 객관성이다."(Log. II 352/5.171/6.401.) 그러나 그렇다고 해서 라손이
완전히 부당했다고 말해서는 안 되는데, 왜냐하면 헤겔은 다음과 같이도 말하기 때문이다.
"본질은 자체적이고도 대자적인 존재이지만, 자체 존재의 규정 속의 그와 같은 것이
다."(Log. II 5/4.484/6.16.) 오히려 거기서 제시되어야 하는 것은 헤겔의 상이한 개별적
삼단계 진행들의 공통적인 것에 대한 명백한 진술을 행하기가 어렵다는 점이다.

6. '실재화'는 자명한 일이지만 유물론적으로 이해되어서는 안 된다. 유물론적으로 고찰하면,
유기체는 돌보다 더 실재적이지 않지만, 분명 관념론적으로는 그러하다. '이념'은 돌에서보
다 유기체에서 더 강력하며 더 전진하여 실재화되어 있다. 우리는 헤겔의 '현실성' 개념을
생각해 볼 수 있는데, 순수하게 유물론적으로 보면 '단순한 현상'과 '현실'은 똑같이
실재적이지만 관념론적으로는 그렇지 않은데, 관념론에 따르면 '단순한 현상'은 헤겔이
자신의 한 강의에서 말했듯이 단지 '부패한 실존'일 뿐이다.

'실존', '객관성' 등등으로서 이루어지는 실재화를 등한시한다.)

실재화, 즉 '개념' 내지 '이념'의 실재화의 전진은 심지어 헤겔 철학의 주요 대상이기도 하다.7 이러한 실재화의 전진을 헤겔의『철학적 학문들의 엔치클로페디』의 단계적인 구성이 분명히 보여주는데, 헤겔은『엔치클로페디』를 다음과 같은 세 부분으로 나누었다.

Ⅰ. 논리학, 즉 자체적이고 대자적인 이념의 학문,

Ⅱ. 자기의 타자 존재에서의 이념의 학문으로서의 자연 철학,

Ⅲ. 자기의 타자 존재로부터 자기 안으로 되돌아오는 이념으로서의 정신의 철학8(내지 자기의 대자 존재에 도달한 이념으로서의 정신의 철학)9.

••
7. 헤겔은『논리의 학』에서 언제나 거듭해서 '실재화', '실재화의 전진', '실재화하는 전진 규정', '걸맞은 실현[실재화]', '개념의 실재화', '자기를 실재화하는 이념'에 대해 이야기한 다. 예를 들어 *Log.* I 35/4.51/5.49; I 332/4.401/5.383; I 387/4.465/5.445; *Log.* II 136/4.638/6. 163; II 140/4.643/6.168; II 153/4.659/6.183; II 181/4.693/6.214; II 236/5.33/6.271; II 352/5.172/6.402; II 438/5.273/6.499; II 489/5.333/6.554; *Prop.* III 2. § 94; 또한 *Enz.* § 216을 참조 "이리하여 여기서 방법으로서 고찰되어야 할 것은 오로지 그 본성이 이미 인식되어 있는 개념 자신의 운동일 뿐이지만, **첫째로** 이제부터는 개념이 모든 것이고, 개념의 운동은 **보편적인 절대적 활동**, 즉 자기 자신을 규정하고 자신을 실재화하는 운동이라 고 하는 의미를 지니는 그러한 운동이다." *Log.* II 486/5.330/6.551. "더 나아간 개념들이나 새로운 영역에로의 전진은 마찬가지로 선행하는 것들에 의해 인도되고 필연적이다. 실재성이 된 개념은 동시에 또다시 실재화의 운동이 그 자체에서 제시해야만 하는 통일이기 도 하다." *Prop.* III 1. § 87.

"세 번째 것은 직접적인 것이지만, 매개의 지양에 의해 직접적인 것이고, **구별의 지양에** 의한 단순한 것, 부정적인 것의 지양을 통한 긍정적인 것, 타자 존재에 의해 자기를 실재화하고 이 실재성의 지양에 의해 자기와 합치되어 있고 자기의 절대적 실재성, 즉 자기에 대한 자기의 단순한 관계를 회복한 개념이다." *Log.* II 498, 499/5.345/6.565. 또한 헤겔의 종교 철학으로부터도 인용될 수 있다. "그러나 이제 개념이 이념, 즉 개념과 실재성의 동일성으로서 포착되어 있다면, 이것은 바로 실재성 자신이 오직 개념의 규정성 만을 이룰 뿐이며, 개념은 그 규정성에서 이러한 실재화 자신에 의해서밖에는 해명될 수 없다는 것을 뜻한다." *Rel.* III, 54. 규정성 그 자체는 술어, 즉 정지해 있는 것의 형식에서가 아니라 실재화의 활동으로서 받아들여져야만 한다.

8. *Enz.* § 18.

9. *Enz.* § 381

앞에서 언급된 '이념'의 포괄적인 삼단계 진행과 더불어 이 삼단계 진행의 첫 번째 단계인 논리학, 즉 자체적이고도 대자적인 이념에 관한 학설이 그 자체로 나누어지는 삼단계 진행을 고찰하게 되면, 다음과 같다.

I. 개념 자체에 관한 학설,

II. 정립된 개념에 관한 학설,

III. 대자적으로 존재하는 개념에 관한 학설.

우리는 이 두 가지 삼단계 진행, 즉 '이념'의 삼단계 진행 및 '개념'의 삼단계 진행에서 두 번째 단계와 더불어 실재화가 이루어지는 것을 보고 있다. 이것은 '이념'의 커다란 틀에서는 자연이고, '개념'의 틀에서는 정립된 개념인바, 이는 논리학의 세 부분들의 좀 더 작은 틀에서도 계속된다. (삼단계 진행의 두 번째 단계 내지 실재화의 첫 번째 단계는 개념 자체에 관한 학설에서는 '양',10 정립된 개념에 관한 학설에서는 '현상'11 그리고 대자적으로 존재하는 개념에 관한 학설에서는 '객관성'12이다.)

개별적인 삼단계 진행들의 세 번째 단계는 두 번째 단계에서 달성된 실재화의 좀 더 고차적인 발전이다. 이러한 좀 더 고차적인 발전, 즉 두 번째 단계의 실재화와 세 번째 단계의 실재화의 구별은 무엇에 존립하는가? 우리는 여기서 개별적 삼단계 진행들의 두 번째 공통성에 도달한다.

논리의 학에서 문제가 되는 것은 우리가 이미 보았듯이 대립적인 것의

---

10. 헤겔은 정립된 개념(= 본질)과 '양'의 평행성을 강조한다. "본질은 그 전체에서 존재의 영역에서의 양이었던 것, 즉 한계에 대한 절대적 무관심성이다." *Log.* II 5/4.483/6.15. '양'과 더불어 이루어지는 실재화를 헤겔은 다음과 같이 기술하고 있다. "절대자는 순수한 양이다, ― 이 입장은 일반적으로 절대자에게 **질료**의 규정, 즉 그것에서는 물론 형식이 현존하긴 하지만 무관심한 규정인 그러한 질료의 규정이 주어지는 입장과 합치된다." *Enz.* § 99.

11. '현상'은 여기서 본질이 현존재로 들어선다는 점에서 명백히 실재화의 시작이다. *Log.* II 6/4.484/6.16.

12. 우리는 위에서 이미 개념이 '객관성'의 단계와 더불어 비로소 실재적이라는 점을 지적한 바 있다. 『철학적 예비학』(제3과정, 제1부, 제2편)에서 해당 편은 '개념의 실재화'라는 표제를 달고 있다!

관계인바, 그것도 '존재'의 논리학에서는 타자 일반에 대한 존재의 관계, '본질'의 논리학에서는 고유한 타자에 대한 본질의 관계, '개념'의 논리학에서는 사유의 자기 외 존재에 대한, 다시 말하면 자기의 타자에 대한 사유의 관계로서 객관성에 대한 (주관적) 개념의 관계가 문제가 된다.

우리가 보았듯이, 삼단계 진행의 첫 번째 단계에서는 그때그때마다의 대립적인 것이 분리되어 있지 않으며, 삼단계 진행의 두 번째 단계에서는 분리되어 있다. '존재'의 논리학에서는 어떤 것이 타자 일반으로부터, '본질'의 논리학에서는 본질이 고유한 타자로부터, 그리고 '개념'의 논리학에서는 개념이 자기의 타자로부터 그러한 데 반해, 삼단계 진행의 세 번째 단계에서는 분리된 대립적인 것이 결합되어 있는바, 어떤 것과 본질과 개념이 타자 일반과 고유한 타자와 자기의 타자와 결합되어 있다. 그러므로 삼단계 진행에서 전개되는 대상은 세 번째 단계에서 단지 실재화되어 있을 뿐만 아니라 대립적인 것의 통일로서 그 속에서 절대적 존재를 지닌다.

'이념'의 실재화라는 커다란 틀 속에서 절대적 존재의 이러한 세 번째 단계는 자연을 자기의 타자 존재로부터 자기 안으로 귀환하거나 자기의 대자 존재에 도달하는 실재화된 이념으로서의 정신이 뒤따른다는 점에 주어져 있다. 일반적으로 우리는 상이한 삼단계 진행들의 세 번째 단계가 그것에서 스스로 삼단계 진행에서 전개되는 대상이 단지 일반적으로 실재화되어 있을 뿐만 아니라 좀 더 고차적인 방식으로 절대적인 것으로서 실재화되어 있다는 것에 의해 특징지어진다고 확정할 수 있다. '논리학'의 틀 안에서 절대적인 것으로서의 이러한 실재화는 주관적 논리학의 대상인 대자적으로 존재하는 개념에서 주어져 있다. (개념 자체의 논리학에서 절대적인 것으로서의 실재화의 이 세 번째 단계는 '질량'인데, 그 질량에 대해 헤겔은 다음과 같이 말한다. "이제 세 번째 것은 스스로 자기 자신에 관계하는 외면성이다. 자기에 대한 관계로서 그것은 동시에 지양된 외면성이며, 자기 자신에서 자기와의 구별을 지닌다."[13] 정립된 개념의 논리학에서 절대적인 것으로서의 실재화의 단계는 '현실성'인데, 현실성에서는 본질이 자기의 현상과 하나이며, 따라서 양자가 "하나의 절대적 총체성"[14]이라는 것이 정립되어 있다. 대자적으로 존재하는 개념의 논리학에서 이 세 번째 단계는 '이념', 즉 "개념과 객관성의 절대적 통일"[15]이다.) 이러한 평행성은 '논리학' 내부에서 좀 더 작은 틀에서도 계속해서 추적될 수 있다.

실재화의 전진을 대립적인 것의 관계의 발전으로서 고찰하는 데서 헤겔의 발전들의 일반적인 일면성이 드러나는데, 이 일면성을 우리는 이미 위에서 대자 존재의 예에서 확정했던바, 우리는 이 단계가 좀 더 적절하게는 대자 존재 및 결합된 존재로서 파악되고 표현되어야만 한다고 언급했던 것이다. 헤겔은 눈길을 거의 배타적으로 스스로 발전하는 대상 자신에만 돌리고, 여기서 자기의 외적인 대상들에 대한 그 대상의 관계를 등한시한다. 그래서 『엔치클로페디』에서도 '이념'의 세 번째 단계는 자기의 타자 존재로부터 자기 안으로 되돌아오는 이념으로서가 아니라 자기로부터 분리된 자기의 타자 존재와 결합되어 있는 이념으로서 특징지어질 수 있을 것이다. 그와 마찬가지로 개념의 전진 규정으로서의 『논리의 학』 내부에서도 첫 번째 단계 '개념 자체'와 두 번째 단계 '정립된 단계' 이후의 세 번째 단계는 '대자적으로 존재하는 개념'으로서가 아니라 '자기와 분리된 정립된 개념과 결합되어 있는 개념'으로서 지칭될 수 있을 것이다.

헤겔이 세 번째 단계의 대상을 절대적인 것으로서 표현할 때, 이것은 사태의 본질을 맞히지 못하는데, 왜냐하면 발전의 추동력은 모순이고 그런 까닭에 세 번째 단계는 모순들의 발전의 성과로서 파악될 수 있기 때문이다. 발전은 통일에서, 요컨대 모순으로 가득 차 있고 그런 까닭에 자기를 파괴하는 대립적인 것의 통일에서 시작된다. 세 번째 단계로서 분리성의 부정으로부터 가령 또다시 미분리성이 발생하는 것이 아니라

13. *Log.* I 336/4.405/5.387.
14. *Log.* II 156/4.662/6.186.
15. *Enz.* § 213.

— 그것은 시작 단계로의 퇴락일 것이다[6] — 자기로부터 분리된 대립적인 것과의 결합성이 생겨난다.

삼단계 진행의 세 번째 단계가 사태의 핵심에 따라 표현된다면, 그것은 — 절대적인 것으로서가 아니라 — 결합성으로서, 요컨대 존재 내지 본질 내지 개념의 그것들로부터 분리된 것과의 결합성으로서 표현될 수 있다.

..
16. *Log.* I 35 ff./4.51 ff./5.49 ff.를 참조.

대립적인 것의 관계의 발전으로서
실재화의 전진

스스로 발전하는 사태의
자기의 대립적인 것으로부터의
미분리성

스스로 발전하는 사태의
자기의 대립적인 것으로부터의
분리성

스스로 발전하는 사태의
자기로부터 분리된
자기의 대립적인 것과의
결합성

## 2. 헤겔의 삼단계 진행들에 존립하는 헤겔 철학의 체계 난점들

헤겔 '논리학'의 삼단계 진행들, 무엇보다도 우선 객관적 논리학의 삼단계 진행들, 그러므로 존재자의 순수한 개념들의 삼단계 진행들은 어떠한 규정된 크기도 지니지 않으며 또는 존재자에 대한 어떠한 절대적인 척도도 아니다. 그래서 예를 들어 본질의 논리적인 삼단계 진행, 즉 자기 안에서 가현하는 본질 — 현상하는 본질 — 현실적으로 존재하는 본질은 작은 크기에서는 가령 존재자의 부분 영역, 즉 삼단계 진행으로서의 감성적 존재에, 즉

자기 안에서 가현하는 감성적 본질 = 하등 생명체

현상하는 감성적 본질 = 고등 동물

현실적으로 존재하는 감성적 본질 = 근원 단계와 근본 단계의 인간에,

그러나 또한 최고의 크기에서는 좀 더 커다란 전체, 즉 삼단계 진행으로서의 세계에, 즉

자기 안에서 가현하는 세계

현상하는 세계

현실적으로 존재하는 세계에

관계될 수 있다.

그러나 다른 한편으로 하나의 삼단계 진행의 개별적 단계들은 동등한 크기의 것들이다.

그런데 논리적 삼단계 진행들이 어떠한 규정된 크기도 지니지 않지만, 삼단계 진행의 개별적 단계들은 동등한 크기의 것들이라고 하는 것으로부터는 논리적 삼단계 진행을 존재자에 적용하는 데서, 바꿔 말하면 우리가 세계를 이러한 개념성 하에 가져올 때, 대단히 중요한 인식들, 무엇보다도 우선 헤겔적 직관들의 바로 잡음들이 생겨난다.

세계를 논리적 삼단계 진행들을 가지고서 파악하기 위해 필요한 것은 상이한 크기의 삼단계 진행들을, 좀 더 정확하게는 그때그때마다 적합한 크기의 삼단계 진행들을 적용하는 것이다. 예를 들어 자연을 삼단계 진행의 하나의 단계로서 파악하기 위해서는 그 단계들 가운데 하나가 전체 자연을, 그리고 오직 이것만을 포괄하는 그러한 크기의 삼단계 진행이 선택되어야만 한다. 하나의 삼단계 진행의 세 단계들이 동등한 크기의 것들인 까닭에, 그 한 단계가 자연 전체를 포괄하는 삼단계 진행의 크기를 선택하는 데서는 필연적으로 이 삼단계 진행의 다른 두 단계의 크기가 밝혀진다. 자연과 그 한 단계가 자연 전체를 포괄하는 삼단계 진행의 다른 두 단계 사이의 규정되고 확정적인 관계가 밝혀지는데, 거기서는 특히 헤겔의 삼단계 진행, 즉 논리적인 것 — 자연 — 정신[17]이 생각될 수 있다.

그런데 여기서는 헤겔이 서로 구별되는 크기의 삼단계 진행들을 뒤섞고, 그에 의해 모순적이고 거짓된 진술들에 도달했다는 점에서, 커다란 잘못을 범하고 있다는 것이 드러난다.

바로 앞의 각주에서 인용된 그의 저작들의 구절들에 따르면, 헤겔은 다음과 같은 하나의 커다란 삼단계 진행을 보고 있다.

논리적인 것

자연

----

17. *Log.* I 31/4.45, 46/5.44; *Enz.* § 18, 575; *Prop.* III 2. § 96.

정신

그에 반해 헤겔은 주관적 논리학에서 똑같은 범위를 지닌 삼단계 진행을
제시한다.

형식적 개념 = 논리적인 것

실제적 개념 = 무기적 자연

실재적 개념 = 유기적 자연과 정신

이 두 삼단계 진행들에서 첫 번째 단계는 논리적인 것을 포괄하는데,
그것에서는 첫 번째 단계의 크기와 그와 더불어 삼단계 진행의 크기가,
그리하여 또한 논리적인 것에 뒤따르는 두 단계들의 크기가 확정된다.
두 삼단계 진행들에서 첫 번째 단계가 논리적인 것이고, 그리하여 또한
삼단계 진행의 뒤따르는 두 단계들도 서로 간에 똑같은 크기의 것들이어야
만 할 때, 헤겔이 한편으로는 그 첫 번째 단계가 논리적인 것인 삼단계
진행의 두 번째 단계가 전체 자연을 포괄한다고 말하지만, 다른 한편으로는
주관적 논리학에서 이 삼단계 진행의 두 번째 단계가 단지 무기적 자연만을
포괄한다고 제시한다면, 그것은 모순적이다. 그와 마찬가지로 그 첫 번째
단계가 논리적인 것이어야 하는 삼단계 진행의 세 번째 단계가 한편으로는
오로지 정신만을 포괄한다고 하고, 다른 한편으로는 그것이 유기적 자연과
정신을 포괄한다고 하는 진술도 모순적이다.

그렇다면,

논리적인 것

자연

정신

이라는 삼단계 진행이 올바르게 형성된 것인가, 아니면

논리적인 것

무기적 자연

유기적 자연과 정신

이라는 삼단계 진행이 올바르게 형성된 것인가?

헤겔 『논리의 학』의 전체에 따르면 존재자의 이 두 삼단계 진행은 모두 잘못 형성되어 있다. 헤겔 논리학을 존재자에 적용함에 있어 헤겔 철학의 가장 중요한 오류로서 드러나는 것은 존재자의 가장 커다란 삼단계 진행의 세 번째 단계가 그 발전과 단계화가 '절대 이념'에서 정점에 도달하는 '이념'이 아니라 객관적 논리학에 따라서는 대자적으로 존재하고 현실적으로 존재하는 세계이고, 주관적 논리학에 따르자면 주관–객관 세계라고 하는 것이다.

우리가 『엔치클로페디』에서 지명된 삼단계 진행, 즉 자체적이고도 대자적인 이념 — 자기의 타자 존재에서의 이념 — 자기의 타자 존재로부터 자기 안으로 돌아오는 이념을 취해 보면, 인간 정신 내지 그 정신 발전의 정점, 즉 철학은 그 첫 번째 단계가 자체적이고도 대자적인 이념이고 그 두 번째 단계가 자기의 타자 존재에서의 이념인 삼단계 진행의 세 번째 단계일 수 있기에는 명백히 너무나 작은 크기다. 크기 질서에 있어 자기의 자체적이고도 대자적인 존재에서의 이념과 자기의 타자 존재에서의 이념에 상응하는 이념의 단계 — 그러므로 자기의 타자 존재로부터 자기 안으로 돌아오는 이념 — 는 이 삼단계 진행의 두 번째 단계와 마찬가지로 세계 전체이지 단지 세계의 부분만이 아니다. 이념이 자기의 타자 존재로부터 자기 안으로 돌아올 때, 이러한 자기 안으로 돌아옴은 타자 존재의 세계 전체다(그러므로 또한 — 무기적이고 유기적인 — 자연이지 단지 인간 정신만이 아니다). 필자는 그렇게 드러나는 세계상을 다른 곳에서[18] 좀 더 상세하게 서술한 바 있다.

우리는 이것을 다시 한 번 『논리의 학』의 세 부분들의 평행성의 관점 하에서 고찰하고자 한다.

--- 

●●
18. 『인간이 세계를 바라보는 방식들과 과학적 이성의 시각에서 본 세계 또는 세계의 본성(*Die Weltsichtweisen des Menschen und die Welt in der Sicht der wissenschaftlichen Vernunft oder Die Natur der Welt*)』, Mainz, 1976에서. 특히 '세계의 좀 더 커다란 전체에 대한 보완적 고찰', S. 261 ff.를 참조.

자연에 선행하는 첫 번째 단계인 논리적인 것은 『논리의 학』의 세 부분들의 기초에서 (a) 순수 존재, (b) 자기 안에서 가현하는 본질 그리고 (c) 형식적 개념으로서 특징지어진다. 자연 단계는 (a) 현존재, (b) 현상하는 본질 그리고 (c) — 필자의 파악에 따르면! — 실제적 개념으로서 특징지어진다(헤겔은 실제적 개념을 오직 생명이 없는 자연과 동일시한다). 정신 단계는 (만약 이 삼단계 진행의 세 번째 단계가 정신이라고 한다면) (a) 대자 존재, (b) 현실적으로 존재하는 본질 그리고 (c) — 또다시 필자의 파악에 따르면! — 실재적 개념으로서 특징지어진다(헤겔은 실재적 개념을 또한 생명이 있는 자연과도 동일시한다). 그러므로 여기서 헤겔은 구성 오류를 범하고 있다. 주관적 논리학에 따르면 실제적 개념의 영역에서 개념의 규정성은 무관심한 외면성의 형식을 지닌다.[19] 그러나 이것은 자연 전체의 규정성 양식이지[20] 가령 단지 생명이 없는 자연만의 규정성 양식이 아니다. 주관적 논리학에 따르면 실재적 개념의 영역에는 개념과 실재성의 통일이 존립한다. 그러나 — 전체 — 자연에 대해 특징적인 것은 자연에는 개념과 실재성의 통일이 존립하지 않는다는 것, 자연은 자기의 개념에 상응하지 않는다는 것이다.[21] 필자의 파악에 따르면 대자적으로 존재하는 개념의 세 번째 단계, 다시 말하면 개념과 실재성의 통일은 헤겔이 생각하듯이 인간 정신에서가 아니라 세계의 세 번째 단계, 즉 실재적 개념의 대자적으로 존재하고 현실적으로 존재하는 세계에서 주어져 있다(그리고 두 번째 단계가 우리의 전체적인 현재적 세계 = 자연 + 인간 정신을 포괄한다).

헤겔의 이러한 구성 오류는 어떻게 설명될 수 있는가?

우리는 하나의 대상이 상이한 크기 질서 하에서 고찰될 때 서로 배제하는 상이한 개념들 하에 속할 수 있다는 점에 주목했었다. 그래서 헤겔이

---

19. *Log.* II 404/5.233/6.460.
20. *Enz.* § 248을 참조.
21. *Enz.* § 248.

실제적 개념을 생명이 없는 자연과 등치시키는 것도 물론 적합하며, 실재적 개념을 살아 있는 것과 등치시키는 것도 철저히 적합하다—그리하여 그런 한에서 헤겔의 논의들에 동의할 수 있다—. 그러나 헤겔은 여기서 자기의 커다란 삼단계 진행 크기로부터 더 작은 삼단계 크기로 벗어났다. (여기서 다루어지는 것은 더 작은 세계 내적인 삼단계 진행 크기, 즉 물질적 무—생명 없는 물체성—생명 있는 물체성 내지 이보다는 좀 더 커다란 삼단계 진행 크기, 즉 물체적 존재—감성적 존재—정신적 존재다.)

# 헤겔의 삼단계 진행들에
# 존립하는
# 헤겔 철학의 체계 난점들

존재자의 삼단계 진행

| Log. I 31/4.45, 46/5.44; Enz. §§ 18, 575; Prop. III 2. § 96 | 주관적 논리학에 따르면 | 객관적 논리학을 근저에 놓는(동시에 그리스도교 존재론과 관련된) 필자의 견해에 따르면 |
|---|---|---|
| **I** | | |
| 논리적인 것 (이념의 자체적이고도 대자적인 존재) | 순수 사유 (주관성) | 세계의 순수 존재 내지 자기 내 가현(선재하는 세계, '낙원') |
| **II** | | |
| 자연 (이념의 타자 존재) | 무기적 자연 (객관성) | 세계의 현존재 내지 현상 ('우리의 세계') |
| **III** | | |
| 정신 (자기의 타자 존재로부터 자기 안으로 귀환하는 이념) | 유기적 자연과 정신 (이념) | 세계의 대자 존재 내지 현실 존재 ('새로운 하늘과 새로운 땅') |

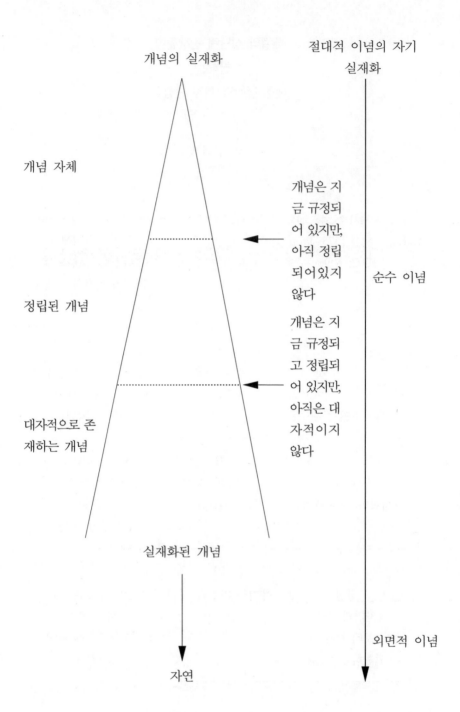

개념의 실재화

절대적 이념의 자기
실재화

개념 자체

개념은 지
금 규정되
어 있지만,
아직 정립
되어있지
않다

정립된 개념

순수 이념

개념은 지
금 규정되
고 정립되
어 있지만,
아직은 대
자적이지
않다

대자적으로 존
재하는 개념

실재화된 개념

외면적 이념

자연

제5부 헤겔 『논리의 학』에서 개념들의 사용

# 설명되는 개념들

(괄호 속의 숫자는 다음의 사태 연관들 안에서의 순서)

가상 Schein (64)

가현 Scheinen (63)

개념 *der* Begriff (9), 개념 자체 Begriff an sich (13), 자체적이고도 대자적인 개념 Begriff an und für sich (12), 대자적으로 존재하는 개념 für sich seiender Begriff (15), 개념 그 자체의 정립된 존재 Gesetztsein des Begriffes als solcher (17), 정립된 개념 gesetzter Begriff (14), 객관적 개념 objektiver Begriff (21), 실재적 또는 적합한 개념 realer oder adäquater Begriff (21), 실제적 개념 reeller Begriff (19), 순수 개념 reiner Begriff (10), 자기를 개념 파악하는 순수한 개념 sich begreifender reiner Begriff (11), 개념 그 자체 Begriff als solcher (16), 직접적 또는 형식적 개념 unmittelbarer oder formeller Begriff (18)

개별성 Einzelheit (보편성, 특수성, 개별성) (104)

객관성 Objektivität (133)

견인 Attraktion (반발과 견인) (38)

결과 Wirkung (원인-결과) (101)

관계 Verhältnis, 절대적 관계 absolute Verhältnis (88), 양적 관계[비례]

quantitatives Verhältnis (47), 실체성의 관계 Verhältnis der Substantialität (89), 본질적 관계 wesentliches Verhältnis (79)

교호 규정 Wechselbestimmung (37)

교호 작용 Wechselwirkung (96)

구별 Unterschied (구별, 상이성, 대립) (68)

구분 Einteilung (150)

규정 Bestimmung (규정과 성질) (32)

규정성 Bestimmtheit (7)

근거 Grund (71), 절대적 근거 absoluter Grund (72), 규정된 근거 bestimmter Grund (73)

긍정적인 것 Positives (긍정적인 것과 부정적인 것) (69)

기계론 Mechanismus (주관적 논리학의 의미에서) (134)

논리학 Logik (헤겔의!), 객관적 논리학 objektive Logik, 첫 번째 논리학 primäre Logik, 두 번째 논리학 sekundäre Logik, 주관적 논리학 subjektive Logik (4)

대립 Gegensatz (구별, 상이성, 대립) (68)

대자 존재 Fürsichsein (36)

도 Grad (45)

동일성 Identität (67)

매개 Vermittlung, 매개된 것 Vermitteltes (62)

모순 Widerspruch (70)

목적 Zweck (138)

목적론 Teleologie (136)

무차별 Indifferenz, 절대적 무차별 absolute Indifferenz (51)

무한성 Unendlichkeit (35)

무한 진행 Progreß ins Unendliche (34)

물질 Materie (힘/물질) (81)

반발 Repulsion (반발과 견인) (38)

반성 Reflexion, 절대적 반성 absolute Reflexion (56), 지양된 반성 aufgeho-
bene Reflexion (60), 외적 반성 äußere Reflexion (55), 외면적 반성
äußerliche Reflexion (58), 규정하는 반성 bestimmende Reflexion (59),
객관적 반성 objektive Reflexion (53), 순수한 절대적 반성 reine absolute
Reflexion (57), 정립하는 반성 setzende Reflexion (54), 주관적 반성
subjektive Reflexion (52)

반성 규정들 Reflexionsbestimmungen (= 본질성들) (66)

방법 Methode, 사변적 방법 spekulative Methode (154)

변증법 Dialektik (22)

보편성 Allgemeinheit (보편성, 특수성, 개별성) (104)

본질 Wesen ('본질'에 관한 학설의 대상으로서의) (6)

본질성들 Wesenheiten (= 반성 규정들) (65)

부분들 Teile (전체와 부분들) (80)

부정적인 것 Negatives (긍정적인 것과 부정적인 것) (69)

분리 Diskretion (연속성과 분리) (41)

사물 Ding (76)

사물-자체 Ding-an-sich (77)

사유 Denken, 객관적 사유 objektives Denken (1)

상이성 Verschiedenheit (구별, 상이성, 대립) (68)

생명 Leben (136)

생성 Werden (24)

성질 Beschaffenheit (규정과 성질) (32)

속성 Attribut (속성과 양태) (85)

실존 Existenz (75)

실체 Substaz (= 현실적인 것 Wirkliches) (97), 능동적 실체 aktive Substaz
(98), 유한한 실체 endliche Substaz (99), 수동적 실체 passive Substaz

(98), 현실적 실체 wirkliche Substaz (100)

양 Quantität (39), 순수 양 reine Quantität (40) 비율적 양과 비율화하는
　　양 spezifische und spezifizierende Quantität (48)

양태 Modus (속성과 양태) (85)

연속성 Kontinuität (연속성과 분리) (41)

우유성 Akzidentalität (90)

원인 Ursache (원인-결과) (101)

유한성 Endlichkeit (33)

의욕 Wollen (144)

이념 *die* Idee (139), 이념 Idee (140), 절대 이념 absolute Idee (152), 자유롭게
　　대자적으로 실존하는 이념 frei für sich existierende Idee (142), 실천적
　　이념 praktische Idee (146), 순수 이념 reine Idee (153), 이론적 이념
　　theoretische Idee (145), 직접적 이념 unmittelbare Idee (141)

인과성 Kausalität (91), 조건지어진 인과성 bedingte Kausalität (95), 규정된
　　인과성 bestimmte Kausalität (93), 유한한 인과성 endliche Kausalität
　　= 객관적 논리학의 의미에서의 기계론 (94), 형식적 인과성 formelle
　　Kausalität (92)

인식 Erkennen ('자유롭게 대자적으로 실존하는 이념 frei für sich existierende
　　Idee' (142), 유한한 인식 endliches Erkennen (143), 분석적 인식 analy-
　　tisches Erkennen (147), 종합적 인식 synthetisches Erkennen (148)을
　　참조)

자기 내 가현 Insichscheinen (65)

자유 Freiheit (필연성과 자유, 자유로운 필연성) (103)

자체적이고도 대자적인 존재 Anundfürsichsein (29)

자체 존재 Ansichsein (28)

전체 Ganzes (전체와 부분) (80)

절대자 das Absolute (84)

절대지 absolutes Wissen (2)

정량 Quantum (46)

정리 Lehrsatz (151)

정의 Definition (149)

조건 Bedingung (74)

존재 Sein ('존재'에 관한 학설의 대상으로서의) (5), 순수 존재 reines Sein
    (23), 대-타-존재 Sein-für-Anderes (30)

지양 Aufheben (25)

직접적인 것 Unmittelbares, 직접성 Unmittelbarkeit (61)

진리 Wahrheit (102)

질 Qualität (8)

질량 Maß (49)

질량 비례 Maßverhältnis (50)

집합수 Anzahl (단위[통일]와 집합수) (43)

추론 Schluß (123), 전체성의 추론 Schluß der Allheit (126), 유비의 추론
    Schluß der Analogie (128), 현존재의 추론 또는 질적 추론 Schluß
    des Dasein oder qualitativer Schluß (124), 선언 추론 disjunktiver Schluß
    (132), 가언 추론 hypothetischer Schluß (131), 귀납의 추론 Schluß
    der Induktion (127), 정언 추론 kategorischer Schluß (130), 필연성의
    추론 Schluß der Notwendigkeit (129), 반성의 추론 Schluß der Reflexion
    (125)

크기 Größe, 외연적 크기와 내포적 크기[외연량과 내포량] extensive Größe
    und intensive Größe (44), 연속적 크기와 분리된 크기[연속량과 분리량]
    kontinuierliche Größe und diskrete Größe (42)

타자 존재 Anderssein (27)

통일 Einheit (단위[통일]와 집합수) (43)

특성 Eigenschaft (31)

특수성 Besonderheit (보편성, 특수성, 개별성) (104)

판단 Urteil (105), 필증[필연] 판단 apodiktisches Urteil (122), 단언[실연] 판단 assertorisches Urteil (120), 개념의 판단 Urteil des Begriffs (119), 현존재의 판단 또는 질적 판단 Urteil des Daseins oder qualitatives Urteil (107), 선언 판단 disjunktives Urteil (118), 가언 판단 hypothetisches Urteil (117), 정언 판단 kategorisches Urteil (116), 부정 판단 negatives Urteil (109), 필연성의 판단 Urteil der Notwendigkeit (115), 객관적 판단 objektives Urteil (106), 특칭 판단 partikuläres Urteil (113), 긍정 판단 positives Urteil (108), 개연 판단 problematisches Urteil (121), 반성의 판단 Urteil der Reflexion (111), 단칭 판단 singuläres Urteil (112), 무한 판단 unendliches Urteil (110), 전칭 판단 universelles Urteil (114)

필연성 Notwendigkeit (필연성, 자유, 자유로운 필연성) (103)

학문 Wissenschaft, 순수 학문 reine (3)

합목적성 Zweckmäßigkeit (137)

현상 Erscheinung (78)

현실성 Wirklichkeit (83), 본래적 현실성 eigentliche Wirklichkeit (86), 형식적, 실재적, 절대적 현실성 formelle Wirklichkeit, reale Wirklichkeit, absolute Wirklichkeit (87)

현실적인 것 Wirkliches (실체 = 현실적인 것) (97)

현존재 Dasein (26)

화학론 Chemismus (135)

힘 Kraft (힘/물질) (81)

힘의 유발 작용 Sollizitation der Kraft (82)

헤겔은 하나의 동일한 개념을 아주 다양한 방식으로 사용한다. 다음에서 아주 중요한 사용들이 제시된다. (개념들의 폭넓은 다의성은 하나의 개념이 모든 것 속에서 실체적인 것이기 때문에 존재의 전개, 본질의 전개, 개념의 전개에서 동일한 규정들이 출현한다는 점에 기인한다. *Enz.* § 114.)


1. 객관적 사유

주관적으로 대자적인 존재자와 두 번째의 그러한 존재자, 즉 객관적인 것의 대립이 그 속에서 극복된 것으로서 알려지고, 존재는 순수한 개념 자체 자신으로서, 그리고 순수한 개념은 참다운 존재로서 알려지는 사유. *Log.* I 42/4.60/5.57. 순수 학문과 절대지를 각각 참조. "결국 이러한 객관적 사유가 순수 학문의 내용이다." *Log.* I 31/4.45/5.43. ('객관적 사유'는 가령 '객관적 논리학'이 아니라 오히려 헤겔의 『논리의 학』 전체와 일치하며, 그러므로 객관적 논리학— 그 자체에서 존재하는 개념 및 정립된 개념에 관한 학설— 뿐만 아니라 또한 헤겔의 주관적 논리학— 대자적으로 존재하는 개념에 관한 학설— 도 객관적 사유를 서술한다. 객관적 사유에 대한 대립은 오히려 한편으로는 정신 발전에서 객관적 사유에 선행하고, 다른 한편으로는 그 자체로 한갓된 지성 사유로서 언제나 현존하는 주관적 사유다. *Enz.* § 27.)


2. 절대지

의식은 자기와 대상의 최초의 직접적 대립에서 시작되는 자기의 전진 운동에서, 헤겔이 그의 『정신 현상학』에서 제시하듯이, 순수 학문에서 절대지에 도달한다. *Log.* I 29, 30/4.44, 45/5.42. 절대지에서는 자기 자신의 확신으로부터의 대상의 분리가 완전히 해소되었으며, 진리는 이 확신에 그리고 이 확신은 진리에 동등하게 되었다. *Log.* I 30/4.45/5.43.

3. 순수 학문

객관적 사유의 논리학. "자연과 정신의 학문들은 순수 학문 또는 논리학과는 구별되어 응용 학문으로서, 즉 실재적이거나 특수한 학문들의 체계로서 고찰될 수 있다. 왜냐하면 그것들은 자연과 정신의 형태 속에 있는 순수 학문이기 때문이다." *Prop*. III 2. § 11. "그리하여 순수 학문은 의식의 대립으로부터의 해방을 전제한다. 순수 학문은 사상이 또한 그와 마찬가지로 사태 자체 자신인 한에서 사상을, 또는 사태 자체 자신이 또한 그와 마찬가지로 순수 사상인 한에서 사태 자체 자신을 포함한다." *Log*. I 30/4.45/5.43.

4. 논리학 (헤겔의!)

자연과 유한한 정신의 창조에 앞서 그의 영원한 본질 속에 존재하는 신의 서술. *Log*. I 31/4.46/5.44.(첫 번째 논리학). 또는 개념이 자기 자신에 의해 자기의 해방을 완성하고, 자기 자신의 최고의 개념을 발견하는 정신의 학문. *Log*. II 506/5.353/6.573.(두 번째 논리학).

"그에 따르면 논리학은 순수한 앎을 자기의 원리로 지니는, 즉 추상적인 통일이 아니라 주관적으로 대자적인 존재자와 두 번째의 그러한 존재자, 즉 객관적인 것과의 의식의 대립이 그 속에서 극복되어 존재가 순수한 개념 자체 자신으로서 그리고 순수한 개념이 참다운 존재로서 알려짐으로써 구체적이고 살아 있는 통일을 자기의 원리로 지니는 순수한 사유의 학문으로 규정되었다." *Log*. I 42/4.60/5.57.

객관적 논리학:

존재로서의 개념의 논리학. (개념은 존재하는 것으로서 고찰된다.) *Log*. I 43/4.61/5.57. 존재자의 순수한 개념들의 체계. *Prop*. III 2. § 15. '존재'의 논리학과 '본질'의 논리학. *Log*. I 47/4.66/5.61. 그 자체에서 존재하는 개념에 관한 학설과 정립된 개념에 관한 학설. *Enz*. §§ 84, 112.

주관적 논리학:

개념으로서의 개념의 논리학. (개념은 그 자체로서 고찰된다.) *Log.* I 43/4.61/5.57. 대자적으로 존재하는 개념에 관한 학설. *Enz.* § 160.

5. 존재('존재'에 관한 학설의 대상으로서의)

"존재는 단지 그 자체에서의 개념일 뿐이다." *Enz.* § 84.

'존재에 관한 학설'이라는 표현에서의 '존재'에서 헤겔은 ―『논리의 학』이 서술하는 ― 존재 자신의 운동이 그것에서 시작되는 직접적인 것을 이해한다.

6. 본질('본질'에 관한 학설의 대상으로서의)

"본질은 정립된 개념으로서의 개념이다." *Enz.* § 112. "가현은 그에 의해 본질이 존재가 아니라 본질인 바의 규정이거니와, 전개된 가현이 현상이다." *Enz.* § 131.

7. 규정성

현존재가 존재적인 한에서, 그것이 비존재인 한에서, 그것은 규정되어 있다. "규정성은 긍정적인 것으로서 정립된 부정이며, 모든 규정은 부정이다 *Omnis determinatio est negatio*라는 스피노자의 명제다. 이 명제는 무한한 중요성을 지닌다." *Log.* I 100/4.127/5.121.

'존재'에 관한 학설이 타자 일반에 대한 직접적 관계인 규정성을 다루는 데 반해, '본질'에 관한 학설은 관계들 자체 자신인 규정성들, 즉 반성 규정들을 다룬다. *Log.* II 24/4.506/6.36.

8. 질

"그렇듯 존재적인 규정성으로서 그 자체로 고립된 규정성이 질, ― 전적으로 단순한 것, 직접적인 것이다." *Log.* I 97/4.124/5.118. (어떤 것은 질에 의해 그것이 바로 그것인 바의 것이다.)

9. 개념(하나의 그 개념)

절대적, 신적 개념. "신은 하나의 개념이 아니라 개념이다." *Rel.* IV 42.


10. 순수 개념

a. 참다운 존재. 순수한 사유의 학문으로서의 논리학에서 존재는 순수한 개념으로서 그리고 순수한 개념은 참다운 존재로서 알려진다. *Log.* I 42/ 4.60/5.57.

순수 개념은 논리적인 것처럼 단지 시원뿐만 아니라 끝에도 서 있다. "자아는 개념으로서 현존재에 다다른 순수 개념 자신이다." *Log.* II 220/ 5.14/6.253.

b. 주관적 논리학에서:

처음에 개념 그 자체는 순수 개념 또는 보편성의 규정이다. *Log.* II 239/5.36/6.273.


11. 자기를 개념 파악하는 순수한 개념

논리적 학문. *Log.* II 506/5.353/6.573.


12. 자체적이고도 대자적인 개념

"그와 마찬가지로 여기서는 또한 개념도 자기의식적인 지성의 작용이나 주관적 지성으로서 간주되어서는 안 되며, 오히려 자연의 단계뿐만 아니라 정신의 단계도 이루는 자체적이고도 대자적인 개념이다. 생명이나 유기적 자연은 바로 거기서 개념이 등장하는 자연의 단계다. 그러나 여기서 개념은 맹목적이고 자기 자신을 파악하지 못하는, 다시 말하면 사유하지 못하는 개념으로서 등장한다. 그러한 것으로서의 개념은 오직 정신에게만 속한다." *Log.* II 224/5.18/6.257.

자체적이고도 대자적인 개념은 자연과 정신에 대해 범형*Vorbildner*이자 내적 형성자$^{innerer\ Bildner}$다. *Log.* II 231/5.27/6.264.


13. 개념 자체(Begriff an sich)
'존재'에 관한 학설의 대상(객관적 논리학에서)


14. 정립된 개념
'본질'에 관한 학설의 대상(객관적 논리학에서)


15. 대자적으로 존재하는 개념
'개념'에 관한 학설의 대상(주관적 논리학에서)


16. 개념 그 자체(Begriff als solcher)
(개념 그 자체와 판단 그리고 추론을 포함하는) 형식 논리학의 대상. 개념 그 자체는 아직 완전하지 않으며, 이념에로 고양되어야만 하는바(*Log.* II 225/5.19/6.258), 다시 말하면 적합한 개념에로 고양되어야만 한다(*Log.* II 407/5.236/6.462).


17. 개념 그 자체의 정립된 존재
개념 그 자체가 자기에게 구별 작용 속에서 부여하는 구별과 규정들


18. 직접적 또는 형식적 개념
주관적 논리학에서 서술된 대자적으로 존재하는 개념의 발전의 첫 번째 단계. "개념은 처음에는 시원 속에 있거나 직접적인 것으로서 있는 형식적 개념이다." *Log.* II 238/5.34/6.272. "직접적인 개념의 형태는 그에 따르면 개념이 주관적인 사유, 또는 사태에 외면적인 반성인 입장을 이룬다. 따라서 이 단계는 주관성 또는 형식적 개념을 이룬다." *Log.* II 236/5.32/6.270, 271.

19. 실제적 개념

주관적 논리학에서 서술된 대자적으로 존재하는 개념의 발전의 두 번째 단계. 자기의 내면성으로부터 튀어 나와 현존재로 이행된 개념. *Log.* II 236/5.33/6.271.


20. 실재적 또는 적합한 개념

주관적 논리학에서 서술된 대자적으로 존재하는 개념의 발전의 세 번째 단계. 이념은 적합한 개념, 객관적으로 참된 것 또는 참된 것 그 자체다.


21. 객관적 개념

a. 일반적으로, 즉 『논리의 학』 전체에서:

객관적 사유의 개념(1)

b. 주관적 논리학에서:

우선은 형식적 개념이었던 대자적으로 존재하는 개념은 '객관성'의 단계에서 객관적 개념으로 발전되며, 마침내 '이념'의 단계에서 그것이 자체적으로도 대자적으로도 객관적 개념으로서 지니는 객관성과의 자기의 동일성을 또한 정립된 것으로도 만든다. *Log.* II 236, 237/5.33/6.271. 헤겔이 "그런데 이념이라는 표현이 객관적 내지 실재적 개념을 위해 남겨지고 개념 자신과, 그러나 더 나아가서는 단순한 표상과 구별된다는 점에서"라고 말할 때, 이것은 후자의 관점에서 이해되어야 한다. *Log.* II 408/5.237/6.463.


22. 변증법

a. 개념의 변증법:

개념은 자기 자신을 스스로 자기 자신에서 지니는 부정적인 것에 의해 계속해서 이끌어 간다. 이것이 참으로 변증법적인 것을 이룬다. *Log.* I 37/4.53/5.51.

b. 이성의 변증법, 정신의 변증법:

분리하고 분리를 고수하는 지성은 모순들에 빠진다. 이성은 대립된 것을 그것의 좀 더 고차적인 통일 속에서 파악함으로써 이 모순들을 해소한다. 오직 정신만이 모순들을 해소할 수 있으며, 그에 의해 좀 더 고차적인 것을 산출할 수 있다. *Log.* I 6, 7/4.17, 289/5.16, 17, 276.

"지성은 규정하고 그 규정들을 견지한다. 이성은 부정적이고 변증법적인데, 왜냐하면 이성은 지성의 규정들을 무로 해소하기 때문이다. 그러나 이성은 긍정적이기도 한데, 왜냐하면 그것은 보편자를 산출하여 그 속에서 특수자를 개념 파악하기 때문이다." *Log.* I 6, 7/4.17/5.16. (보편자는 자기 안에서 구체적이다. 그런데 주어진 특수자가 이 보편자 밑에 포섭되는 것이 아니라 오히려 저 규정 작용 및 그것의 해소에서 특수자는 이미 스스로를 함께 규정해 왔다. *Log.* I 6, 7/4.17/5.17.) 헤겔은 지성적인 것으로부터 출발하는데, 지성적인 것 그 자체는 "개념들에서 그것들의 확고한 규정성과 다른 것들로부터의 구별성 안에 멈추어 서" 있지만, "개념들을 그것들의 이행과 해소에서 제시하는" (좀 더 좁은 의미에서의) 변증법적인 것을 거쳐 사변적인 것 또는 이성적인 것에 도달하는바, 사변적이고 이성적인 것은 "긍정적인 것을 해소와 이행 속에서 파악"함으로써 "대립된 것을 그것의 통일 속에서 인식하는 것이다."(Hegel, *Nürnb. Schr.* 238)

23. 순수 존재

a. '존재'의 개념적인 규정성에 따른 발전의 시원에 서 있는 존재. 아직 규정되어 있지 않은 존재이며, 그런 까닭에 순수 존재와 순수 무는 동일하다.

b. 아직 순수한 사상들 속에 갇혀 있지 않은 이념, 즉 순수 이념의 존재. '순수 이념'을 참조.

24. 생성

a. '존재'에 관한 학설에서:

지속적으로 무로 이행하는 존재와 지속적으로 존재에 도달하는 무. 생성에서 존재와 무는 오직 사라지는 것으로서만 있다. 결과는 사라져 있음이지만, 무로서는 아닌데, 만약 그렇다면 그것은 존재와 무의 결과가 아닐 것이다.

생성의 결과는 고요한 단순성으로 된 존재와 무의 통일이다. 그러나 고요한 단순성은 (전체의 규정으로서의) 존재다. *Log.* I 93/4.119, 120/5.113. (그러므로 이러한 헤겔의 '생성' 개념은 단지 제한된 타당성만을 지닌다. 그것은 '존재'에 관한 학설 내부에서 다만 '현존재'로의 생성에 대해서만 타당하다. '현존재'를 참조.)

b. '본질'에 관한 학설에서:

본질의 운동은 "본질에게 있는 부정 내지 규정을 정립함으로써 스스로에게 현존재를 부여하고, 무한한 대자 존재로서, 바로 본질이 그 자체에서 그것인 바의 것으로 되는" 데에 존립한다. *Log.* II 5/4.484/6.16. "본질은 반성이다. 즉 본질은 자기 자신 내에 머무르는 생성과 이행의 운동인바, 거기에서는 구별된 것이 단적으로 오직 그 자체에서 부정적인 것으로서만, 즉 가상으로서만 규정되어 있다. — 존재의 생성에서는 규정성의 근저에 존재가 놓여 있으며, 그 규정성은 타자에 대한 관계다. 그에 반해 반성하는 운동은 오로지 스스로 자기와 관계하는 부정으로서만 존재를 지니는 부정 자체로서의 타자다." *Log.* II 13/4.492, 493/6.24.


25. 지양

"지양과 지양된 것(관념적인 것)은 철학의 가장 중요한 개념들 가운데 하나, 단적으로 어디에서나 다시 돌아오는 근본 규정인바, 그것의 의미가 규정적으로 파악되고 특히 무로부터 구별되어야 한다.…… 지양은 언어에서 이중적인 의미를 지니는데, 그것은 보존한다, 유지한다는 정도를 의미하는 동시에 중단시킨다, 끝낸다는 정도를 의미하기도 한다.…… 그래서 지양된 것은 동시에 보존된 것, 즉 단지 자기의 직접성만을 상실했을 뿐, 그러나 바로 그런 까닭에 무화되지는 않은 것이다." *Log.* I 93, 94/ 4.120/5.113, 114.

'본질'에 관한 학설에서 '지양'은 특수한 의미를 지닌다. 요컨대 본질에 속하는 정립된 존재는 다만 지양된 정립된 존재로서만 있으며, 역으로 오직 자기를 지양하는 정립된 존재만이 본질의 정립된 존재인 것이다. *Log.* II 63/4.552/6.80. 또한 '지양된 반성'도 참조.

26. 현존재

a. '존재'에 관한 학설에서:

aa. 질에 관한 학설에서:

'순수 존재'로부터 존재와 무의 관계의 발전으로서 따라 나오는 '생성'의 성과. "그렇듯 존재하는 것으로서 있거나 존재와 무라는 계기들의 일면적인 직접적 통일의 형태를 지니는 존재와 무의 통일로의 이행으로서의 생성은 현존재다." *Log.* I 93/4.120/5.113. "현존재는 지양된 존재이지만, 단지 직접적으로만 지양된 존재다. 그래서 그것은 우선은 다만 최초의, 그 자신이 직접적인 부정만을 포함한다. 존재는 물론 마찬가지로 보존되어 있거니와, 양자는 현존재에서 단순한 통일 속에 합일되어 있지만, 바로 그런 까닭에 그 자체에서 서로 아직은 부등하며, 그것들의 통일은 아직은 정립되어 있지 않다. 그런 까닭에 현존재는 차이, 즉 이원론의 영역, 유한성의 장이다." *Log.* I 147/4.183/5.174. "현존재는 규정된 존재다. 그것의 규정성은 존재하는 규정성, 질이다. 그것의 질에 의해 어떤 것은 타자에 대해 존재하며, 변화적이고 유한하며, 타자에 대해서뿐만 아니라 그것에서 단적으로 부정적으로 규정되어 있다." *Log.* I 95/4.122/5.115. "규정성은 규정성 그 자체, 상대적인 규정된 존재이지 절대적인 규정된 존재가 아니다." *Log.* I 147/4.183/5.174.

ab. 양에 관한 학설에서:

헤겔은 규정성이나 한계 일반을 지닌 양, 즉 단지 상대적으로만 규정된 양, 정량에 대해서도 정량이라고 말한다.

b. '본질'에 관한 학설에서:

(단순한) 정립된 존재의 현현. "…… 일반적으로 현존재는 부분적으로 현상이며 단지 부분적으로만 현실성이라는 것……." *Enz.* § 6. "본질의 영역에서는 정립된 존재가 현존재에 상응한다.…… 현존재는 오직 정립된 존재일 뿐이다. 이것이 현존재에 관한 본질의 명제다." *Log.* II 20/4.501/6.32.

'본질'에 대해: "본질의 운동은 본질에게 있는 부정 내지 규정을 정립함으로써 스스로에게 현존재를 부여하고, 무한한 대자 존재로서의, 바로 본질이 그 자체에서 그것인 바의 것으로 되는 데에 존립한다." *Log.* II 5/4.484/6.16. "현존재 속으로 또는 자기의 실존과 현상을 향해 벗어나오는 것으로서." *Log.* II 6/4.484/6.16. 사물의 실존에 대해: "자기 자신에게 타자인 것, 자기 안에서 다양하고 외면적인 현존재…… 따라서 그것은 비본질적인 것, 정립된 존재로서의 현존재다." *Log.* II 106/4.603/6.130.

c. '개념'에 관한 학설에서:

객관성: "객관성은 개념의 내면성으로부터 튀어 나와 현존재로 이행한 실제적 개념이다." *Log.* II 236/5.33/6.271.


27. 타자 존재

a. '존재'에 관한 학설에서:

aa. 질에 관한 학설에서:

"질적 타자 존재"(*Enz.* § 116.) 현존재하는 어떤 것이 자기에게서 지니는 한계, 부정. *Log.* I 109, 110/4.139/5.131. "존재적인 규정성으로서의 질은 그 질 속에 포함되지만 질과는 구별되는 부정에 대립해서는 실재성이다. 더 이상 추상적 무가 아니라 현존재와 어떤 것으로서의 부정은 다만 이 어떤 것에서의 형식일 뿐인바, 그것은 타자 존재로서 존재한다. 이 타자 존재가 질의 고유한 규정이지만 우선은 질과 구별되어 있다는 점에서, 질은 타자에–대한–존재[대–타–존재]인바, — 현존재의, 즉 어떤 것의 넓이다." *Enz.* § 91.

ab. '본질'에 관한 학설에서:

"실체적 타자 존재"(*Log.* II 203/4.719/6.239.) "여기서 타자 존재는 더이상 질적인 타자 존재, 규정성, 한계가 아니다. 본질, 곧 자기에게 관계하는 것 속에 있는 것으로서의 부정은 동시에 관계로서 **구별, 정립된 존재, 매개된 존재다.**"(*Enz.* § 116.) 자체적으로도 대자적으로도 존재하는 세계는 대립을 포함하며, 스스로를 본질적 세계로서의 자기 속으로 그리고 타자 존재의 세계 또는 현상의 세계로서의 자기 속으로 밀쳐낸다.(*Log.* II 132/4.634/6.159.) "법칙들의 나라는 단지 다음과 같은 것, 즉 하나의 내용의 정립된 존재가 다른 내용의 정립된 존재라는 것이 아니다. 오히려 이 동일성은 이미 밝혀졌듯이 본질적으로 또한 부정적 통일이기도 하다. 법칙의 두 측면들 가운데 각각은 부정적 통일 속에서 그 자신에서 그것의 다른 내용이다. 따라서 타자는 무규정적으로 타자 일반이 아니라 그것의 타자이다."
*Log.* II 133/4.635/6.160.


28. 자체 존재

a. '존재'에 관한 학설에서:

'대-타-존재'에 맞서 있는 계기. *Log.* I 108/4.138/5.130.

b. '본질'에 관한 학설에서:

정립된 존재에 맞서 있는 계기. (이 표현에서도 물론 '대-타-존재'가 놓여 있다.) *Log.* I 108/4.138/5.130.

c. 『논리의 학』에서 제시되지 않는 자체 존재 — 대자 존재 — 자체적이고도 대자적인 존재의 삼단계 진행이라는 존재론적이고 변증법적인 발전의, 『논리의 학』에서는 언제나 다만 부수적으로만 지칭되는 첫 번째 단계: 가능성 = 포텐치아^potentia, 뒤나미스^δύναμις(『철학사 강의』에서의 서론, 'a. 발전의 개념'을 참조). (개념은 무기적 자연에서 개념 자체다. *Log.* I 43/4.61/5.58.)

29. 자체적이고도 대자적인 존재

a. '개념'에 관한 학설에서:

객관적인 것. "그것의 객관성 속의 개념은 자체적으로도 대자적으로도 존재하는 사태 자신이다." *Log.* II 236/5.33/6.271.

b. 자체 존재 ― 대자 존재 ― 자체적이고도 대자적인 존재의 삼단계 진행의 세 번째 단계('자체 존재'를 참조). 개념은 그것의 자기와의 동일성 속에서 자체적으로도 대자적으로도 규정된 것이다. *Enz.* § 160. 개념은 자기의 현존재에서 절대적이거나 자체적이고도 대자적인 바의 절대자다. *Log.* II 5/4.484/6.16. 자체적이고도 대자적인 개념은 자연과 정신에 대해 범형이자 내적 형성자다. *Log.* II 231/5.27/6.264. 정신에서 이념은 그 자체로[대자적으로] 존재하고 자체적으로도 대자적으로도 생성하고 있다. *Enz.* § 18. 이념 속에서는 스스로를 전진시키고 발전시키는 것이 사태의 본성, 즉 개념이라는 것과, 이러한 운동은 그와 마찬가지로 인식의 활동이라는 것이 합일되며, 자체적으로도 대자적으로도 존재하는 영원한 이념은 스스로를 영원히 절대 정신으로서 활동하게 하고 산출하며 항유한다. *Enz.* § 577.


30. 대―타―존재

'존재'에 관한 학설에서: '자체'에 맞서 있는 계기. '자체 존재'를 참조. "대―타―존재는 어떤 것의 자기와의 통일에서 자기의 자체와 동일하다. 그래서 대타 존재는 어떤 것에서 존재한다." *Log.* I 109, 110/4.139/5.131.


31. 특성

a. '존재'에 관한 학설에서:

"질은 그것이 외면적 관계에서 내재적 규정으로서 나타난다는 점에서야 말로 특히 특성이다." *Log.* I 101/4.128/5.122.

b. '본질'에 관한 학설에서:

반성된 질. *Log.* II 110/4.608/6.134. "관계의 양극을 이루어야 할 두

개의 사물 자체는 사실상 하나로 합류한다. 외면적 반성 속에서 스스로 자기 자신에 관계하는 것은 단 하나의 사물 자체이거니와, 그것의 규정성을 이루는 것은 그것의 타자에 대한 것으로서의 자기에 대한 고유한 관계다. / 사물 자체의 이러한 규정성은 사물의 특성이다." *Log.* II 109/4.606, 607/6.133.

### 32. 규정과 성질

a. '존재'에 관한 학설에서:

규정: 자체 존재를 규정성으로 채움. "규정이란 자체 존재로서의 긍정적인 규정성이다. 어떤 것은 자기의 현존재에서 자기가 그에 의해 규정될 다른 것과의 얽힘에 맞서 그 자체 존재에 적합하게 머물며, 자기를 자기와의 동등성에서 보존하고, 자기의 대–타–존재 속에서 이 자기와의 동등성을 관철한다." *Log.* I 110/4.140/5.132.

성질: 단지 대–타–존재일 뿐이고 규정 바깥에 머무는 규정성. 자기의 자체 존재에 속하지 않는 어떤 것의 외면적 현존재(비록 그것이 자기의 현존재일지라도). "어떤 것이 변화하는 한에서 변화는 성질에 속한다. 그것은 어떤 것에서 타자로 되는 바로 그것이다." *Log.* I 111/4.141/5.133.

"단순한 중심은 규정성 그 자체다. 그것의 동일성에는 규정뿐만 아니라 성질도 속한다." *Log.* I 111/4.141/5.133.

b. '본질'에 관한 학설에서:

"추상적인 사물 자체는 그 자신이 타자로부터 자기 안으로 귀환하는 이러한 관계다. 사물 자체는 그에 의해 자기 자신에서 규정되어 있다. 그러나 그것의 규정성은 성질인바, 이 성질 그 자체는 그 자신이 규정이고 타자에 대한 관계로서 타자 존재로 이행하지 않으며 변화에서 벗어나 있다." *Log.* II 109, 110/4.607/6.133.

### 33. 유한성

a. '존재'에 관한 학설에서:

"우리가 사물들에 대해 그것들은 유한하다고 말할 때 거기서 이해되는 것은 그것들이 단지 규정성을 지니는 것만이 아니고, 질을 단지 실재성과 자체 존재적인 규정으로서 지니는 것만이 아니라는 것, 그것들이 그저 제한되어 있는 것만이 아니라는 것 — 그래서 그것들은 자기들의 한계 바깥에 또 다른 현존재를 지닌다 —, 오히려 비존재가 그것들의 본성, 그것들의 존재를 이룬다는 것이다." *Log.* Ⅰ 116, 117/4.147/5.139. 유한성 개념은 자기 너머를 가리킨다. "자기의 내재적 한계와 더불어 그로 하여금 자기 너머로 지시되고 추동되도록 하는 그 자신의 모순으로서 정립된 어떤 것이 유한자다." *Log.* Ⅰ 116/4.147/5.139. 유한자는 개념적으로 무한자로 이행한다. "자기를 넘어가고 자기의 부정을 부정하여 무한하게 되는 것은 유한자 자신의 본성이다." *Log.* Ⅰ 126/4.158/5.150.

b. '본질'에 관한 학설에서:

유한한 사물들에서는 본질과 현상이 분리되어 있다. "따라서 그 무관심한 다양성 속에 있는 유한한 사물들은 일반적으로 다음과 같은 것, 즉 자기 자신에서 모순적인바, 자기 내에서 와해되어 자기의 근거로 되돌아가는 것이다." *Log.* Ⅱ 62/4.550/6.79.

c. '개념'에 관한 학설에서:

"그런 까닭에 유한한 사물들이 유한한 것은 그것들이 자기들의 개념의 실재성을 자기들 자신에게서 완전하게 지니지 못하고 오히려 그것을 위해 다른 것을 필요로 하는 한에서거나, — 또는 역으로 그것들이 객체들로서 전제되고 그리하여 개념을 자기들에서 외면적 규정으로 지니는 한에서다." *Log.* Ⅱ 409/5.239/6.465.


34. 무한 진행

a. '존재'에 관한 학설에서:

지성이 무한한 것을 파악하기 위한 자기의 — 헛된 — 노력에서 도달하

는 최고 단계: 유한자가 오직 무한자에 대한 관계 속에서만 유한하고, 무한자가 단지 유한자에 대한 관계 속에서만 무한하다는 유한자와 무한자의 교호 규정. "자기 자신과 자기의 부정을 부정하는 이러한 교호 규정은, 그토록 많은 형태들과 적용들 속에서 더 이상 넘어가지 않고 저 '무한히 그렇게 계속된다'에 도달하여 사상이 자기의 끝을 달성하곤 하는 그러한 무한 진행으로서 등장하는 바로 그것이다. ── 이러한 무한 진행은 상대적 규정들이 그것들의 대립에까지 내몰리고, 그리하여 그것들이 분리될 수 없는 통일 속에 있지만 각각에게 다른 것에 대한 자립적인 현존재가 돌려지는 곳에서는 어디에서나 들어선다. 따라서 이 무한 진행은 해소되어 있지 않고 오히려 언제나 다만 현존하는 것으로서만 언표되는 모순이다." *Log.* I 130, 131, 224/4.164, 275/5.155, 262. "따라서 무한 진행은 다만 반복되는 한결같음, 이러한 유한자와 무한자의 하나이자 동일한 지루한 교체일 뿐이다." *Log.* I 131/4.164/5.155.

aa. '질'에 관한 학설에서:

자기의 내재적 한계와 더불어 그로 하여금 자기 너머로 지시되고 추동되도록 하는 그러한 그 자신의 모순으로서 정립된 어떤 것. *Log.* I 116/4.147/5.139. 질적 유한자와 무한자는 절대적으로, 다시 말하면 추상적으로 서로 대립한다. 그것들의 통일은 근저에 놓여 있는 내면적 관계다. 따라서 유한자는 단지 그 자체에서만 자기의 타자 속으로 연속될 뿐, 자기에게서 그러한 것은 아니다. *Log.* I 223/4.274/5.261.

ab. '양'에 관한 학설에서:

양적 무한 진행은 양적으로 무한한 것 또는 정량 일반이 포함하는 모순의 표현이다. (이 모순은 단순히 자기 안에서 규정되어 있고 자기의 규정성을 자기 바깥에서 지니는 도에서 정립되어 있다. *Log.* I 196/4.242/5.231.) "대자 존재하는 무관심한 한계가 절대적 외면성이라고 하는 이러한 모순 속에 무한한 양적 진행이 정립되어 있다." *Enz.* § 104. 그에 반해 양적 무한자는 그 자신에서 자기의 무한자에 관계한다. *Log.* I 223/4.274/5.262.

ac. '질량'에 관한 학설에서:

결절 계열의 무한 진행. *Log.* I 386/4.464/5.443. 어떤 것은 그것이 그 내부에서 정량의 변화에 대해 무관심하게 머물고 그것의 질이 변하지 않는 외면성의 진폭을 지닌다. 그러나 양적인 것의 이러한 변화의 한 점이 등장하는데, 그 점에서는 질이 변화되고 정량이 비율화하는 것으로서 입증됨으로써 변화된 양적인 관계가 새로운 질량으로, 따라서 새로운 질, 새로운 어떤 것으로 전화되어 있다. 새로운 질 또는 새로운 어떤 것은 그것의 변화의 동일한 전진에 종속되어 있으며 그렇게 무한히 계속된다. *Log.* I 380/4.457/5.437.

b. '본질'에 관한 학설에서:

원인과 결과의 무한 진행, 원인으로부터 결과로 결과로부터 원인으로 나아가는 직선적인 넘어감. *Log.* II 197/4.711/6.231, *Enz.* § 154. 유한한 인과성(= 인과성의 외면성 또는 = 기계론) 속에서 악무한적인 진행으로 내달리는 작용. *Log.* II 202/4.717/6.237.


35. 무한성('존재'에 관한 학설에서)

a. 나쁜 무한성[악무한] 또는 부정적 무한성:

aa. 나쁜 무한성 또는 부정적 무한성의 개념:

'참다운' 무한성의 개념에 도달할 수 없는 지성은 오직 나쁜 무한성이나 부정적 무한성의 개념만을 지니는데, 그것은 유한자의 부정 이외에 아무것도 아니다. *Log.* I 128/4.161/5.152; *Enz.* § 94. "주요한 문제는 무한성의 참다운 개념을 나쁜 무한성으로부터, 이성의 무한자를 지성의 무한자로부터 구별하는 것이다." 후자는 유한화된 무한자다. 무한자가 유한자로부터 순수하게 멀리 떨어져 있는 것으로 여겨져야 한다는 점에서, 그것이 다만 유한화될 뿐이다. *Log.* I 125/4.158/5.149.

ab. 질의 개념성에서, 양의 개념성에서 그리고 질량의 개념성에서 유한성의 무한성으로의 이행:

현존재에 존재하는 바의 질적 무한성은 유한자에서의 무한자의 분출인 바, 그것은 직접적 이행이자 그것의 저편에서 이편의 사라짐이다. 그에 반해 양적 무한성은 그것의 규정성에 따르면 이미 정량의 연속성, 즉 정량의 자기를 넘어서는 연속성이다. 질적 유한자는 무한자로 된다. 양적으로 유한한 것은 그 자신에서 자기의 저편이며, 자기 너머를 가리킨다. 질량의 비율화의 이러한 무한성은 질적인 것뿐만 아니라 양적인 것도 서로를 상호적으로 지양하는 것으로서 정립하며, 그렇게 함으로써 질량 일반인 질적인 것과 양적인 것의 최초의 직접적인 통일을 자기 안으로 귀환한 것으로서, 따라서 그 자신이 정립된 것으로서 정립한다. *Log.* I 385/4.462, 463/5.443.

b. 참다운 무한성:

이성의 무한자. 참다운 무한성은 유한성, 다시 말하면 유한성 그 자체와 그러한 만큼이나 유한성에 그저 대립하는 무한성, 즉 단지 부정적일 뿐인 무한성의 지양에 의해 생성된다. *Log.* I 140/4.175/5.166. 참다운 무한성은 유한자와 무한자가 그 속에서 구별되어 있는 그러한 그것들의 통일이다.

"대자 존재에서 질적 존재가 완성되어 있다. 그것은 무한한 존재다." *Log.* I 147/4.183/5.174. "자기 안으로 구부러진 참다운 무한성으로서의 그것의 이미지는 원, 즉 시작점도 끝도 없이 닫혀 있고 전적으로 현재적인 자기에게 도달한 선이 된다." *Log.* I 138, 139/4.173/5.164.

36. 대자 존재

a. '존재'에 관한 학설에서:

aa. 질에 관한 학설에서:

유한성과 나쁜 무한성의 관계의 발전으로서 '현존재'로부터 계속 더 나아가는 존재의 참다운 무한성에 이르는 발전의 성과. "대자 존재에서 질적 존재가 완성되어 있다. 그것은 무한한 존재다." *Log.* I 147/4.183/5.174. '무한성'도 참조 "대자 존재에서는 존재와 규정성 내지 부정 사이의 구별이 정립되고 조정되어 있다. 질, 타자 존재, 한계는 실재성, 자체 존재, 당위 등등과 마찬가지로 부정을 존재 속으로 불완전하게 상상해 들인 것들인바, 그것들에서는 양자의 차이가 여전히 근저에 놓여 있다. 그러나 유한성에서 부정이 무한성으로, 즉 부정의 정립된 부정으로 이행되어 있다는 점에서, 그것은 자기에 대한 단순한 관계이며, 그러므로 그 자신에서 존재와의 화해인바, — 절대적인 규정된 존재다." *Log.* I 147/4.183, 184/5.174. 그렇지만 대자 존재는 추상적으로 고립으로서 받아들여져서는 안 된다. 오히려 그것은 동시에 대자 존재하는 어떤 것의 타자에 대한 관계에서 반발과 견인이라는 계기들의 통일로서도 파악되어야 한다. '반발과 견인'을 참조. *Log.* I 170 ff./4.211 ff./5.195 ff.를 참조.

ab. '양'에 관한 학설에서:

정량은 양적인 대자 존재에서 그것의 개념에 적합한 대로 정립되어 있다. 그것에서 양은 자기 자신에 관계한다. 정량은 여기서 자기 자신으로부터의 구별로서, 그것도 관계라고 하는 것에서 정립되어 있다. "정량은 그것의 타자 존재 속에서 스스로를 자기와 동일한 것으로 정립하고, 자기가 자기 자신을 넘어가는 것을 규정하면서 대자 존재에 도달했다. 그래서 질적 총체성은, 그것이 스스로를 발전된 것으로서 정립한다는 점에서, 자기의 계기들로 수의 개념 규정들, 즉 단위[통일]와 집합수를 지닌다." *Log.* I 331/4.399/5.381. 또한 '양적 관계[비례]'도 참조.

ac. '질량'에 관한 학설에서:

1. 질량에서의 대자 존재:

질량의 실재화하는 전진 규정 과정에서 질량의 계기들의 구별들, 즉 질적인 규정된 존재와 양적인 규정된 존재가 튀어 나오고, 이것들은 자립적인 것들이 되는데, 그렇지만 질량은 그것들의 통일이다. 질량은 다음과 같은 방식으로 실재화되어 있다. "그러나 질량이 이제 이러한 방식으로 실재화되어 있다는 것, 즉 그것의 양항이 — 직접적이고 외적인 것으로서, 그리고 자기 내에서 비율화된 것으로서 구별되는 — 질량이고, 질량은 그것들의 통일이라고 하는 것은 그 이상의 규정을 이룬다. 질량은 이러한 통일로서 비례를 포함하는데, 그것에서는 크기들이 질들의 본성에 의해 규정되고 다르게 정립되어 있으며, 따라서 비례의 규정성은 전적으로 내재적이고 자립적이며, 동시에 직접적 정량의 대자 존재, 즉 정비례의 지수들로 합치되어 있다. 질량의 자기규정은 그 속에서는 부정되어 있는데, 왜냐하면 질량은 이러한 자기의 타자 속에서 최종적인 대자 존재하는 규정성을 지니기 때문이다. 그리고 역으로 그 자신에서 질적이어야 하는 직접적 질량은 저 앞의 질량에서야 비로소 참으로 질적인 규정성을 지닌다. 이러한 부정적 통일이 질량 관계 속에 있는 질들의 통일로서의 실재적 대자 존재, 어떤 것의 범주, ― 즉 완전한 자립성이다." *Log.* I 357, 358/4.430, 431/5.411.

2. 대자적으로 존재하는 무한자:

비율적인 질량 관계뿐만 아니라 또한 양적인 전진 자신의 부정. 질량의 비율화의 이러한 무한성은 질적인 것뿐만 아니라 양적인 것도 서로를 상호적으로 지양하는 것으로서 정립하며, 그렇게 함으로써 질량 일반인 질적인 것과 양적인 것의 최초의 직접적인 **통일**을 자기 안으로 귀환한 것으로서, 따라서 그 자신이 정립된 것으로서 정립한다. *Log.* I 385/4.463/ 5.443.

b. '본질'에 관한 학설에서:

본질의 운동은 "본질에게 있는 부정 내지 규정을 정립함으로써 스스로에게 현존재를 부여하고, 무한한 대자 존재로서의, 바로 본질이 그 자체에서 그것인 바의 것으로 되는 데에 존립한다." *Log.* II 5/4.484/6.16.

실체는 자기를 타자에 맞선 대자 존재로 규정한다. 이것은 인과성의 관계다. *Log.* II 185/4.697/6.218. (타자가 타자 일반인 '존재'에 관한 학설에서 대자 존재는 타자 일반에 맞서 있다. 타자가 고유한 타자인 '본질'에 관한 학설에서 대자 존재는 고유한 타자에 맞서 있는바, 원인은 자기의 결과에 맞서 있다.) 대자적으로 존재하는 실체는 정립되었을 뿐인 것(결과)에 맞서 대자적으로 존재하는 원인이다. *Log*. II 189/4.702/6.222.

c. 자체 존재 — 대자 존재 — 자체적이고도 대자적인 존재라는 삼단계 진행의 두 번째 단계('자체 존재'를 참조): 현실성 = 악투스$^{actus}$, 에네르게이아$^{ἐνέργεια}$(『철학사 강의』에서의 서론, 'a. 발전의 개념'을 참조). (본질의 운동은 본질이 바로 그 자체에서 그것인 바의 것으로 되는 데에 존립한다. *Log*. II 5/4.484/6.16.) "개념 일반에서 개념에게서 출현하는 규정성이 발전의 전진인 것처럼, 정신에서도 그것이 자기의 모습을 보여주는 각각의 규정성은 발전의 계기이며, 전진 규정에 있어 스스로를 자기가 그 자체에서 그것인 것으로 만들고 대자적으로 그것이 된다고 하는 정신의 목표를 향해 앞으로 나아감이다." *Enz*. § 387.


### 37. 교호 규정

유한자와 무한자 사이에는 교호 규정이 현존한다. "유한자는 오직 당위 또는 무한자에 대한 관계에서만 유한하며, 무한자는 오직 유한자에 대한 관계에서만 무한하다. 그것들은 분리될 수 없는 동시에 단적으로 서로에 대한 타자다. 각각은 그 자신에서 자기의 타자를 지닌다. 그래서 각각은 자기와 자기의 타자와의 통일이며, 자기의 규정성에서 그 자신인 것과 자기의 타자인 것이 아닌 현존재다." "자기 자신과 자기의 부정을 부정하는 이러한 교호 규정은…… 무한 진행으로서 등장하는 바로 그것이다." *Log*. I 130/4.163, 164/5.155.


### 38. 반발과 견인

헤겔은 반발과 견인에서 반발력과 견인력이라고 불리는 감성적 물질의 힘들을 이해하고 있지 않거나 오직 그 힘들만을 이해하고 있는 것이 아니다. 헤겔은 오히려 반발과 견인 개념에서 "하나와 여럿의 순수한 규정들과 그것들의 서로에 대한 관계들"을 다룬다. *Log*. I 171/4.212/5.201. (이 규정들은 앞에서 언급된 물질의 힘들의 근저에도 놓여 있다. *Log*. I 171/4.212/5.201.)

대자적으로 존재하는 하나와 대자적으로 존재하는 여럿의 영역에는 반발과 견인이라는 계기들의 통일이 존립한다.

### 39. 양

존재에 무관심하게 된 규정성. (양의 변화에도 불구하고 사태는 그것이 그것인 바의 것으로 머문다.)

### 40. 순수 양

아직 무규정적인 양. 아직 한계를 지니지 않는 양.

### 41. 연속성과 분리

개념적으로 견인과 반발로부터 전개되는, 아직 무규정적인 양(내지 한계가 사상되는 한에서의 정량, *Log*. I 213/4.262/5.250.)의 계기들: 견인은 양에서의 연속성의 계기이며, 반발은 분리의 계기다. *Log*. I 117, 180/4.222/5.212.

### 42. 연속적 크기와 분리된 크기[연속량과 분리량]

크기 자체, 양 그 자체(규정된 양이 아닌 것으로서)의 규정들. 견인에 의해 정립된 동등성에서 양은 연속적이며, 그 속에 포함된 하나라는 다른 규정에서 그것은 분리된 크기다. 연속적 크기와 분리된 크기는 아직 정량들이 아니다. 그것들은 다만 연속성과 분리라는 양의 두 가지 형식 속에 있는 양 자신일 뿐이다. *Log*. I 195/4.241/5.230.

### 43. 단위[통일]과 집합수

개념 발전에서 견인과 반발 및 이에 이어지는 연속성과 분리를 뒤따르는, 수 즉 규정된 양인 정량의 계기들: 수에 의해 포괄된 하나들은 하나의 일정한 집합, 집합수인바, 수 안에 존재하는 바의 분리로서의 집합수에 대해 다른 것은 단위[통일], 그것들의 연속성이다. *Log.* I 197/4.244/5.232.

44. 외연적 크기와 내포적 크기[외연량과 내포량]

연속적 크기와 분리된 크기가 크기 자체, 다시 말하면 양 그 자체의 규정들이었다면, 외연적 크기와 내포적 크기는 자기의 한계와 동일한 정량의 규정성들, 좀 더 정확하게는 양적 한계 자신의 규정성들이다. *Log.* I 213/4.262/5.250.

외연적 크기:

"그렇듯 그 자신에서의 다양한 것인 자기의 한계를 지니는 정량이 외연량이다." *Log.* I 213/4.262/5.250.

내포적 크기(= 도):

대자적인 것으로서 그리고 그 점에서 무관심한 한계로서 그와 마찬가지로 직접적으로 자기 바깥에서 자기의 규정성을 타자에서 지니는 정량. *Log.* I 196/4.242/5.231.

45. 도

'외연적 크기와 내포적 크기'를 참조.

46. 정량

규정된 양(수), 그렇지만 그것에서 규정성은 처음에는 상대적이다.

47. 양적 관계[비례]

절대적으로 규정된 양. 멱비례에서 수는 그것의 개념 계기들, 즉 단위와 집합수의 동일시에 의해 자기 자신에게로 복귀한 것으로서 정립되어 있으며, 자신에게서 무한성, 즉 대자 존재, 다시 말하면 자기 자신에 의해 규정된 존재의 계기를 획득한다. *Log.* I 280/4.340/5.324.

## 48. 비율적 양과 비율화하는 양

정량은 무관심한 한계다. '비율적' 정량에서 이 무관심성은 지양되어 있다. 양은 어떤 것의 다른 규정성들에 대한 관계 속에 서 있다. 비율적 정량은 스스로 다른 것에 관계하는 것으로서 양적인 비율화다.

## 49. 질량

질과 양의 합일. 그것에서는 질적인 규정된 존재와 양적인 규정된 존재가 우선은 질량의 계기들을 형성하지만, 그 다음에는 자립적인 것들로서 따로따로 떨어진다.

실재적 질량:

다른 것들에 대해 관계하고 이 관계 속에서 그것들 및 그와 더불어 자립적인 물질성을 비율화하는 물체성의 자립적인 질량. *Log.* I 359/ 4.432/ 5.413.

## 50. 질량 비례

질량의 개념성에서 시원에는 '질량 일반'이 놓여 있는데, 그것에서는 질적인 규정된 존재와 양적인 규정된 존재가 단지 계기들일 뿐이다. 질량의 실재화하는 전진 규정 과정에서 이 계기들의 구별이 튀어 나와 이것들이 자립적인 것들이 됨으로써 질량들은 그것들 자신에서 질량들의 관계[비례] 들로 된다. *Log.* I 359/4.432/5.413.

## 51. 절대적 무차별

'존재'에 관한 학설로부터 '본질'에 관한 학설로 이어주는 개념. 존재가 본질로 되기 전의 최종적 규정. *Log.* I 397/4.476/5.456. 존재의 모든 규정성의 부정. *Log.* I 388/4.466/5.445, 446.

## 52. (주관적) 반성

주어진 직접적 표상을 넘어서서 이에 대한 보편적 규정들을 추구하거나 그것들과 비교하는 판단력의 운동. *Log.* II 18/4.499/6.30. (헤겔은 대부분 좀 더 상세한 표시 없이 반성에 대해 이야기하며, 그때그때마다 그가 반성에 대해 이야기하는 연관의 의미에 따라 주관적 반성과 객관적 반성을 생각한다.) 헤겔은 주관적 반성도 외적 반성이라고 표현한다(예를 들면 *Log.* II 40/4.525/6.55). 그에 반해 다른 한편으로 그는 객관적인 외적 반성에 대해서도 이야기한다(예를 들면 *Log.* II 17 ff./4.497 ff./6.28 ff.). 마지막으로 헤겔은 그럼에도 불구하고 내적 반성에 대해서도 주관적 반성이라고 말한다(예를 들면 *Log.* I 85/4.110/5.104).

53. (객관적) 반성

'본질' 영역에서의 정립. 반성은 그것이 귀환으로서의 직접성인 한에서 정립이다. *Log.* II 15/4.495/6.26. "본질은 반성이다. 즉 본질은 자기 자신 내에 머무르는 생성과 이행의 운동인바, 거기에서는 구별된 것이 단적으로 오직 그 자체에서 부정적인 것으로서만, 즉 가상으로서만 규정되어 있다." *Log.* II 13/4.492, 493/6.24.

헤겔이 (객관적) 반성에 대해 말할 때, 여기서 그가 이해하고 있는 것은 일반적으로 좀 더 좁은 의미에서의 반성, 즉 자기 내 반성이다.

이러한 좀 더 좁은 의미에서의 반성, 자기 내 반성에 대해서는 다음과 같은 것이 타당하다. 즉, 반성은 본질이 (처음에) 자기 자신 내에서 가현한다는 것을 의미한다. "가상은 반성이라는 것과 동일한 것이다. 그러나 가상은 직접적인 것으로서의 반성이다. 자기 안으로 들어간, 그리하여 자기의 직접성으로부터 소원해진 가상에 대해 우리는 외국어 단어, *Reflexion*(반성)을 가지고 있다." *Log.* II 13/4.492/6.24. 반성은 운동, 즉 그것이 귀환인 까닭에 그 점에서 비로소 시작하거나 되돌아오는 바로 그것인 바의 운동이다. *Log.* II 15/4.495/6.26. 좀 더 좁은 의미에서의 반성, 즉 자기 내 반성은 본질의 자기와의 순수한 매개 일반이다(그에 반해 근거는 본질의 자기와의 실재적 매개다). "그러나 이러한 반성 속에서는 대립이 아직 자립성을 지니지 못하기 때문에, 저 첫 번째 것, 가현하는 것이 긍정적인[적극적인] 것도 아니고 그것이 그 속에서 가현하는 타자가 부정적인[소극적인] 것도 아니다. 양자는 본래적으로 다만 상상력의 기체들이다. 그것들은 아직 자기 자신에게 관계하는 것들이 아니다. 순수한 매개는 다만 관계된 것들 없는 순수한 관계일 뿐이다." *Log.* II 64/4.553/6.81.

54. 정립하는 반성

반성은 그것이 귀환으로서의 직접성인 한에서 정립이다. 그래서 그것은 전제 작용이다. *Log.* II 15/4.495/6.26.

55. 외적 반성

반성이 전제, 즉 직접적인 것을 지닌다는 관점 하에서의 반성; 자기의 타자로서의 직접적인 것으로부터 시작하는 반성. *Log.* II 14, 16/4.493, 494, 497/6.25, 28. 그러나 헤겔은 주관적 반성도 외적 반성이라고 표현한다 (예를 들면 *Log.* II 40/4.525/6.55).

56. 절대적 반성

"절대적 반성으로서의 반성은 그 자신 안에서 가현하는 본질이며, 다만 가상, 즉 정립된 존재만을 전제한다. 그것은 전제하는 반성으로서 직접적으로 다만 정립하는 반성일 뿐이다." *Log.* II 17/4.497/6.28.

57. 순수한 절대적 반성

반성의 개념적 발전의 시원을 형성하는 절대적 반성으로, 아직은 무로부터 무로의 운동이다. *Log.* II 14/4.493/6.25.

58. 외면적 반성

a. 주관적 반성으로서 이해된 외면적 반성:

예를 들어 *Log.* I 77/4.100/5.95를 참조. (또한 반성이라고도 표현된다. 예를 들어 *Log.* II 40/4.525/6.55.)

b. 객관적 반성으로서 이해된 외면적 반성:

실재적 반성. *Log.* II 17/4.496/6.28.


59. 규정하는 반성

정립하는 반성에 의해 존재하는 것은 자체적으로도 대자적으로도 존재하는 본질이다. 그래서 반성은 규정하는 반성이다. *Log.* II 18/4.499/6.30. "규정하는 반성은 일반적으로 정립하는 반성과 외적 반성의 통일이다." *Log.* II 20/4.501/6.32.


60. 지양된 반성

타자 안으로의 반성. "타자 존재 안으로의 반성". 본질의 정립된 존재. "…… 본질에 속하는 정립된 존재는 다만 지양된 정립된 존재로서만 있으며, 역으로 오직 자기를 지양하는 정립된 존재만이 본질의 정립된 존재다." *Log.* II 63/4.552/6.80. "지양된 반성의 이 계기에 따르면 정립된 것은 직접성의 규정, 즉 관계나 자기의 가상 바깥에서 자기와 동일한 그러한 것의 규정을 얻는다." *Log.* II 64/4.553/6.82.


61. 직접적인 것, 직접성

a. 그로부터 (aa) 사유 내지 (ab) 개념의 전진 규정이 출발하는 시원 단계.

aa. "앎이 자체적이고도 대자적인 존재인 바의 참된 것을 인식하고자 한다는 점에서, 그것은 직접적인 것과 그것의 규정들에 머무르지 않고, 이러한 존재 배후에 존재 자신과는 무언가 다른 것이 있으며, 이 배후 근거가 존재의 진리를 이룬다는 전제를 가지고서 직접적인 것을 꿰뚫고 나간다." *Log.* II 3/4.481/6.13.

ab. 존재는 본질에 대해 직접적인 것이다. 존재 내부에서는 순수 존재가 직접적인 것이다. 본질 내부에서는 자기 내 가현하는 본질이 직접적인 것이다. 그와 마찬가지로 개념도 처음에는 직접적인 것으로서 있다. 또한 이념도 처음에는 단지 직접적일 뿐이다.

존재는 직접적인 것이다. (본질은 이러한 직접적인 것의 타자다.) *Log.* I 96/4.123/5.116. *Log.* II 3/4.481/6.13.

"따라서 시원을 이루는 것, 즉 시원 자신은 분석 불가능한 것으로서, 그것의 단순한 충족되지 않은 직접성에서, 그러므로 존재로서, 전적으로 공허한 것으로서 파악되어야 한다." *Log.* I 60/4.80/5.75.

"순수 존재가 시원[시작]을 이루는데, 왜냐하면 그것은 순수 사상일 뿐만 아니라 또한 무규정적인 단순한 직접적인 것이지만, 최초의 시원은 매개되거나 그 이상으로 규정된 어떤 것일 수 없기 때문이다." *Enz.* § 86.

직접적인 것은 (외면적인 또는 실재적인) 반성의 타자다. *Log.* II 14, 16/4.493, 494, 497/6.25, 28. "우선은 반성은 무의 무로의 운동이며, 그리하여 자기 자신과 합치하는 부정이다. 이러한 자기와의 합치는 일반적으로 자기와의 단순한 동등성, 즉 직접성이다." *Log.* II 14/4.494/6.25.

"반성은 부정적인 것의 지양으로서 반성의 타자의, 즉 직접성의 지양이다." *Log.* II 15/4.495/6.26.

개념은 처음에는 직접적인 것으로서(그 다음에는 실제적인 것으로서, 그에 이어서는 실재적인 것으로서) 존재한다. *Log.* II 238/5.34/6.272. "개념이 객체 속에서 거기로 침잠해 있는 그것의 직접성 속의 개념" *Log.* II 411/5.240/6.466, *Log.* II 236/5.33/6.271, *Log.* II 429/5.263/6.487. "규정된 개념의 직접성에 대하여"(= 객관성). "그 직접성 속의 객관성"(= 기계론). *Log.* II 359/5.179/6.409.

"그러나 우선은 이념은 또다시 처음에는 다만 직접적으로 또는 단지 그것의 개념 속에만 존재한다."(= 생명) *Log*. II 412/5.232/6.468.

직접성은 지양에 의해 상실되어 간다. 지양된 것은 동시에 보존된 것, 즉 단지 자기의 직접성만을 상실했을 뿐인 것이다. *Log*. I 94/4.120/5.114. 지양되는 것은 그에 의해 무로 되지 않는다. 무는 직접적인 것이다. 그에 반해 지양된 것은 매개된 것이다. 그것은 비존재자이지만, 존재로부터 출발했던 결과로서의 그것이다. 따라서 그것은 자기가 그로부터 유래하는 규정성을 여전히 자기에게서 지닌다. *Log*. I 94/4.120/5.113, 114.

b. 직접성은 또한 개념의 전진 규정의 결과일 수도 있다(매개의 지양에 의해). *Log*. II 498/5.345/6.565. 매개된 직접성. *Log*. I 86/4.110/5.104.

"대자 존재는 자기 자신에 대한 관계로서는 직접성이다." *Enz*. § 96. 대자 존재는 존재의 직접성의 정립된 형식이다. *Log*. I 148/4.185/5.176.

"존재는, 또는 자기 자신의 부정에 의해 자기와의 매개이자 자기 자신에 대한 관계이고, 그리하여 그와 마찬가지로 스스로를 자기에 대한 관계로, 즉 직접성에로 지양하는 매개이기도 한 직접성은, 본질이다." *Enz*. § 111.

"사물 자체는 지양된 매개에 의해 현존하는 본질적인 직접적인 것으로서의 실존하는 것이다." *Log*. II 106/4.603/6.129. 이에 관해서는 '지양된 반성'을 참조.

"이제 이러한 결과는 자기 안으로 들어가 자기와 동일적인 전체로서 스스로에게 직접성의 형식을 다시 부여했다."(= 절대 이념) *Log*. II 499/5.345/6.566.

(매개된 앎도 직접적인 앎이 될 수 있으며, 직접적인 앎은 매개된 앎의 산물이자 결과일 수 있다. *Enz*. § 66.)


62. 매개, 매개된 것

매개는 최초의 것에서 두 번째 것으로 넘어가 있음이자 구별된 것들로부터의 출현이다. *Enz*. § 86, *Log*. I 60/4.79/5.75. 지양된 것은 매개된 것이다. *Log*. I 94/4.120/5.113. 매개는 서로에 대한 관계를, 따라서 부정을 포함한다.

*Log.* I 69/4.91/5.86. 매개는 상이한 것 상호간의 구별과 관계다. *Log.* I 54/4.73/5.69. 매개는 동시에 그 자신의 지양이다. *Log.* I 54/4.73/5.68.

a. '존재'에 관한 학설에서:

"현존재는…… 직접적인 것의 형식을 지닌다. 그것의 매개, 생성은 그 배후에 놓여 있다." *Log.* I 96/4.122/5.116. "그러므로 어떤 것은 직접적인 현존재로서 다른 어떤 것에 대한 한계이지만, 그것은 그 한계를 그 자신에서 지니며, 똑같은 정도로 자기의 비존재이기도 한 바로 그것의 매개에 의해 어떤 것이다. 그것은 그에 의해 어떤 것이 존재하는 만큼이나 존재하지 않기도 하는 매개다." *Log.* I 114/4.144/5.136.

b. '본질'에 관한 학설에서:

aa. '본질'에 관한 학설 전체가 '존재'에 관한 학설과 '개념'에 관한 학설 사이의 매개다. "그로부터 매개의 영역, 즉 반성 규정들의 체계, 다시 말하면 개념의 자기 내 존재로 이행하는 존재의 체계로서의 개념이 생겨나는데, 개념은 이러한 방식으로는 아직 그러한 개념으로서 그 자체로 정립되어 있는 것이 아니라 동시에 그에게 역시 외적인 것으로서의 직접적인 존재에 붙들려 있다. 이러한 것이 존재에 관한 학설과 개념에 관한 학설 사이 한가운데에 서 있는 본질에 관한 학설이다." *Log.* I 44/4.62/5.58.

ab. 본질에 관한 학설 내부에서 매개에 관한 헤겔의 진술들은 자기의 고유한 타자에 대한 본질의 관계, 즉 본질의 자기와의 매개와 관계한다. "반성은 순수한 매개 일반이며, 근거는 본질의 자기와의 실재적 매개다." *Log.* II 64/4.553/6.81. 실존하는 어떤 것은 본질적으로 매개의 자기 자신 안으로의 반성에 의해 성립한 그러한 직접성이다. *Log.* II 105, 106/4.602/6.129. "매개되어 있는 존재를 위해 우리는 실존이라는 표현을 유보해 둘 것이다." *Log.* I 78/4.102/5.96. 현상의 진리는 본질적 관계다. 그것은 매개 속에 존립한다. *Log.* II 136, 142/4.639, 645/6.163, 170. "절대적 필연성은 절대적 관계인데, 왜냐하면 그것은 존재 그 자체인 것이 아니라 그것이 있기 때문에 있는 존재, 자기 자신과 스스로의 절대적 매개로서의 존재이기 때문이다. 이러한 존재가 실체다." *Log.* Ⅱ 185/4.697/6.219.

c. '개념'에 관한 학설에서:

추론에서는 자립적인 양극으로서의 개념의 계기들뿐만 아니라 또한 그것들의 매개하는 통일도 정립되어 있다. *Log.* Ⅱ 238/5.34/6.271. 또한 '목적–수단', 매개도 참조. 매개의 무한한 과정. *Log.* Ⅱ 401/5.229/6.456. 객체에 대한 목적의 직접적 관계로서의 매개. *Log.* Ⅱ 403, 404/5.233/6.459.

"그러나 자기를 외면적인 이념으로 규정하고자 하는 순수 이념의 이러한 바로 그 다음의 결단은 그리하여 다만 매개를 정립할 뿐인바, 그 매개로부터 개념은 외면성으로부터 자기 안으로 들어간 자유로운 실존으로 고양되며, 정신의 학문에서 자기에 의한 자기의 해방을 완성하고, 자기를 개념 파악하는 순수한 개념으로서의 논리적 학문에서 자기 자신의 최고의 개념을 발견한다." *Log.* Ⅱ 506/5.353/6.573.

63. 가현

"가현은 그에 의해 본질이 존재가 아니라 본질인 바의 규정이거니와, 전개된 가현이 현상이다." *Enz.* § 131.

64. 가상

"가상은 반성이라는 것과 동일한 것이다. 그러나 가상은 직접적인 것으로서의 반성이다." *Log.* Ⅱ 13/4.492/6.24.

'존재'에 관한 학설이 비존재 일반에 대한 존재의 관계를 다루는 데 반해, '본질'에 관한 학설은 자기의 고유한 비존재에 대한 존재의 관계를 다룬다. 본질의 고유한 비존재는 가상이다. *Log.* Ⅱ 7/4.485/6.17, *Enz.* § 114.

65. 자기 내 가현

자기 안에서 가현하는 본질.

a. 좀 더 넓은 의미에서: 정립된 개념. "이리하여 본질은 자기 자신 안에서 가현함*Scheinen*으로서의 존재다." *Enz.* § 112. '(객관적) 반성'을 참조.

b. 좀 더 좁은 의미에서: 정립된 개념의 첫 번째 단계. "본질은 처음에는 자기 자신 안에서 가현하거나 반성이다. 둘째로 그것은 현상한다. 셋째로 그것은 자기를 계시한다." *Log.* II 6/4.484/6.16. '순수한 절대적 반성' = '자기 내 반성'을 참조.

### 66. 반성 규정들 = 본질성들

이성의 반성 규정들, 본질의 규정들. 본질의 규정들은 반성된, 즉 본질 자신에 의해 정립되고 본질 속에서 지양된 것들로서 머무르는 규정들이다. *Log.* II 5/4.484/6.15. 그것들은 존재의 규정성이 타자 일반에 대한 직접적 관계인 데 반해, 반성 규정은 자기 안으로 반성된 존재에 대한 관계라는 점에 의해 존재의 규정성과 구별된다. 존재의 단지 직접적일 뿐인 규정들은 덧없고 단순히 상대적이며 타자에 대한 관계 속에 서 있는 규정들이다. 반성된 규정들은 자체적이고도 대자적인 존재의 형식을 지닌다. 따라서 그것들은 본질적인 것들로서 관철된다. *Log.* II 19, 20/4.500/6.31.

### 67. 동일성

이성의 반성 규정:

본질은 자기와의 단순한 동일성이다. "이러한 자기와의 동일성은 반성의 직접성이다. 그것은 존재이거나 또한 무인 그와 같은 자기와의 동등성이 아니라 자기를 통일로 회복하는 것으로서 존재하는 자기와의 동등성이며, 타자로부터의 복원이 아니라 자기 자신으로부터의 그리고 자기 자신 안으로의 이러한 순수한 회복, 즉 본질적 동일성이다.…… 그런 한에서 동일성은 여전히 일반적으로 본질과 동일한 것이다." *Log.* II 26/4.508/6.39.

### 68. 구별, 상이성, 대립

이성의 반성 규정:

구별은 규정된 반성이다. *Log.* II 40/4.525/6.55.

최초의 반성 규정은 동일성인데, 그에 따르면 본질은 아직은 몰규정적이다. 본래적인 규정은 구별이며, 그것도 한편으로는 외면적이거나 무관심한 구별, 즉 상이성 일반으로서, 그러나 다른 한편으로는 대립된 상이성으로서나 대립으로서의 구별이다. *Log.* II 23/4.505/6.36. 반성의 이러한 구별은 현존재의 타자 존재와 혼동되어서는 안 된다. "하나의 현존재와 다른 현존재는 서로의 바깥에 서 있는 것으로서 정립되어 있다. 서로에 맞서 규정된 현존재들 각각은 직접적 존재를 그 자체로 지닌다. 그에 반해 본질의 타자는 자체적이고도 대자적인 타자인바, 본질 바깥에 존재하는 다른 것으로서의 타자가 아니라 단순한 규정성 자체다.…… 여기 반성의 영역에서 구별은 그것이 그 자체에서 존재하는 바대로 정립되어 있는 반성된 구별로서 나타난다." *Log.* II 32, 33/4.516/6.46. "대립에서는 규정된 반성, 즉 구별이 완성되어 있다." *Log.* II 40/4.525/6.55.


69. 긍정적인 것과 부정적인 것

정립된 반성된 존재와 정립된 반성된 무. *Log.* I 69, 70/4.91/5.86. 긍정적인 [적극적인] 것과 부정적인[소극적인] 것은 정립된 모순이다. *Log.* II 49/4.535/6.65.


70. 모순

모순은 '존재'의 영역에서 '본질'의 영역에서와는 다르게 "나타난다." *Log.* II 59/4.546/6.75.

a. '존재'에 관한 학설에서:

'존재'의 영역에서 모순은 오로지 그 자체에서만 존재한다. *Enz.* § 114. 존재와 무는 모순 자체다.

b. '본질'에 관한 학설에서:

이성의 반성 규정으로서의 모순:

본질의 영역에서 모순은 정립된 모순이다. *Log.* Ⅱ 58/4.546/6.65. 긍정적인 것 — 정립된, 반성된 존재 — 과 부정적인 것 — 정립된, 반성된 무 — 은 정립된 모순이다. *Log.* Ⅱ 49/4.535/6.65, *Log.* Ⅰ 69, 70/4.91/5.86.

정립된 모순은 명제에서 파악될 수 있다. "모든 사물은 자기 자신에서 모순적이다." *Log.* Ⅱ 58/4.545/6.74.

c. '개념'에 관한 학설에서:

대자적 모순. "따라서 객관은 다양한 것의 완전한 자립성과 구별되는 것들의 그와 마찬가지로 완전한 비자립성의 절대적 모순이다." *Enz.* § 194.


71. 근거

= 본질. "본질은 자기 자신을 근거로서 규정한다." *Log.* Ⅱ 63/4.551/6.80. "그러므로 근거로서의 본질은 스스로를 본질로서 정립하거니와, 그것이 스스로를 본질로서 정립한다는 것에 그것의 규정 작용이 존립한다." *Log.* Ⅱ 64/4.552/6.81. 근거는 현상하는 우주의 본질성이다. *Log.* Ⅱ 128/4.628/6.154. — "직접적 현존재가 단지 정립되었을 뿐인 것으로서 고찰되는 한에서, 그것으로부터 본질 속으로 또는 근거로 복귀된다." *Prop.* Ⅱ 2. § 38. 근거는 대립, 즉 모순으로부터 전개된다. "그러므로 해소된 모순은 근거, 즉 긍정적인 것과 부정적인 것의 통일로서의 본질이다." *Log.* Ⅱ 53/4.540/6.69.

(헤겔은 이에 대해 과학들, 특히 물리학에 의한 근거들의 제시에서는 그에 반해 단지 한갓된 동어 반복들만이 문제가 된다고 언급한다. 근거가 그로부터 현존재가 개념 파악되어야 하는 것인 데 반해, 여기서는 역으로 현존재로부터 근거로 추론되고 근거가 현존재로부터 개념 파악된다. 그리하여 근거는 자체적으로도 대자적으로도 자립적인 것인 대신에 정립되고 도출된 것이다. *Log.* Ⅱ 78 ff./4.570 ff./6.98 ff.)

## 72. 절대적 근거

근거 관계를 위한 기초 일반으로서의 본질. 근거는 자기를 좀 더 상세하게 형식과 질료로서 규정하고 자기에게 내용을 부여한다. *Log.* II 65/4.553/6.82.

## 73. 규정된 근거

규정된 내용을 지닌 근거로서의 본질. *Log.* II 65/4.553/6.82.

## 74. 조건

근거가 자기의 본질적 전제로서 관계하는 직접적인 것. *Log.* II 91, 92/ 4.585, 583/6.113.

## 75. 실존

본질이 스스로를 그것으로 만드는 존재, 본질적 존재. 본질이 부정성과 내면성으로부터 밖으로 나와 있음. *Log.* II 101/4.597/6.124.

## 76. 사물

실존하는 어떤 것. 본질적으로 매개의 자기 자신 안으로의 반성에 의해 성립한 그러한 직접성이라는 것에 의해 존재적인 어떤 것으로부터 구별되는 어떤 것. *Log.* II 105, 106/4.602/6.129.

## 77. 사물 자체

사물과 실존하는 것은 직접적으로 하나의 동일한 것이다. 사물을 그것의 실존으로부터 구별하는 것은 본래적으로 하나의 분석이다. 실존 그 자체는 그것의 매개의 계기 속에 이러한 구별 자신을,— 즉 사물 자체와의 그리고 외면적 실존과의 구별을 포함한다. *Log.* II 106/4.603/6.129. "사물 자체는 지양된 매개에 의해 현존하는 본질적인 직접적인 것으로서의 실존하는 것이다." *Log.* II 106/4.603/6.129.


### 78. 현상

발전된 가현. *Enz.* § 131. 본질적 실존으로서의 실존. *Log.* II 122/4.622/
6.148.


### 79. 본질적 관계

현상 영역에 존립하는 본질과 현상의 관계. "현상하는 것은 본질적인
것을 보여주거니와, 이 본질적인 것은 자기의 현상 속에 있다." *Log.* II
102/4.598/6.125.


### 80. 전체와 부분

'본질적 관계'를 참조. 본질과 현상의 이러한 관계는 우선은 전체와
부분들의 관계다. 전체는 자체적으로도 대자적으로도 존재하는 세계를
이루는 자립성이다. 다른 측면, 즉 **부분**들은 현상하는 세계인 직접적 실존이
다. *Log.* II 139/4.642/6.166, 167.


### 81. 힘/물질

'본질적 관계'를 참조. 우선은 전체와 부분들의 관계였던 본질과 현상의
이러한 관계는 힘과 그것의 발현의 관계로 이행한다. *Log.* II 142/4.646/6.171.
"힘은 전체와 부분들의 모순이 바로 그 속으로 해소된 부정적 통일, 저
최초의 관계의 진리다." *Log.* II 144/4.648/6.172. 힘은 스스로를 자기 자신으
로부터 밀쳐내는 모순이다. 그것은 **활동적**이다. *Log.* II 146/4.650/6.175.
"힘은 자기 자신에서 자기에 대한 부정적 관계인 전체로서 다음과 같은
것, 즉 자기를 자기로부터 밀쳐내 발현[자기를 외화]하는 것이다.…… 그런
까닭에 그것의 진리는 다음과 같은 관계, 즉 그 두 측면이 오직 내적인
것과 외적인 것으로서만 구별되어 있는 관계다." *Enz.* § 114. 힘의 발현에

의해 내적인 것이 실존 속으로 정립된다. "이러한 직접적 존립으로서의 힘은 사물 일반의 정지해 있는 규정성이다. 즉, 그것은 자기를 발현[외화]시키는 것이 아니라 직접적으로 외면적인 것이다. 그래서 힘은 또한 물질이라고도 표현된다." *Log.* II 145/4.649, 650/6.174.

## 82. 힘의 유발 작용

힘은 활동적이다. 힘의 활동성은 자기에게 타자인 것으로서의 자기 자신에 의해, 즉 힘에 의해 조건지어져 있다. *Log.* II 146/4.651/6.175. 힘은 이러한 방식으로 유발하고 유발되는 두 힘들의 관계, 교호 관계인데, 그렇지만 거기에서는 두 힘들 가운데 어느 것이 유발하는 힘이고 유발되는 힘인가 하는 규정이 현존하지 않는다. *Log.* II 148/4.653/6.177. 양자는 하나, 즉 그에 의해 힘이 자기 자신에 대한 그것의 부정적 활동에 의해 자기에게 타자를–위한–현존재를 부여하는 힘의 발현이자, 자기 자신으로의 무한한 귀환이다. *Log.* II 149/4.654/6.178.

## 83. 현실성

본질과 그것의 현상과의 하나임. *Log.* II 6/4.484/6.16. 자기 내 반성과 타자 존재 안으로의 반성의 완전한 삼투. *Log.* II 102/4.598/6.125. "현실성은 본질과 실존의 통일이다. 현실성 속에서 형태 없는 본질과 불안정한 현상이, 또는 몰규정적인 존립과 지속성을 지니지 못하는 다양성이 그것들의 진리를 지닌다." *Log.* II 156/4.662/6.186.

## 84. 절대자

절대자는 가상에게 그것의 존립을 부여한다. 그래서 유한자는 절대자의 표현이자 모상이다. *Log.* II 159/4.666/6.190. (절대자에 대한 헤겔의 이러한 표현은 헤겔이 언급하고 있듯이 — *Log.* II 164/4.672/6.195 — 스피노자의 실체 개념에 상응한다. 그렇지만 헤겔의 개념은 객관적 사유 내지 이성의 개념인 데 반해, 스피노자의 개념은 주관적 사유 내지 지성의 개념이다.)
'현실성' 단계에서는 자기 안으로 반성된 세계와 타자 안으로 반성된 세계가
하나의 절대적 총체성이다. 내적인 것과 외적인 것의 이러한 통일은 절대적
현실성이다. 이러한 현실성은, 그것이 그 속에서 형식이 지양되어 내적인
것과 외적인 것의 공허하거나 외적인 구별로 된 한에서, 절대자다. *Log.*
II 156/4.662, 663/6.186.

### 85. 속성과 양태

절대자로부터 시작하여 그것을 속성이 뒤따르고 양태로 끝나는 절대자
에 대한 스피노자의 해명에서는 이 세 가지는 단지 계기적으로만 발전의
내적 연속으로서 열거된다. 헤겔은 그에 반해 절대자가 어떻게 자기의
절대적 동일성에서 시작하여 속성과 양태로 이행하고 그로부터 양태로
자기의 계기들을 관통하여 자기 자신을 개현하는지를 보여준다. — 속성은
단지 상대적일 뿐인 절대자, 즉 형식 규정에서의 절대자 이외에 다른 아무것
도 의미하지 않는 결합이다. 여기서 절대자가 그 속에 있는 규정은 비본질적
인 것이다. *Log.* II 160, 161/4.668/6.190, 191, 192. — 양태는 절대자의 외면성
으로서 정립된 외면성이다. 양태의 참다운 의미는 그것이 절대자 자신의
보여줌인 절대자의 투명한 외면성이라는 것이다. *Log.* II 163/4.671/6.194.

### 86. 본래적 현실성

절대자의 형식적 계기로서의 좀 더 좁은 의미에서의 현실성, 즉 가능성과
구별되는 현실성.

### 87. 형식적, 실재적, 절대적 현실성

헤겔이 '현실성' 편의 제2장에서 다루는 '본래적' 현실성의 개념성에서는
"절대자의 형식적 계기들"이 출현한다. *Log.* II 157/4.663/6.186. 여기서는
현실성과 가능성 그리고 그것들의 관계가 다루어진다. 현실성과 가능성

그리고 그것들의 관계 사이의 구별들은 우선은 형식적이며, 다음으로 실재적이고 마지막으로 절대적이다. 그래서 우선은 형식적 가능성과 형식적 현실성이 그것들의 형식적 관계, 즉 우연성과 더불어 생겨난다. 그 다음으로 실재적 가능성과 실재적 현실성이 그것들의 실재적 관계, 즉 상대적 필연성과 더불어 따라 나온다. 마지막으로 절대적 가능성과 절대적 현실성이 그것들의 관계, 즉 절대적 필연성과 더불어 뒤따른다. *Log.* II 170/4.679, 680/6.202. — "실재적 현실성 그 자체는 우선은 여러 특성들을 지닌 사물, 즉 실존하는 세계다. 그러나 그것은 현상 속으로 해소되는 실존이 아닌바, 오히려 그것은 현실성으로서 동시에 자체 존재와 자기–내–반성이다. 실재적 현실성은 단순한 실존의 다양성 속에서 자신을 유지한다. 그것의 외면성은 오직 자기 자신에 대한 내면적 관계다." *Log.* II 175, 176/4.686/6.208. — 절대적 현실성은 내적인 것과 외적인 것의 정립된 통일이다. "그 자신이 그 자체로서 필연적인 이러한 현실성은, 그것이 요컨대 필연성을 자기의 자체 존재로서 포함한다는 점에서, 절대적 현실성이다." *Log.* II 180/4.691/6.213.

## 88. 절대적 관계

현실성 영역에서 존립하는 본질과 현상의 관계. '본질적 관계'를 참조. '본질적 관계'는 몰락하고, 실체 또는 현실적인 것이 직접적 실존과 반성된 실존의 절대적 통일로서 나타난다. (절대적 관계는 우선은 실체성의 관계이고, 다음으로는 인과성의 관계이며 마지막으로는 교호 관계로서 정립되어 있다. 각각을 참조.)

## 89. 실체성의 관계

실체와 우유적인 것들의 관계. '절대적 관계'를 참조. 절대적 관계는 그것의 직접적 개념에서 실체와 우유적인 것들의 관계다. 실체의 존재는 자기와 동일한 정립된 존재, 가현하는 총체성, 우유성이다. "실체는 위력으로서 가현이며 또는 우유성을 지닌다. 그러나 위력으로서의 실체는 그러한 만큼이나 자기의 가상 속에서의 자기–내–반성이다. 그래서 실체는 그의 이행을 개현하거니와, 이러한 가현은 가상으로 규정되어 있으며, 또는 우유적인 것은 그것이 다만 정립된 것일 뿐이라는 것으로서 정립되어 있다." *Log.* II 189/4.702/6.223.

### 90. 우유성

정립된 존재로서의 실체. *Log.* II 190/4.702, 703/6.223. 그 밖에 '실체성의 관계'를 참조.

### 91. 인과성

인과성에 관한 헤겔의 진술들은 '절대적 관계', 즉 자기와 자기 자신과의 절대적 매개로서의 존재에 관계된다. "실체가 스스로를 타자에 맞선 대자 존재로 규정하거나 또는 절대적 관계를 실재적 관계로서 규정할 때 인과성의 관계가 생겨난다." *Log.* II 185/4.697/6.218. 실체 자신은 자기를 정립된 존재로 만드는 그러한 것이다. 단지 정립되었을 뿐인 것은 결과다. 대자적으로 존재하는 실체는 원인이다. *Log.* II 189/4.701, 702/6.222. 그러므로 인과성에 대한 헤겔의 진술들은 본질로서의 실체의 자기의 고유한 타자에 대한 내면적 관계와 관련된다. (헤겔이 근거에 관한 학설에서 과학들에 의한 근거들의 제시를 한갓된 동어 반복들로서 서술하듯이, 그는 여기서도 주관적 지성의 동어 반복적인 고찰, 즉 현상을 결과로서 규정하고, 그것을 개념 파악하고 설명하기 위해 그로부터 그것들의 원인으로 상승하는 고찰을 다루고 있는데, 거기서는 단지 하나이자 동일한 내용이 반복되는바, 우리는 원인에서 결과에서 가지는 것 이외에 다른 아무것도 지니지 못한다. *Log.* II 192 f./4.705 f./6.225 f.)

### 92. 형식적 인과성

인과성 관계는 우선은 다만 이러한 원인과 결과의 관계일 뿐이다. 그래서 그것은 형식적 인과성 관계다. *Log.* II 189/4.702/6.222.

### 93. 규정된 인과성

인과성의 개념성에서는 형식적 인과성을 규정된 인과성 관계가 뒤따른다. 이것은 그것의 실재성과 유한성에서의 인과성 관계다. 형식적인 것으로서의 인과성 관계는 그 내용이 순수한 현현이나 필연성인 절대적 위력의 무한한 관계다. 그에 반해 유한한 인과성으로서의 인과성 관계는 주어진 내용을 지니며, 그것의 규정들 속에서 하나의 동일한 실체인 이러한 동일적인 것에서 외면적인 구별로서 전개된다. *Log.* II 191/4.705/6.225. "그런 한에서 내용은, 반성된 존재가 여기서 또한 직접적인 현실성이기도 한 까닭에, 현실적이지만 유한한 실체다." *Log.* II 191/4.705/6.225.

'규정된 인과성'은 아직은 조건지어진 인과성이 아니다. 규정된 인과성에서는 작용이 가해지는 실체가 물론 또다시 원인인바, 이리하여 그것은 하나의 작용이 자기 안에 정립되는 것에 반하여 작용하지만, 그것은 저 원인에 반하여 되돌이켜 작용하는 것이 아니라 자기의 작용을 다시 하나의 다른 실체 안으로 정립하며, 그에 의해 작용들의 무한 진행이 발생한다. *Log.* II 201/4.717/6.236, 237.

### 94. 유한한 인과성

= 객관적 논리학의 의미에서의 기계론. '규정된 인과성'을 참조. "유한한 인과성에서 스스로 작용하며 서로에 대해 관계하는 것은 실체들이다. 기계론은 인과성의 이러한 외면성에 존립하는바, 자기의 결과에서 원인의 자기 안으로의 반성은 동시에 밀쳐내는 존재이거나 또는 원인적인 실체가 자기의 결과 속에서 지니는 자기와의 동일성에서 그 원인적인 실체는 그와 마찬가지로 직접적으로 외면적인 것에 머물며 결과는 다른 실체로 이행해 있다." *Log.* II 202/4.717/6.237.

## 95. 조건지어진 인과성

조건지어진 인과성에서 원인은 결과 속에서 스스로 자기 자신에 관계하는데, 왜냐하면 원인은 조건으로서, 전제된 것으로서 자기의 타자이고, 그에 의해 원인의 작용은 타자의 생성인 만큼이나 또한 타자의 정립과 지양이기 때문이다. 더 나아가 원인은 이리하여 수동적 실체로서 태도를 취한다. 그러나 이 수동적 실체는 그것에게서 생기하는 작용에 의해 원인적인 실체로서 발생한다. 처음에 작용하고 자기의 작용 결과를 반작용으로서 자기 안으로 다시 받아들이는 이 최초의 원인은 그리하여 또다시 원인으로서 나타나며, 그에 의해 유한한 인과성에서 악무한적인 진행으로 내달리는 작용은 구부러져 자기 안으로 귀환하는 것, 무한한 교호 작용이 된다. *Log.* II 202/4.717/6.237.

## 96. 교호 작용

a. '본질'에 관한 학설에서:

절대적 관계의 최고 단계로, 그것에서는 절대적 관계가 그것이 포함하는 규정들에 따라 정립되어 있다. '조건지어진 인과성'을 참조. 유한한 인과성에서 악무한적인 진행으로 내달리는 작용은 구부러져 자기 안으로 귀환하는 것, 무한한 교호 작용이 된다. *Log.* II 202/4.717/6.237.

b. '개념'에 관한 학설에서:

개념의 규정성이 무관심한 외면성의 형식을 지니는 객관성의 영역에서 개념은 자기 자신과의 교호 작용 속에 존재한다. *Log.* II 404/5.233/6.460.

## 97. 실체(= 현실적인 것)

규정들을 정립하고 자기로부터 구별하는 위력. 직접적 실체와 반성된 실체의 절대적 통일. 실체는 실재적 본질, 또는 존재와 합일되어 현실성에 들어서 있는 한에서의 본질이다. 실체는 그것이 있기 때문에 있는 존재,

자기 자신과 스스로의 절대적 매개로서의 존재다. 실체는 실존과 현상 배후에 서 있는 추상적인 것이 아니라 직접적인 현실성 자신이며, 자기 안으로 절대적으로 반성되어 있음으로서의, 즉 자체적으로도 대자적으로도 존재하는 존립으로서의 이러한 직접적 현실성이다. *Log.* II 185/4.697, 698/6.219. 실체는 "자기 자신에 대한 관계로서의 절대자"다. *Log.* II 157/4.663/6.187. 실체는 원인으로서 비로소 현실성을 지닌다. *Log.* II 190/4.703/6.224.

### 98. 능동적 실체–수동적 실체

실체에는 우유성의 위력이 그 자신이 실체적인 활동으로서 대립해 있다. 그것은 수동적 실체다. — 수동적 실체에는 부정적으로 자기에 관계하는 실체, 즉 작용하는 실체가 대립한다. *Log.* II 199/4.713, 714/6.233, 234. (능동적 실체와 수동적 실체의 이러한 분리성은 오직 '규정된' 또는 '유한한' 인과성의 영역에만 존립한다. 그렇지만 그러한 분리성은 '조건지어진' 인과성의 영역에는 존립하지 않는다. 무한한 인과성, 즉 '교호 작용'('교호 작용'을 참조)에서는 전제된, 자기를 조건지우는 실체들의 상호적인 인과성이 존립한다. 각각은 다른 것에 대해 동시에 능동적이고 동시에 수동적인 실체다. *Log.* II 202/4.718/6.238.)

### 99. 유한한 실체

자기의 원인성에 맞서 직접적인 것으로서 규정되어 있는 실체. *Log.* II 195/4.709/6.229. 규정된 인과성 관계('규정된 인과성'을 참조)의 내용이 유한한 실체다. *Log.* II 191/4.705/6.225.

### 100. 현실적 실체

실체는 그것이 원인으로서 지니는 현실성을 오직 그것의 결과에서만 지닌다. 이것은 원인인 바의 필연성이다. 그것은 현실적 실체다. *Log.* II

190/4.703/6.224.

## 101. 원인–결과

"실체는…… 규정들을 정립하고 자기로부터 구별하는 위력이다. 자기의 규정 작용에서 스스로 자기 자신에 관계하는 것으로서 실체 자신은 자기를 부정적인 것으로서 정립하거나 정립된 존재로 만드는 바로 그것이다. 그리하여 이 정립된 존재는 일반적으로 지양된 실체성, 단지 정립되었을 뿐인 것, 결과다. 그러나 대자적으로 존재하는 실체는 원인이다." *Log.* II 189/4.701, 702/6.222.

## 102. 진리
### a. 순수한 진리

내용이 아니라 내용과 개념과의 일치가 진리를 이룬다. "논리학이 절대적 형식의 학문이라는 점에서, 이 형식적인 것은, 그것이 참된 것이기 위해, 그 자신에서 자기의 형식에 적합한 내용을 지녀야만 하거니와, 논리적인 형식적인 것이 순수 형식이고, 그러므로 논리적인 참된 것은 순수한 진리 자신이어야만 하는 까닭에, 더욱더 그러하다." *Log.* II 233/5.29/6.267. 구체적 학문들은 논리적인 것과 개념을 범형으로 삼았던 것처럼 그것들을 내적인 형성자로 하여 지니고 보존한다. 그 학문들에 대해 논리학 자신은 물론 형식적 학문이지만, 자기 안에서 총체성이자 진리 자신의 순수한 이념을 포함하는 절대적 형식의 학문이다. *Log.* II 231/5.29/6.265. 이러한 절대적 형식은 그 자신에서 자기의 내용을 지닌다. 그런 까닭에 이 형식은 또한 통상적으로 논리적 형식이 받아들여지는 것과는 전혀 다른 본성의 것이다. 그 형식은, 이 내용이 자기의 형식에 또는 이 실재성이 자기의 개념에 걸맞다는 점에서, 이미 자기 자신에 대해 진리이며, 개념의 규정들이 아직 절대적 타자 존재나 절대적 직접성의 형식을 지니지 않기 때문에 순수한 진리다. *Log.* II 231/5.29/6.265. "따라서 논리학은 순수 이성의 체계로서, 순수 사상의 나라로서 파악되어야 한다. 이 나라는 어떤 껍데기도 없이 자체적으로도 대자적으로도 존재하는 진리다." *Log.* I 31/4. 45, 46/5.44.

b. 실체의 진리, 필연성의 진리

대자적으로 존재하는 개념('대자적으로 존재하는 개념'을 참조)은 실체의 진리다. 실체의 규정된 관계방식이 필연성이라는 점에서, 자유가 필연성의 진리로서 그리고 개념의 관계방식으로서 나타난다. *Log.* II 214/5.6/6.246.

c. 참된 것 그 자체

"이념은 적합한 개념, 객관적인 참된 것 또는 참된 것 그 자체다." *Log.* II 407/5.236/6.462.

d. 폭로된 진리

"이념의 영역인 이성은 자기 자신이 폭로된 진리인바, 그 진리 속에서 개념은 단적으로 자기에게 걸맞은 실재화를 지니며, 개념이 이러한 자기의 객관적 세계를 자기의 주관성 속에서 그리고 이 주관성을 저 객관적 세계 속에서 인식하는 한에서 자유롭다." *Log.* II 237/5.33/6.271.


103. 필연성, 자유, 자유로운 필연성

"실체의 규정된 관계방식이 필연성이라는 점에서, 자유가 필연성의 진리로서 그리고 개념의 관계방식으로서 나타난다." *Log.* II 214/5.6/6.246. 자유로운 필연성: 절대적 기계론의 법칙. *Log.* II 375/5.199/6.427.


104. 보편성, 특수성, 개별성

형식적 개념 그 자체의 삼단계 진행

"전진의 추상적 형식은 존재에서는 타자와 타자로의 이행이며, 본질에서는 대립물에서의 가현이고, 개념에서는 개별자의 보편성과의 구별성인데, 이 보편성 그 자체는 그것과 구별된 것 속에서 연속하고 그 구별된 것과의 동일성으로서 존재한다." *Enz.* § 240.

a. '형식적 개념 그 자체'에 관한 학설에서:

형식적 개념 그 자체의 계기들은 보편성, 특수성, 개별성이다. 그것은 그것들의 통일이다. 형식적 개념 그 자체는 다음과 같이 전개된다.

보편적 개념. 처음에 형식적 개념 그 자체는 순수한 개념 또는 보편성의 규정이다(아직은 규정되거나 특수한 개념이 아니다).

특수한 개념. 둘째로 형식적 개념 그 자체는 그에 의해 타자에 대해 구별된 것으로서 정립되어 있는 특수한 개념 또는 규정된 개념으로서 존재한다.

개별자. 셋째로 형식적 개념 그 자체는 개별성으로서 절대적으로 규정되어 있다. *Log.* II 243/5.40/6.277, 278.

b. '판단'에 관한 학설에서:

개별성과 보편성은 판단에서 주어와 술어로서 관계한다. (그렇지만 판단에서는 또한 주어가 술어에 대해 개별성의 특수성에 대한 그리고 특수성의 보편성에 대한 관계로서 관계할 수 있다.) *Prop.* III 1. § 11.

c. '추론'에 관한 학설에서:

개별성, 특수성, 보편성은 추론에서 계기들로서 구별되어 있을 뿐만 아니라 또한 양극들은 그것들의 통일인 매사[중심]에 의해 결합되어 있다.


105. 판단

판단은 주관적 의미에서 자기의식적인 사유의 조작으로서 받아들여져서는 안 된다. 이러한 구별은 논리적인 것에서는 아직 현존하지 않으며, 판단은 전적으로 보편적으로 받아들여져야 한다.

"모든 사물은 판단이다, — 다시 말하면 그것들은 자기 내에서 보편성 또는 내적 본성인 개별적인 것들이거나 또는 개별화되어 있는 보편자다." *Enz.* § 167. — 화학론은 객관성 전체 속에서 판단의 계기를 이룬다. *Log.* II 376/5.200/6.428. — 개념은 목적으로서 객관적 판단이다. *Log.* II 390/5.216/6.443. — 생명의 근원적 판단[근원 분할]은 바로 그 생명이 개체적인 주관으로서 스스로를 객관에 맞서 분리시키는 데에, 그리고 생명이 스스로를 개념의 부정적 통일로서 구성한다는 점에서, 직접적 객관성의 전제를 만드는 데에 존립한다. *Log.* II 417/5.248/6.473. — 생명은 직접적 이념이다. 그것의 판단에서 이념은 인식 일반이다. *Log.* II 429/5.262, 263/6.487.

개념의 실재화 과정에서(*Log.* II 264/5.66/6.302) 개념은 판단으로서 정립되어 있다. *Log.* II 264/5.65/6.301. 판단은 개념의 실재성이다. *Log.* II 272/5.74/6.310.

"판단은 개념 자신에서 정립된 그 개념의 규정성이다." *Log.* II 264/5.65/6.301. 판단 작용은 개념의 자기 자신에 의한 규정 작용이다. *Log.* II 264/5.65/6.302. 또한 104. '보편성, 특수성, 개별성'을 참조.

판단에서 판단의 전진 규정은 처음에 추상적이고 감성적인 보편성을 전체성, 즉 유와 종으로 그리고 전개된 개념 보편성으로 규정하는 것이다. *Enz.* § 171. "판단의 종들은 주어와 술어의 외면적 관계가 개념의 내적 관계로 되는 상이한 단계들이다." *Prop.* II 2. § 97.

### 106. 객관적 판단

마치 지성이 우리의 인식 능력을 위해서 통일을 부여하기라도 하듯이 외면적인 객관들을 단지 통일에 따라서만 고찰하는 반성하는 판단이 아니라, 오히려 객관적으로 판단하고 외면적인 객관성을 절대적으로 규정하는 자체적으로도 대자적으로도 존재하는 참된 것. *Log.* II 390/5.216/6.444. (예를 들면, 개념은 목적으로서 객관적 판단이다.)

### 107. 현존재의 판단 또는 질적 판단

판단의 전진 규정 단계들의 첫 번째 것: 판단은 그것이 직접적으로 존재하는 대로는 우선은 현존재의 판단이다. 직접적으로 판단의 주어는 추상적이고 존재적인 개별자다. 술어는 주어의 직접적인 규정성 또는 특성, 즉 추상적으로 보편적인 것이다. *Log.* II 272/5.74, 75/6.310. 주어는 직접적인, 그리하여 감성적인 질인 자기의 술어로서의 보편성에서 정립되어 있다. *Enz.* § 172.


108. 긍정 판단

현존재의 판단의 종류들 가운데 하나: 개별자는 보편적이다. ('장미는 빨갛다.')


109. 부정 판단

현존재의 판단의 종류들 가운데 하나: 개별자는 보편적이 아니라 특수자다. ('장미는 빨갛지 않다.')


110. 무한 판단

현존재의 판단의 종류들 가운데 하나: 개별자는 특수자가 아니다. 사물의 본성은 관계된 것의 질적 타자 존재, 관계된 것의 완전한 부적합성인 관계다. ('장미는 탁자가 아니다.')


111. 반성의 판단

판단의 전진 규정의 단계들 가운데 두 번째 것: "주어는 이제부터 성립되는 판단 속에서 개별자 그 자체이며, 그와 마찬가지로 보편자도 더 이상 추상적 보편성이나 개별적 특성이 아니라 오히려 구별된 것들의 관계에 의해 하나로 총괄된 보편자로서 정립되어 있거나, 상이한 규정들의 내용 일반에 따라 고찰하면 다양한 특성들과 실존들의 자기–총괄이다." *Log.* II 286/5.91, 92/6.326.


112. 단칭 판단

반성의 판단의 종류들 가운데 하나: "직접적 반성 판단은 이제 다시 '개별자는 보편적이다'이지만, — 제시된 의미에서의 주어와 술어다. 따라서 그것은 다음과 같이 표현될 수 있다. '이것은 본질적으로 보편적인 것이

다.'" *Log.* II 288/5.94/6.328. ('이 사람은 행복하다.')

### 113. 특칭 판단

반성의 판단의 종류들 가운데 하나: "최초의 반성 판단에서의 주어의 단칭성 대신에 정립되어야만 하는 주어의 비–개별성은 특수성이다. 그러나 개별성은 반성 판단에서 본질적 개별성으로서 규정되어 있다." 주어는 몇몇의 이것들 또는 특수한 다수의 개별자들이다. *Log.* II 288/5.94/6.329. ('몇몇의 사람은 행복하다.')

### 114. 전칭 판단

반성의 판단의 종류들 가운데 하나: "전칭 판단의 주어에서 존재하는 바의 보편성은 외적인 반성 보편성, 즉 전체성이다. 모든 것은 모든 개별자다. 개별자는 그 속에서 변함없이 있다. 따라서 이 보편성은 오직 대자적으로 존립하는 개별자들의 총괄일 뿐이다. 이 보편성은 다만 비교에서만 개별자들에게 속하는 공통성이다." *Log.* II 290/5.96/6.330, 331.

### 115. 필연성의 판단

판단의 전진 규정의 단계들 가운데 세 번째 것: 필연성의 판단에서 보편성이 스스로를 전진적으로 형성한 규정은 자체적으로도 대자적으로도 존재하거나 객관적인 보편성이다. 그것은 그것의 규정들의 정립된 필연성이다. 또는 구별은 그것에 내재적이다.

필연성의 판단에서 보편성은 유와 종으로서 규정되어 있다. 유는 자기를 나누거나 자기를 본질적으로 종들로 밀쳐낸다. 그것은 다만 그것이 종들을 자기 아래서 개념 파악하는 한에서만 유다. 종은 오직 그것이 한편으로는 개별자 안에서 실존하고, 다른 한편으로는 유에서 좀 더 고차적인 보편성인 한에서만 종이다.

### 116. 정언 판단

필연성의 판단의 종류들 가운데 하나: 정언 판단은 그러한 보편성을 주어가 그것에서 자기의 내재적 본성을 지니는 술어로 지닌다. ('장미는 식물이다.')

### 117. 가언 판단

필연성의 판단의 종류들 가운데 하나: 가언 판단에서는 직접적 규정성들의 필연적 연관이 정립되어 있다(정언 판단에서는 그 필연적 연관이 아직 정립되어 있지 않다). 가언 판단에서는 유한한 사물들의 존재가 그것들의 형식적 진리에 따라 개념에 의해 정립되어 있는데, 요컨대 유한자는 그것의 고유한 존재이지만, 그러한 만큼이나 자기의 존재가 아니라 타자의 존재다. 가언 판단은 반성 관계들에 의해 좀 더 상세한 규정성에서는 근거와 귀결, 조건과 조건지어진 것, 인과성 등등으로서 받아들여질 수 있다. *Log.* II 296/5.104/6.338. ('a가 있으면, b다.')

### 118. 선언 판단

필연성의 판단의 종류들 가운데 하나: 선언 판단은 술어 속에 보편성과 그것의 특수화를 포함한다. 주어는 이러한 규정들에 보편자로서 관계되는 만큼이나 또한 이 규정들이 서로 배제하여 주어에게는 다만 그것들 가운데 하나만이 속할 수 있다. ('a는 b이거나 c이거나 d다.')

### 119. 개념의 판단

판단의 전진 규정의 단계들 가운데 마지막 것: 개념의 판단에서 비로소 개념에 대한 대상의 관계가 현존한다. 개념은 그것에서 근저에 놓여 있으며, 그것이 대상에 대한 관계 속에 있는 까닭에, 실재성이 그것에 적합할 수 있거나 적합할 수 없는 당위로서 놓여 있다. ('행위는 나쁘다.')

## 120. 단언[실연] 판단

개념의 판단의 종류들 가운데 하나: 개념의 판단은 처음에는 직접적이다. 그래서 그것은 단언 판단이다. 주어는 구체적 개별자 일반이며, 술어는 그것을 그것의 개념에 대한 그것의 현실성, 규정성 또는 성질의 관계로서 표현한다. ('이 집은 좋다.')

## 121. 개연 판단

개념의 판단의 종류들 가운데 하나: 단언 판단의 확언에 대해 그와 마찬가지로 대립된 확언이 주장될 수 있으며, 술어는 다만 저 대립된 규정성들 가운데 하나만을 표현하는데, 보편적 영역으로서 고찰된 주어는 그것들 둘 다를 포함할 수 있다. 따라서 이 판단은 개연 판단으로 이행하는바, 개연 판단은 다만 현존재가 개념에 적합하거나 적합하지 않을 가능성만을 언표한다. ('그것이 어떤 성질인가에 따라 집은 좋다.')

## 122. 필증[필연] 판단

개념의 판단의 종류들 가운데 하나: 주어의 보편성은 현존재와 개념의 적합성이나 부적합성이 그에 놓여 있는 성질이 표현하는 제한을 가지고서 정립되어 있다. 술어는 성질과 사태의 개념의 이러한 동등성이나 부등성 이외에 다른 것을 표현하지 않는다. 이러한 판단은 필증적이다. ('그렇고 그런 성질의 이 집은 좋다.')

## 123. 추론

판단과 마찬가지로 추론도 주관적 의미에서 자기의식적인 사유의 조작으로서가 아니라 전적으로 보편적으로 받아들여져야 한다. 모든 이성적인 것은 추론이다. *Log.* II 308/5.119/6.352. "모든 사물은 추론, 즉 특수성에 의해 개별성과 결합된 보편자다." *Log.* II 314/5.126/6.359. — 목적 관계는 객관성에 의해 자기 자신과 결합되는 자립적이고 자유로운 개념의 추론이다. *Log*. II 390/5.216/6.444. — 생명의 이념의 자기규정 작용에 의해 보편적 생명은 특수자다. 그리하여 보편적 생명은 직접적으로 추론이 되는 판단의 양극으로 양분되었다. *Log*. II 418/5.249/6.474. — 개념의 실재화 과정에서 개념은 우선은 판단으로서 정립되어 있었다. 개념의 더 나아간 실재화에서 개념은 추론으로서 완전하게 정립되어 있다. *Log*. II 308/5.118/6.351. 추론은 개별성과 특수성 그리고 보편성이라는 개념의 계기들 속에서의 개념의 서술인바, 그 계기들은 그것 속에서 구별되지만 또한 통일로 결합되어 있기도 하다. "그것에서는 두 규정들이 그것들의 통일인 세 번째 규정에 의해 결합되어 있다. 개념은 그것의 통일, 즉 추론의 매사[중심] 속에, 그리고 그것의 양분화, 즉 추론의 양극들 속에 현존한다." *Prop*. III 1. § 39.

### 124. 현존재의 추론 또는 질적 추론

추론의 전진 규정의 단계들 가운데 첫 번째 것: 최초의 추론은 형식적 추론, 지성 추론, 현존재의 추론인바, 개별자로서의 주어는 하나의 질에 의해 보편적 규정성과 결합되어 있다. 그것에서는 규정들이 직접적이고 추상적으로 규정되어 있다.

현존재의 추론의 변증법적 운동은 오로지 그것만이 추론을 이루는 매개가 그것의 계기들에서 정립된다는 점에 존립한다. 그래서 다음과 같은 격들이 구별되어야 한다.

$$E - B - A, B - E - A, E - A - B, A - A - A.$$

### 125. 반성의 추론

추론의 전진 규정의 두 번째 단계: 두 번째 추론은 본질적으로 타자가 그것들에서 가현하거나 매개된 것들로서 정립되어 있는 규정들 그 자체를 지닌다. 반성의 추론은 전체성의 추론으로서, 귀납의 추론으로서 그리고 유비의 추론으로서 규정된다.

## 126. 전체성의 추론

반성의 추론의 종류들 가운데 하나: 오로지 주어의 추상적인 특수적 규정으로서만이 아니라 동시에, 다른 것 중에서도 또한 저 규정성이 그에 속하는, 모든 개별적인 구체적 주어들로서의 매사[중심]가 전체성의 추론을 준다. *Enz.* § 190. ('모든 인간은 죽을 수밖에 없다. 카이우스는 인간이다. 그러므로 카이우스는 죽을 수밖에 없다.')

## 127. 귀납의 추론

반성의 추론의 종류들 가운데 하나: 전체성의 추론에서는 특수적 규정성, 즉 매개념을 전체성으로서 주어로 가지는 대전제가 저 대전제를 전제로 지녀야 할 **결론** 명제를 오히려 자신이 전제하는 까닭에, 대전제는 그 매사가 완전한 개별자들 그 자체, 즉 a, b, c, d 등등인 귀납에 기반한다. *Enz.* § 190. ('자유롭게 운동하는 것은 동물이다. 사자는 자유롭게 운동한다. 그러므로 사자는 동물이다.')

## 128. 유비의 추론

반성의 추론의 종류들 가운데 하나: 직접적인 경험적 개별성이 보편성과 상이하고 그런 까닭에 어떠한 완전성도 줄 수 없다는 점에서, 귀납은 그 매사가 개별적인 것이지만 그것의 본질적 보편성, 그것의 유나 본질적 규정성이라는 의미에서의 개별적인 것인 유비에 기반한다. *Enz.* § 190. ('땅은 운동을 가진다. 달은 땅이다. 그러므로 달은 운동을 가진다.')

## 129. 필연성의 추론

추론의 전진 규정의 세 번째 단계: 세 번째 추론에서 가현이나 매개되어 있음은 자기 자신 안으로 반성되어 있다. 매개하는 것은 사태의 객관적 본성이다. 필연성의 추론은 정언 추론으로서, 가언 추론으로서 그리고 선언 추론으로서 규정된다.

### 130. 정언 추론
필연성의 추론의 종류들 가운데 하나: 정언 추론에서는 규정된 유나
종의 의미에서의 특수자가 매개하는 규정이다. *Enz.* § 191. ('모든 인간은
이성적이다. 어떠한 자유롭지 않은 본질도 이성적이지 않다. 그러므로
어떠한 자유롭지 못한 본질도 인간이 아니다.')

### 131. 가언 추론
필연성의 추론의 종류들 가운데 하나: 가언 추론에서는 직접적 존재의
의미에서의 개별자, 그것은 매개할 뿐만 아니라 또한 매개되어 있다. *Enz.*
§ 191. ('A가 있으면, B가 있다. 그런데 A가 있다. 그러므로 B가 있다.')

### 132. 선언 추론
필연성의 추론의 종류들 가운데 하나: 선언 추론에서는 매개하는 보편자
가 또한 그것의 특수화들의 총체성으로서 그리고 개별적인 특수자, 배타적인
개별성으로서 정립되어 있다. *Enz.* § 191. ('A는 B이거나 C이거나 D다.
그러나 A는 B다. 그러므로 A는 C도 D도 아니다.')

### 133. 객관성
대자적으로 존재하는 개념의 발전의 두 번째 단계(그 개념의 첫 번째
단계가 형식적 개념이다).
실제적 개념의 단계에서 주어져 있는 개념의 외면성의 계기. 객관성은
개념의 내면성으로부터 튀어 나와 현존재로 이행한 실제적 개념이다.
*Log.* II 236/5.33/6.271. 객관성은 개념이 거기로 침잠해 있는 개념의 직접성
이다. *Log.* II 411/5.240/6.466. "개념은 사태와 하나가 되어 사태 속에 침잠해
있다." *Log.* II 236/5.33/6.271.

### 134. 기계론(주관적 논리학의 의미에서)

객관성의, 다시 말하면 여기서는 객체들의 관계의 첫 번째 단계: 첫째로, 그것의 직접성 속에 있는 객관성은 그것의 계기들이 모든 계기들의 총체성으로 인해 자립적인 무관심성 속에서 객체들로서 서로의 바깥에 존립하고, 그것들의 관계 속에서 개념의 주관적 통일을 다만 내적이거나 외적인 통일로서만 지니는바, 이것이 기계론이다. *Log.* II 359/5.179/6.408, 409.

### 135. 화학론

객관성의, 다시 말하면 여기서는 객체들의 관계의 두 번째 단계: 개념의 주관적 통일이 객체들 자신의 내재적 법칙으로서 나타난다는 점에서, 그것들의 관계는 그것들의 법칙에 의해 근거지어진 그것들의 특유한 차이로, 그리고 그것들의 규정된 자립성이 그 속에서 지양되는 관계로 되는데, 이것이 화학론이다. *Log.* II 359/5.179/6.409.

### 136. 목적론

객관성의, 다시 말하면 여기서는 객체들의 관계의 세 번째 단계: 자체적으로도 대자적으로도 그 자신이 객관성에 관계된 것으로서의, 즉 목적으로서의 주관적 개념은 목적론이다. *Log.* II 359/5.179/6.409.

### 137. 합목적성

a. 외적 합목적성 = 목적론, '목적론'을 참조.

b. 내적 합목적성 = 개념과 실재성의 통일의, 즉 이념의 합목적성. "살아 있는 것의 합목적성은 내적인 것으로서 파악되어야 한다." *Log.* II 419/5.251/6.476.

### 138. 목적

a. 주관적 목적 = 외적 목적 규정

b. 객관적 목적 = 내적 목적 규정, 실재화된 목적, 자기와 동일적인 목적, 자기 목적.

### 139. 이념(하나의 이념)

자유롭고 참다운 사상은 그것의 전체적 보편성에서 이념 또는 절대자다. *Erz.* § 14. 헤겔은 그의 종교 철학에서 신을 개념으로서 뿐만 아니라 이념이라고도 표현한다. 예를 들어 *Rel.* I 33을 참조.

### 140. 이념

대자적으로 존재하는 개념의 발전의 세 번째 단계(이념의 개념)

적합한 개념 또는 실재적 개념. *Log.* II 408/5.237/6.462. 개념과 실재성의, 좀 더 규정적으로는 주관적 개념과 객관성의 통일. *Log.* II 410/5.240/6.464. "이념은 그것 바깥의 어떤 하나의 표상이나 개념이 아니라 자기의 고유한 개념에 상응하는 것과 같은 현실성인바, 따라서 그것은 자체적으로도 대자적으로도 존재해야 하고 이러한 개념 자신을 포함하는 바대로 존재한다." *Prop.* III 1. § 66.

### 141. 직접적 이념(생명)

이념(주관적 논리학의 의미에서의 이념) 발전의 첫 번째 단계.

유기적, 자연적 생명: "개념은 영혼으로서 육체 속에서 실재화되어 있다." *Enz.* § 216.

생명은 직접적 이념이다. "그러나 우선은 이념은 또다시 처음에는 다만 직접적으로 또는 단지 그것의 개념 속에만 존재한다. 객관적 실재성은 물론 개념에 적합하지만, 아직도 개념으로까지 해방되어 있지 않거니와, 개념은 대자적으로 개념으로서 실존하지 않는다.

생명은 자기의 객관성으로부터 구별되고, 자기 내에서 단순하며, 자기의 객관성을 삼투하고, 자기 목적으로서 그 객관성에서 자기의 수단을 지니며 그것을 자기의 수단으로서 정립하지만, 이러한 수단 속에 내재하고 그 속에서 자기와 동일한 실재화된 목적인 바의 개념이다." *Log.* II 412/5.242, 243/6.468.

142. 자유롭게 대자적으로 실존하는 이념(인식)

이념 발전의 두 번째 단계: 개념은 우선은 자기를 자기 자신으로 해방시켰으며, 처음에는 다만 추상적 객관성만을 자기에게 실재성으로 부여했다. 그러나 이러한 유한한 인식과 행동의 과정은 우선은 추상적인 보편성을 총체성으로 만들며, 그에 의해 보편성은 완전한 객관성이 된다. — 또는 다른 측면에서 고찰하면, 유한한 정신, 다시 말해 주관적 정신은, 마치 생명이 그러한 전제를 지니듯이, 객관적 세계를 스스로의 전제로 삼는다. 그러나 그러한 정신의 활동성은 이러한 전제를 지양하여 그것을 정립된 것으로 만드는 것이다. 그래서 유한한 정신의 실재성은 그 유한한 정신에게 있어 객관적 세계이며, 또는 역으로 객관적 세계는 유한한 정신이 그 속에서 자신 자신을 인식하는 관념성이다. *Log.* II 413/5.243/6.468, 469. "생명을 넘어서는 개념의 고양은 개념의 실재성이 보편성에로 해방된 개념 형식이라고 하는 것이다. 이러한 판단에 의해 이념은—바로 개념 자신이 그것의 실재성인 주관적 개념과 생명으로서 존재하는 객관적 개념으로 이중화되어 있다." *Log.* II 429/5.263/6.487.

'인식'에서는 인식 그 자체, 진리를 향한 앎의 충동(이념의 이론적 활동)과 인식의 성취를 향한 선의 충동(이념의 실천적 활동)이 이해되어야 한다. *Enz.* § 225.

"인식은 대상의 현존재하는 규정들에 따른 대상의 서술인바, 이 규정들이 대상의 개념의 통일 속에 어떻게 포괄되어 있고 그로부터 어떻게 생겨나는지, 또한 그런 한에서 역으로 개념의 고유한 효력이 어떻게 스스로에게 자기의 규정들을 주는지에 대한 서술이다. 개념 안에 포함된 것으로서 정립된 이 규정들은 인식 또는 사유의 터전 속에서 자기를 실재화하는 이념이다." *Prop.* III 2. § 94.

143. 유한한 인식
이념 발전의 두 번째 단계에서의 이념의 이론적 활동.

144. 의욕
이념 발전의 두 번째 단계에서의 이념의 실천적 활동.

145. 이론적 이념
인식인 한에서의 진리. *Log.* II 439/5.275/6.498.

146. 실천적 이념
"이념은, 개념이 이제 대자적으로 자체적으로도 대자적으로도 규정된 것인 한에서, 실천적 이념, 즉 행동이다." *Log.* II 477/5.319/6.541.

147. 분석적 인식
분석적 인식은 객관에 대한 개념의 직접적 관계다. 따라서 동일성이 그 분석적 인식이 자기의 것으로서 인식하는 규정이거니와, 분석적 인식이란 다만 존재하는 것의 파악일 뿐이다. *Log.* II 450/5.288/6.511.

148. 종합적 인식
종합적 인식은 존재하는 것의 개념 파악에로 나아가는바, 다시 말하면 규정들의 다양성을 그것들의 통일성에서 파악하는 것에로 나아간다. 상이한 것이 그 자체로서 관계된다. *Log.* II 450/5.288/6.511. 종합적 인식의 좀 더 상세한 계기들은 정의와 구분 그리고 정리다.

149. 정의

종합적 인식의 첫 번째 계기.

"정의는 그 정의 속에서 개별자 내지 특수자로서 태도를 취하는 대상에 대해 대상의 보편적 본질로서의 그것의 유와, 이 보편자가 그에 의해 이 대상인 바의 그 보편자의 특수한 규정성을 표현한다." *Prop.* III 1. § 72.


150. 구분

종합적 인식의 두 번째 계기.

구분은 유 또는 보편자 일반, 속, 목 등등에 대해 그것이 그 속에서 종들의 다양성으로 존재하는 특수화들을 표현한다. 하나의 통일 속에 포함되어 있는 이 특수화들은 공통의 구분 근거로부터 흘러 나와야만 한다. *Prop.* III 1. § 73.


151. 정리

종합적 인식의 세 번째 계기.

정리는 특수성의 개별성으로의 이행, 자기 관계하는 규정성, 대상의 자기 자신 내에서의 구별과 구별되는 규정성들의 서로에 대한 관계를 다룬다. *Log.* II 464/5.304/6.526.


152. 절대 이념

a. 신. 헤겔은 자신의 종교 철학에서 '절대 이념'으로서의 신을 다룬다. *Rel.* III 38.

b. 이념 발전의 세 번째 단계(절대 이념의 개념). 이론적 이념과 실천적 이념의 동일성. *Log.* II 483/5.327/6.548. 실재화된 개념, 다시 말하면 자기의 규정들의 정립된 존재를 자기의 대자 존재 속에 포함하는 개념. *Enz.* § 242. 자기의 내용을 자기 자신으로서 직관하는 개념의 순수한 형식. *Enz.* § 237.

### 153. 순수 이념

스스로를 (아직은) 외면적인 이념으로서 지니지 않는 (절대) 이념. *Log.* II 506/5.353/6.573. 이념은 아직도 논리적인바, 그것은 순수한 사상들 속에 갇혀 있는, 오직 신적인 개념의 학문일 뿐이다. *Log.* II 505/5.352/6.572.

### 154. 사변적 방법

절대적 이념의 내용은 논리적인 것의 체계다. 절대 이념의 형식은 이 내용의 방법이다. 사변적 방법은 개념 자신의 운동인바, 그 운동의 본성이 『논리의 학』에서 인식되어 있다. 사변적 방법은 이성의 유일하고 절대적인 힘이다.

# 옮긴이 후기

이 책『헤겔 '논리의 학' 입문』은 한스 라데마커의 『헤겔의 '논리의
학' — 서술적-해설적 입문』(Hans Rademaker, Hegels <Wissenschaft der
Logik> —Eine darstellende und erläuternde Einführung. Zweite, neugefasste
und erweiterte Ausgabe von Hegels <Objektive Logik>, Franz Steiner Verlag
GMBH · Wiesbaden, 1979)을 옮긴 것이다. 저자인 한스 라데마커는 『인간이
세계를 바라보는 방식들과 과학적 이성의 시각에서 본 세계 또는 세계의
본성(Die Weltsichtweisen des Menschen und die Welt in der Sicht der wissen-
schaftlichen Vernunft oder Die Natur der Welt)』, 『헤겔의 객관적 논리학.
입문(Hegels objektive Logik. Eine Einführung)』, 『그리스도교의 계시는 본래
무엇을 의미하는가? 과학적 이성의 시각에서 본 그리스도교 신앙(Was
besagt die christliche Offenbarung eigentlich? Der christliche Glaube in der
Sicht der wissenschaftlichen Vernunft)』, 『삼단계로 생성되는 세계의 두
번째 단계인 우리의 세계(Unsere Welt als zweite Stufe einer in drei Stufen
werdenden Welt)』와 같은 저서들과 「헤겔 논리학에서 '전제' 개념의 문제에
대하여(Zum Problem des Begriffs <Voraussetzung> in Hegels Logik), 「키르
케고르의 헤겔 이해(Kierkegaards Hegelverständnis)」 등의 논문들로 알려진

독일의 철학자다.

　2019년, 올해는 한국에서의 헤겔 철학 연구나 출판과 관련해 특기할
만한 해라고도 할 수 있을 것이다. 『헤겔의 이성, 국가, 역사』, 『헤겔』,
『다시 헤겔을 읽다』, 『정신 현상학 강독 1』, 『헤겔과 그 적들』, 『자유란
무엇인가 — 헤겔 법철학과 현대』, 『헤겔의 '정신현상학' 입문』 등의 헤겔
관련 저서와 역서들이 잇따라 출판되었을 뿐만 아니라 『정신 현상학』의
경우 권영우, 김준수, 박병기, 이종철, 전대호 제씨에 의해 진행되고 있는
새로운 번역 작업들과 출판 준비가 알려져 많은 사람들의 기대와 흥분을
자아내고 있기 때문이다. 또한 몇몇 대학의 철학과에서 올해 새롭게 충원된
몇 분의 전공 영역이 헤겔 철학인 것도 아연한 느낌을 줄 정도로 놀라운
사실이었다. 고 임석진 선생에 의한 헤겔 원전 번역들로 상징되는 이전의
헤겔 철학에 대한 관심이 거의 사라진 듯이 보였던 상황에서 눈에 띄지
않으면서도 꾸준하게 축적된 많은 연구자들의 역량이 강단과 출판 영역에
서 비로소 본격적으로 펼쳐질 찰나에 있는 것으로 보이는 것이다.
　그러나 이러한 반갑고도 희망에 찬 상황 전개 속에서도 무언가 아쉬움과
조급함이 뒤섞인 마음 불편함이 깃드는 것은 어쩔 수 없었다. 왜냐하면
현재 헤겔 연구자들의 관심과 출판의 모습이 법철학이나 정치 철학 등의
특정한 영역과 『정신 현상학』이나 『법철학』과 같은 특정 텍스트에 치우쳐
있는 것으로 보이기 때문이다. 이러한 불만스러운 느낌은 이미 오래 전에
독일에서 새로운 교정판 『헤겔 전집』(Hegel: *Gesammelte Werke*)의 제1부
'저작집'의 출판이 마무리되고, 현재 제2부인 '강의록' 출판도 상당히 진전
되어 헤겔 연구의 원전 자료 상황이 완전히 새로워진 모습을 보여주고
있는 현실을 고려하면 더욱 강해지지 않을 수 없다. 아니, '논리학 강의'로부
터 시작하여 '논리학·형이상학', '자연 철학', '정신 철학', '법철학', '국가
학', '역사 철학', '미학', '예술 철학', '종교 철학', '신학', '철학사' 강의들로
이어지는 『헤겔 전집』 '강의록'의 편제는 우리의 연구 관심이 더욱 넓어지고

한층 더 심화되어야 할뿐만 아니라 우리의 작업이 새로운 방향과 체제를 갖추어 나아갈 것을 요구하고 있기도 하다.

이 점은 예를 들어 체계성을 핵심으로 하는 헤겔 철학에서 『논리의 학』이 차지하는 근본적인 의의를 고려할 때 우리의 헤겔 연구와 관심이 모종의 불균형이나 초점의 결여를 보여준다고 해석될 수 있다. 이러한 상황이 우리에게 헤겔의 『논리의 학』에 대한 새로운 집중적인 관심과 연구를 요구하고 있음은 물론이다. 본래 헤겔은 인류의 정신사 전체를 조망하고, 시간을 넘어서서 역사를 포섭하는 절대자의 철학을 지향한 사상가였다. 『논리의 학』도 좁은 의미의 사유의 법칙에 국한되는 것이 아니라 '자연과 유한한 정신의 창조에 앞서 그의 영원한 본질 속에 존재하는 신의 서술', 아리스토텔레스의 제1철학에 상당하는 '본래적인 형이상학'으로서 기도된 것이었다. 그리고 그 『논리의 학』은 자연과 정신의 전 영역을 근거짓고, 또 이를 통해 자기 자신에 도달함으로써 스스로가 우리에게 말할 수 있는 것들이 무엇인지 펼쳐 보이는 것이다.

한스 라데마커의 이 『헤겔 '논리의 학' 입문』은 물론 최근의 저작은 아니지만, 그럼에도 이러한 문제의식과 기대에 비추어 헤겔의 『논리의 학』에 대한 우리의 관심의 출발점을 이룰 수 있을 것이다. 라데마커는 이 『헤겔 '논리의 학' 입문』의 제1부에서 "철학의 발전과 단계화에 따른 헤겔 철학의 분류", "철학적 논리학의 발전과 단계화에 따른 헤겔 『논리의 학』의 분류", "헤겔 '논리학'의 중심 대상으로서의 '개념'", "헤겔 '논리학'의 본질 징표로서의 객관적, 변증법적, 사변적 사유", "헤겔 '논리학'의 삼분법과 이분법 및 그 전체" 등을 제시하여 헤겔 철학 일반과 헤겔 '논리학'에 대한 일반적 파악을 획득할 수 있게 해준다. 물론 이 책의 중심 부분인 제2부와 제3부는 헤겔 『논리의 학』의 '객관적 논리학'과 '주관적 논리학'의 핵심적 개념들을 설명하고 그것들의 전체적 연관을 제시한다. 제4부는 헤겔 철학의 이른바 삼단계 진행과 관련하여 특히 "헤겔의 삼단계 진행들에 존립하는 헤겔 철학의 체계 난점들"을 다루어 다시 한 번 헤겔 철학 내지 헤겔 논리학의 체계에 대해 비판적으로 접근·파악할 수 있게 해준다. 제5부를 구성하는 "헤겔 『논리의 학』에서 개념들의 사용"은 헤겔 『논리의 학』에 처음으로 다가가는 사람들을 위한 일종의 '소사전'을 제공하고 있다. 이제 옮긴이로서는 이 『헤겔 '논리의 학' 입문』이 그 이름에 걸맞게 많은 이들에게 헤겔 『논리의 학』에 대한 관심과 이해에 '입문'을 마련해 줄 수 있기를 기대하고자 한다.

점점 더 심화되어 가는 어려움 가운데서도 도서출판 b는 이번에도 의연하고도 낙관을 유지한 채 출판 작업을 마무리해 주었다. 출판사의 조기조 대표와 신동완 선생, 김장미 선생, 그리고 계속해서 이런저런 충고를 아끼지 않는 심철민 선생에게 진심으로 감사드린다. 언제나처럼 우리 모두에게 행운이 깃들기를 빌 뿐이다.

2019년 10월 29일
가을이 깊어가는 백운호숫가에서
이신철

헤겔 총서 ⑨

# 헤겔 『논리의 학』 입문

초판 1쇄 발행 • 2019년 11월 18일

지은이 • 한스 라데마커
옮긴이 • 이신철
펴낸이 • 조기조

펴낸곳 • 도서출판 b
등  록 • 2003년 2월 24일 제2006-000054호
주  소 • 08772 서울특별시 관악구 난곡로 288 남진빌딩 302호
전  화 • 02-6293-7070(대)
팩시밀리 • 02-6293-8080
홈페이지 • b-book.co.kr
전자우편 • bbooks@naver.com

ISBN 979-11-89898-16-8  93160
값 • 22,000원